本书为广东省哲学社会科学规划 2022 年度后期资助项目
（GD22HZY02）及佛山市南海区人民政府地方志办公室、
南海区档案馆地情文化保育项目研究成果

# 广东南海方言音韵研究

陈卫强 著

中山大学出版社

·广州·

版权所有　翻印必究

图书在版编目（CIP）数据

广东南海方言音韵研究/陈卫强著．—广州：中山大学出版社，2023.3
　　ISBN 978 – 7 – 306 – 07724 – 0

Ⅰ.①广… Ⅱ.①陈… Ⅲ.①粤语—音韵学—方言研究—广东 Ⅳ.①H178

中国国家版本馆 CIP 数据核字（2023）第 024751 号

出 版 人：王天琪
责任编辑：裴大泉
封面设计：曾　斌
责任校对：赵　婷　周明恩
责任技编：靳晓虹
出版发行：中山大学出版社
电　　话：编辑部 020 – 84111996，84110283，84111997，84110771
　　　　　发行部 020 – 84111998，84111981，84111160
地　　址：广州市新港西路 135 号
邮　　编：510275　传　　真：020 – 84036565
网　　址：http://www.zsup.com.cn　E-mail：zdcbs@mail.sysu.edu.cn
印 刷 者：佛山市浩文彩色印刷有限公司
规　　格：787mm×1092mm　1/16　21.5 印张　281 千字
版次印次：2023 年 3 月第 1 版　2023 年 3 月第 1 次印刷
定　　价：96.00 元

如发现本书因印装质量影响阅读，请与出版社发行部联系调换

# 序

## 伍 巍

收到陈卫强邮来的《广东南海方言音韵研究》书稿，阅读后令人鼓舞。第一感觉就是材料丰富、治学严谨。这是他多年坚持田野调查，潜心于研究、积累的一份成果。

行内人都知道，搞方言是一门苦差事，学方言阶段就不容易，与语言学其他方向相比，我们多了"识谱"这一关，国际音标与音韵学是方言入门的两门令人头疼的必修课。进入田野调查更是一种苦修，面对发音人，一坐就是七八个小时，往往发音人都耐不住这种"煎熬"。这才是材料收集阶段，写论文、着手研究尚在其后。

陈卫强是土生土长的广府人，与其说他对家乡方言有兴趣，倒不如说他对广府文化有着浓烈的感情。兴趣是培养的，一旦在田野调查中有所发现，也就乐此不疲了，这恐怕是他能矢志不渝地从事方言事业的动力。

粤语是南方的一大方言，粤语的代表方言广州话早有相对成熟的研究，尽管还有些未解的问题，但单点突破确实不大容易。早在陈卫强博士毕业前，我就建议他，能否将今后的调查研究方向放在广州邻近的郊区方言上。到目前为止，广州市郊方言尚无人进行过详细完整的调查。如果拥有市郊区县的系统材料，再与相关的粤方言及历史文献材料进行比较，也可能会揭示广府粤语未解的难题。近十余年来，陈卫强一直在做这方面的工作，《广东南海方言音韵研究》一书就是这一研究的证明。

该书以翔实的田野材料为依据，对南海的桂城、大榄、大沥等9个点的粤语音系及其特点作了详细的分析，此外还对区内的北洲客家话音系作了同样的介绍。描写细致，音系特点概括准确。该书在描写的基础上，对南海9个粤语点的音韵特点作一致性与差异性的内部对比，在对比的基础上概括南海粤语的总体音韵特征，阐释是到位的，全书的结构是合理的。这使我们第一次看到了南海粤方言的全貌。

特别值得一提的是，该书还在正文之后附录南海9个粤方言点的"字音对照表"与5个粤方言点的"同音字汇"，以便于阅读查询，显示了一个方言学人求实的治学风格。值此为序。

2022年11月5日
于番禺风竹楼

# 目　　录

序 ……………………………………………………… 伍　巍　1

第一章　广东南海方言概述 ……………………………………… 1

第二章　南片粤方言音系和音韵特点 …………………………… 7
  第一节　桂城粤方言的语音系统 ………………………………… 7
  第二节　西樵粤方言的语音系统 ………………………………… 13
  第三节　丹灶粤方言的语音系统 ………………………………… 21
  第四节　九江粤方言的语音系统 ………………………………… 27
  第五节　沙头粤方言的语音系统 ………………………………… 34

第三章　北片粤方言音系和音韵特点 …………………………… 42
  第一节　大榄粤方言的语音系统 ………………………………… 42
  第二节　狮北粤方言的语音系统 ………………………………… 49

第四章　东片粤方言音系和音韵特点 …………………………… 56
  第一节　大沥粤方言的语音系统 ………………………………… 56
  第二节　里水粤方言的语音系统 ………………………………… 62

**第五章　北洲客方言音系和音韵特点** …………………… 69
  第一节　北洲客方言的语音系统 ………………………… 69
  第二节　北洲客方言的音韵特征 ………………………… 72

**第六章　南海粤方言音韵特征比较** ………………………… 81
  第一节　南海粤方言声母特征比较 ……………………… 81
  第二节　南海粤方言韵母特征比较 ……………………… 86
  第三节　南海粤方言声调特征比较 ……………………… 92

**第七章　结论** …………………………………………………… 97
  第一节　南海粤方言的音韵特征 ………………………… 97
  第二节　南海粤方言与周边粤方言的关系 …………… 102

**参考文献** ……………………………………………………… 105

附录1　南海方言字音对照表 ………………………………… 106
附录2　西樵方言同音字汇 …………………………………… 186
附录3　九江方言同音字汇 …………………………………… 219
附录4　沙头方言同音字汇 …………………………………… 248
附录5　大榄方言同音字汇 …………………………………… 277
附录6　大沥方言同音字汇 …………………………………… 306

**后　　记** ……………………………………………………… 335

# 第一章　广东南海方言概述

## 一、地理与历史沿革

广东南海地处珠江三角洲西北部，东邻广州市白云区、荔湾区、番禺区，南与佛山市顺德区、禅城区相连，西面和西南面与佛山市高明区、江门市鹤山隔西江相望，北面与广州市花都区、佛山市三水区接壤。

南海全境以冲积平原地貌为主，河汊纵横交错，水网密布。境域西部有西江和北江下游干流自北向南流过，北部有北江支流西南涌自西而东汇入珠江广州白云区段，南部有北江支流东平水道自西而东汇入珠江广州荔湾区段，东部为珠江广州段干流。西樵山坐落于西江和北江之间的平原之上，最高点海拔为344米，中部狮山镇主要为低矮的丘陵岗地。

南海县于隋代始析番禺县地建置，属广州府。明清时期府衙设在广州城西部（今越秀区六榕街旧南海县社区）。民国以后县府迁至南海县佛山镇。1951年，佛山镇分出设佛山市。1983年佛山定为地级市，南海隶属于佛山市。1988年南海县政府迁至现址桂城，现为广东省佛山市的一个市辖区。

## 二、人口和方言概况

佛山市南海区户籍人口 165.85 万，常住人口 366.72 万。① 区内通行粤方言，另有个别村落使用客家方言。绝大部分乡民所使用的方言为粤语次方言，属于粤语广府片（伍巍 2007）。由于历史归属及地理上毗邻广州，南海的权威方言为广州话，主要在行政、教育、商务等正式领域使用。

南海现辖桂城、里水、大沥、狮山、西樵、丹灶、九江 7 个镇街，各地方言颇具特色，清代道光《南海县志》曾提到"各乡声音互异，鲜谐正韵，又有方言，有俗字，乡城各别"②。根据各镇街粤方言的语音差异和地理分布，大致可分南、北、东三片方言。③

南片粤方言主要分布于桂城、西樵、丹灶、九江、狮山南部等地。范围大致包括原桂城、平洲、西樵、丹灶、金沙、九江、沙头、小塘、罗村。该片位于南部冲积平原区，这一带水网密布，土地肥沃，水路交通便利，农业、渔业、手工业和商贸业发达。南片方言与番禺、顺德的粤语接近，形成更大范围的所谓"南番顺"口音，使该片粤语在广佛地区具有一定的代表性。

北片粤方言主要分布于狮山中北部和里水北部，即原狮山、官窑、松岗西部、和顺等地。该地区多低矮的山岗地，农业生产条件较差，交通主要依赖流经北部的西南涌，语音自成一格。

东片粤方言主要分布于邻近广州的里水镇中南部地区、大沥和狮

---

① 引自佛山市南海区人民政府网数据 http://www.nanhai.gov.cn/fsnh/rwnh/zjnh/nhgk/content/post_4829713.html。
② 引自《道光〈南海县志〉校注》343 页。
③ 彭小川（2004）把南海方言分为官窑片、大沥片、桂城片、沙头片和九江片。本书的东片即大沥片，北片即官窑片，南片包括桂城、沙头、九江三片。

山东部，范围大致为原里水、大沥、盐步、黄岐、松岗东部围田区。该区为河网平原地带，农业和商贸发达，由于有几条大河涌如里水涌、珠江涌、大沥涌等直通广州珠江，水路交通非常便捷，至20世纪70、80年代，大沥和里水仍开行往返广州南方大厦的班船，每天数趟，因此该片粤语受广州话影响较大，语音接近广州话。

总体而言，南片粤方言和北片粤方言口音较明显，与东片粤方言差别较大，南片粤方言中的九江话沟通起来稍有障碍，其余各方言仍能通话。

此外，里水镇河村巫庄和鲁岗管理区北洲村、猛冲村以及狮山镇松岗显子岗管理区大坑村、塘联管理区的燕溪村为客家村落。河村巫庄的巫姓、张姓等客家人于清末由惠东县过界坪迁入。北洲村温姓客家人于清末由花县（今广州市花都区）炭步镇迁入，猛冲村是新中国成立后由花都迁入的水库移民，大坑村黄姓客家人于清代中期从潮州府迁入。燕溪村原为东风水库移民，1958年迁来现址，据说来自福建，河村巫庄、大坑村的客家话已经失传，如今已改说粤语。北洲、猛冲、燕溪等村中年以上村民保留客家话，是熟练的客粤双方言使用者，其客方言属于粤中片客家话。

## 三、方言点和发音人

南海方言点共10个，其中：南片粤方言以桂城叠滘、西樵松塘、丹灶仙岗为代表，九江以下西、南金为代表；北片方言以狮山大榄、狮北为代表；东片方言以里水河村、大沥联滘为代表；客方言以里水鲁岗北洲村为代表。

桂城发音人：孔树，男，1939年生，桂城叠滘潭头村人，高中文化程度。调查时间为2018年6月至8月。

西樵发音人：区振作，男，1946年生，西樵镇松塘村华宁坊人，高中文化程度；区信珠，男，1949年生，西樵镇松塘村塘西坊人，小学文化程度。调查时间为2017年4月至9月。

丹灶发音人：陈成岳，男，1948年生，丹灶镇仙岗村人，高中文化程度；陈彭宽，男，1949年生，丹灶镇仙岗村人，高中文化程度。调查时间为2020年12月至2021年2月。

九江发音人：关耀淮，男，1945年生，九江下西村人，高中文化程度。调查时间为2021年8月。

沙头发音人：崔恩华，男，1939年生，沙头南金村人，高中文化程度。调查时间为2021年8月。

大榄发音人：周广龙，男，1948年生，狮山大榄村人，高中文化程度。调查时间为2021年7月。

狮北发音人：萧仕鎏，男，1949年生，狮山狮北村人，大专文化程度。调查时间为2021年7月。

大沥发音人：黄浩华，男，1953年生，大沥联滘村人，高中文化程度。调查时间为2021年9月。

里水发音人：巫广仲，男，1952年生，里水河村人，高中文化程度。调查时间为2022年2月。

北洲发音人：温国洪，男，1958年生，里水鲁岗北洲村人，初中文化程度；温艺添，男，1947年出生，里水鲁岗北洲村人，小学文化程度。调查时间为2022年8月。

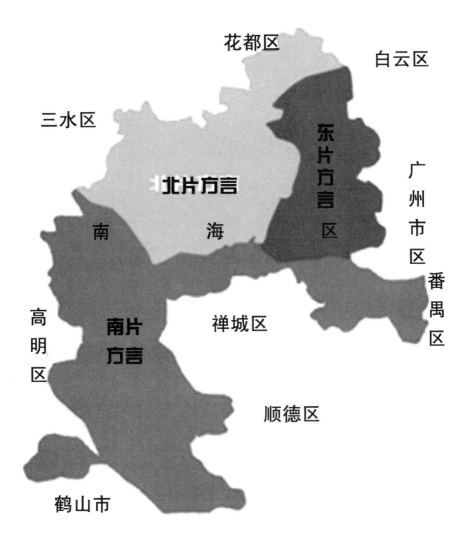

# 南海方言点分布图

# 第二章　南片粤方言音系和音韵特点

南片粤方言包括桂城（叠滘）、西樵（松塘）、丹灶（仙岗）、九江（下西）、沙头（南金）等五个方言点。

## 第一节　桂城粤方言的语音系统

### 一、桂城粤方言的声韵调系统

（一）声母20个（包括零声母）

| p 巴败品帮佛 | pʰ 怕排平旁拍 | f 花肺饭慌服 | m 马买晚亡物 | |
| t 打大单钉答 | tʰ 他梯淡汤托 | | n 拿泥难能诺 | l 罗来兰郎六 |
| ts 炸制浸争摘 | tsʰ 茶柴寻厂察 | s 沙细山霜索 | | j 野有任形翼 |
| k 假街间耕隔 | kʰ 骑启琴强确 | h 下鞋寒红客 | ŋ 牙牛岩硬额 | |
| kw 挂怪均光国 | kwʰ 夸葵困群 | | | w 话坏还荣滑 |
| ø 阿矮暗安屋 | | | | |

说明：
① ts、tsʰ、s 声母的发音部位为舌叶—齿龈。
② k、kʰ、h 声母后接细音时发音部位稍微靠前，但未到硬腭。

## （二）韵母62个

| a 下话 | ai 大快 | au 爪跑 | am 淡衫 | an 间饭 | aŋ 冷耕 | ap 答集 | at 发辣 | ak 客摘 |
|---|---|---|---|---|---|---|---|---|
|  | ɐi 矮鸡 | ɐu 收九 | ɐm 林针 | ɐn 品困 | ɐŋ 灯憎 | ɐp 汁急 | ɐt 笔骨 | ɐk 塞得 |
| ɛ 借骑 |  | ɛu 炒饱 | ɛm 咸 | ɛn 眼烟 | ɛŋ 病颈 | ɛp 插夹 | ɛt 八滑 | ɛk 石踢 |
| œ 糯坐 |  |  |  | œn 铲 | œŋ 养窗 |  | œt 律术 | œk 药 |
|  | øy 去区 |  |  | øn 润轮 |  |  | øt 栗出 |  |
|  | ei 地基 |  |  |  | eŋ 冰蒸 |  |  | ek 食碧 |
| i 纸以 |  | iu 表摇 | im 盐添 | in 变年 |  | ip 接碟 | it 列热 |  |
| y 鱼师 |  |  |  | yn 短穿 |  |  | yt 脱缺 |  |
| ɔ 哥初 | ɔi 来海 |  |  | ɔn 寒安 | ɔŋ 旁江 |  | ɔt 渴割 | ɔk 薄学 |
|  |  | ou 土早 | om 含暗 |  | oŋ 总红 | op 合鸽 |  | ok 木谷 |
| u 苦户 | ui 背妹 |  |  | un 官门 |  |  | ut 末阔 |  |
| ŋ̩ 五吴 |  |  |  |  |  |  |  |  |
| m̩ 唔 |  |  |  |  |  |  |  |  |

说明：韵母 ɛŋ、ɛk 的实际读音为 ɛːʌŋ、ɛːʌk。ɛ 为主要元音，发音较长较响；ʌ 为滑音，发音短暂。

## （三）声调9个

| 阴平 | 52 | 多刀消分工 | 阳平 | 31 | 婆凡流文红 |
|---|---|---|---|---|---|
| 阴上 | 25 | 果纸早反井 | 阳上 | 13 | 我雨有冷勇 |
| 阴去 | 33 | 个派按训送 | 阳去 | 22 | 大地后饭洞 |
| 上阴入 | 5 | 汁咳骨色蓄 | 阳入 | 2 | 十别列石六 |
| 下阴入 | 3 | 割答切作八 |  |  |  |

说明：

①阴平调在常用名词中多变读为稍微带上升的55调，如：哥、虾、

衫、钉。

②其他声调在常用名词中多变读为25调，如：鹅、妹、笛、帽。

## 二、桂城粤方言的音韵特点

（一）声母特点

（1）古全浊声母今读塞音、塞擦音字主要表现为平、上声念送气清音，去、入声念不送气清音；其中古全浊上声部分读阳上，部分读阳去，后者依去声途径变化。但有个别古帮、端组口语常用字今读平、上声的，存在送气清音和不送气清音两读。如：皮 $p^hei^{31}$/$pei^{31}$、台 $t^hɔi^{31}$/$tɔi^{31}$、头 $t^hɐu^{31}$/$tɐu^{31}$、甜 $t^him^{31}$/$tim^{31}$、田 $t^hin^{31}$/$tin^{31}$、塘 $t^hɔŋ^{31}$/$tɔŋ^{31}$、藤 $t^hɐŋ^{31}$/$tɐŋ^{31}$、同 $t^hoŋ^{31}$/$toŋ^{31}$。

（2）古非、敷、奉母一般读 f 声母，但部分口语常用字也念作双唇音。例如：粪 $fɐn^{33}$/$p^hɐn^{33}$、佛 $fɐt^2$/$pɐt^2$、妇新~ $p^hou^{13}$、痱热~ $pei^{25}$、浮 $p^hou^{31}$、孵 $pɔ^{22}$。

（3）古明、微母合流读为 m 声母，如：模 $mou^{31}$、无 $mou^{31}$、眉 $mei^{31}$、微 $mei^{31}$。

（4）古泥、娘母读作 n 声母，古来母读作 l 声母，两者从分。例如：女 $nøy^{13}$、尿 $niu^{22}$、年 $nin^{31}$、吕 $løy^{13}$、老 $lou^{13}$、蓝 $lam^{31}$。

（5）古精、知、庄、章组声母合流，读作 ts、$ts^h$、s，例如：左 $tsɔ^{25}$、猪 $tsy^{55}$、装 $tsɔŋ^{52}$、战 $tsin^{33}$、趣 $ts^høy^{33}$、茶 $ts^ha^{31}$、初 $ts^hɔ^{52}$、车 $ts^hɛ^{52}$、锁 $sɔ^{25}$、沙 $sa^{45}$、蛇 $sɛ^{31}$。古船、禅母常用字读塞擦音声母，例如：树 $tsy^{22}$、绳 $ts^hɐŋ^{31}$、唇 $ts^høn^{31}$、剩 $tsɐŋ^{22}$，这类字广州话读擦音声母。

（6）古见系字不论洪音细音，今读为 k、$k^h$、h 声母。例如：家

ka$^{52}$、介 kai$^{33}$、剑 kim$^{33}$、建 kin$^{33}$、求 k$^h$ɐu$^{31}$、靠 k$^h$au$^{33}$、抗 k$^h$ɔŋ$^{33}$、河 hɔ$^{31}$、险 him$^{25}$、看 hɔn$^{33}$。

（7）古溪母、晓母合口一般读 f 声母，例如：科 fɔ$^{55}$、苦 fu$^{25}$、阔 fut$^3$、欢 fun$^{52}$、训 fɐn$^{33}$。个别合口常用字也读 w 声母，念同匣母。例如：婚 wɐn$^{52}$、快 wai$^{33}$。

（8）古疑母一、二等读为 ŋ 声母，与古影母读零声母有别。例如：牙 ŋa$^{31}$、外 ŋɔi$^{22}$、牛 ŋɐu$^{31}$；阿 a$^{33}$、爱 ɔi$^{33}$、呕 ɐu$^{25}$、鸭 ap$^3$。

（二）韵母特点

（1）果摄字一般读作 ɔ 韵母，但有些口语常用字读作 œ 韵母，均为合口舌齿音字，例如：朵 tœ$^{25}$、糯 nœ$^{22}$、螺 lœ$^{31}$、坐 ts$^h$œ$^{13}$。

（2）遇摄合口一等唇音、舌齿音字和合口三等微母、生母字读为复元音韵母 ou，遇摄合口一等牙喉音字、合口三等非敷奉母读单元音韵母 u；遇摄合口三等泥来母、精组和见溪群晓母字读为复元音韵母 øy，遇摄合口三等知组、章组、日母、疑影喻母读单元音韵母 y；止摄开口帮组、端组、泥来母、见系字和合口非组字读复元音韵母 ei，止摄开口知章组字和疑影喻母字读单元音韵母 i。部分读复元音韵母的字老派保留单元音韵母，形成新旧两读，例如：布 pou$^{33}$/pu$^{33}$、舞 mou$^{13}$/mu$^{13}$、除 ts$^h$øy$^{31}$/ts$^h$y$^{31}$、地 tei$^{22}$/ti$^{22}$、几 kei$^{25}$/ki$^{25}$。

（3）蟹摄开口一等字读作 ɔi 韵母，与二等字读作 ai 韵母有别，例如：台 t$^h$ɔi$^{31}$、代 tɔi$^{22}$、菜 ts$^h$ɔi$^{33}$、改 kɔi$^{25}$、开 hɔi$^{52}$、爱 ɔi$^{33}$；买 mai$^{13}$、柴 ts$^h$ai$^{31}$、街 kai$^{52}$。

（4）读 øy 韵母的字较多，包括遇摄合口三等泥来母、精组、见溪群晓母字，蟹摄合口一、三等舌齿音字以及止摄合口三等舌齿音字，例如：女 nøy$^{13}$、虑 løy$^{22}$、序 tsøy$^{22}$、举 køy$^{25}$、趣 ts$^h$øy$^{33}$、需 søy$^{52}$、税 søy³³、岁 søy³³、脆 tsʰøy³³、嘴 tsøy²⁵、吹 tsʰøy⁵²、追 tsøy⁵²、水 søy²⁵。蟹摄合口一等常用字有两读，新派读 øy 韵母，老派读 ui 韵母，例如：推 tʰøy⁵²/tʰui⁵²、堆 tøy⁵²/tui⁵²、对 tøy³³/tui³³、退 tʰøy³³/tʰui³³、雷 løy⁴²/lui⁴²、碎 søy³³/sui³³、罪 tsøy²²/tsui²²、最 tsøy³³/tsui³³。

（5）止摄开口精、庄组跟知、章组韵母有别，精、庄组读为 y 韵母，知、章组读为 i 韵母。如：资 tsy⁵²、次 tsʰy³³、师 sy⁵²、子 tsy²⁵、字 tsy²²；知 tsi⁵²、池 tsʰi³¹、纸 tsi²⁵、屎 si²⁵、齿 tsʰi²⁵、时 si³¹。

（6）效摄开口一等字读 ou 韵母，区别于二等字 au 韵母，并混同于遇摄读为复元音韵母的字，而与遇摄读作单元音韵母的字相区别。例如：宝 = 补 pou²⁵、毛 = 无 mou³¹、讨 = 土 tʰou²⁵、早 = 祖 tsou²⁵、高 kou⁵² ≠ 姑 ku⁵²。老派部分字保留单元音韵母，形成新老两读，如：报 pou³³/pu³³、到 tou³³/tu³³、扫 sou³³/su³³。

（7）效摄、咸摄、山摄二等韵新派一般读作 au、am/ap、an/at 等韵母，但不少口语常用字老派变读为 ɛ 元音系列韵母，部分四等韵字亦如此，形成新老两读。如：饱 pau²⁵/pɛu²⁵、炒 tsʰau²⁵/tsʰɛu²⁵、咬 ŋau¹³/ŋɛu¹³、咸 ham³¹/hɛm³¹、眼 ŋan¹³/ŋɛn¹³、闲 han³¹/hɛn³¹、插 tsʰap³/tsʰɛp³、夹 kap³/kɛp³、八 pat³/pɛt³、滑 wat²/wɛt²；扁 pin²⁵/pɛn²⁵、烟 jin⁵²/jɛn⁵²、见 kin³³/kɛn³³。

（8）保存古阳、入声韵尾 -m/-p、-n/-t、-ŋ/-k 的配对，咸摄、深摄为 -m/-p 韵尾（唇音字变读为 -n/-t 韵尾），山摄、臻摄为 -n/-t 韵尾，宕摄、江摄、曾摄、梗摄、通摄为 -ŋ/-k 韵尾。例如：衫 sam⁵⁵、杂 tsap²、心 sɐm⁵²、十 sɐp²、饭 fan²²、发 fat³、运 wɐn²²、物 mɐt²、床 tsʰɔŋ³¹、江 kɔŋ⁵²、两 lœŋ¹³、朋 pʰɐŋ³¹、冰 pɐŋ⁵²、冷 laŋ¹³、幸 hɐŋ²²、停 tʰeŋ³¹、梦 mɔŋ²²、白 pak²、特 tɐk²、力 lek²、木 mok²。

（9）咸摄开口一等见系字读为圆唇元音 om/op 韵母，与其他声类读作 am/ap 有别，而且不相混于深摄见系 ɐm/ɐp 韵母。例如：庵 om⁵⁵、含 hom³¹、甘 kom⁵²、暗 om³³、敢 kom²⁵、鸽 kop³、合 hop²。

（10）山摄开口一等见系字读作 ɔn/ɔt 韵母，与其他声类读作 an/at 韵母有别，例如：干 kɔn⁵²、看 hɔn³³、安 ɔn⁵²、渴 hɔt³；炭 tʰan³³、兰 lan³¹、餐 tsʰan⁵⁵、达 tat²。山摄、臻摄合口帮组字读 un/ut 韵母，老派读 ɔn/ɔt 韵母，形成新旧两读，如：满 mun¹³/mɔn¹³、搬 pun⁵²/pɔn⁵²、半 pun³³/pɔn³³、泼 pʰut³/pʰɔt³、本 pun²⁵/pɔn²⁵、盆 pʰun³¹/pʰɔn³¹。

（11）臻摄一般读 ɐn/ɐt 韵母，而合口三等以及部分合口一等、开口三等舌齿音字读作 øn/øt 韵母，两者相区别。例如：跟 kɐn⁵²、民 mɐn³¹、身 sɐn⁵²、棍 kwɐn³³、均 kwɐn⁵²、分 fɐn⁵²、橘 kwɐt⁵；轮 løn³¹、俊 tsøn³³、准 tsøn²⁵、润 jøn²²、律 løt²、出 tsʰøt⁵、顿 tøn²²、论 løn²²、邻 løn³¹、进 tsøn³³、信 søn³³。

（12）梗摄开口字有文白两读，二等文读主要元音为 ɐ，白读主要元音为 a，三四等文读主要元音为 e，白读主要元音为 ɛ，如：生 sɐŋ⁵²/saŋ⁵²、行 hɐŋ³¹/haŋ³¹、更 kɐŋ⁵²/kaŋ⁵²；名 meŋ³¹/mɛŋ²⁵、精 tseŋ⁵²/tsɛŋ⁵²、灵 leŋ³¹/lɛŋ³¹、惊 keŋ⁵²/kɛŋ⁵²、惜 sek⁵/sɛk³。

（三）声调特点

（1）古四声均大致依古声母清、浊分为阴、阳两类，而阴入再大致依元音分两类，共 9 个声调。例如：分 fɐn⁵²、坟 fɐn³¹、粉 fɐn²⁵、愤 fɐn¹³、奋 fɐn³³、份 fɐn²²、忽 fɐt⁵、法 fat³、佛 fɐt²。

（2）古全浊上字今读主要分为阳去和阳上两类。古全浊上声字中，约 60% 的字今读阳去调，如：下 ha²²、部 pou²²、巨 køy²²、罪 tsøy²²、稻 tou²²、后 hɐu²²、善 sin²²、尽 tsøn²²、丈 tsœŋ²²、动 toŋ²²。约 20% 的字今读阳上，如：社 sɛ¹³、柱 tsʰy¹³、徛 kʰei¹³、市 si¹³、厚 hɐu¹³、

舅 $kʰɐu^{13}$。有些字存在文白异读，一般文读阳去，白读阳上：断 $tyn^{22}$/$tʰyn^{13}$、淡 $tam^{22}$/$tʰam^{13}$、近 $kɐn^{22}$/$kʰɐn^{13}$、重 $tsoŋ^{22}$/$tsʰoŋ^{13}$。此外有的字读变调，都是名词：辫 $pin^{-55}$、菌 $kwʰɐn^{-25}$、柿 $sy^{-25}$。少数字念其他调，如：仗 $tsœŋ^{33}$、臼 $kɐu^{33}$、很 $hɐn^{25}$。

（3）古次浊上声字读入阳上调，如：瓦 $ŋa^{13}$、五 $ŋ^{13}$、雨 $jy^{13}$、米 $mɐi^{13}$、老 $lou^{13}$、美 $mei^{13}$、藕 $ŋɐu^{13}$、有 $jɐu^{13}$、懒 $lan^{13}$、眼 $ŋɐn^{13}$、远 $jyn^{13}$、勇 $joŋ^{13}$。

（4）变调有3个，包括两个舒声变调 -55 和 -25（与阴上同形）以及一个入声变调 -25，主要为名词语素变调。阴平变 -55 调，部分阳平和上声也变读 -55 调，如：花 $fa^{52-55}$、钉 $tɛŋ^{52-55}$、璃玻~ $lei^{31-55}$、芒~果 $mɔŋ^{31-55}$、蚊 $mɐn^{31-55}$、表钟~ $piu^{25-55}$。阳平和阴、阳去变 -25 调，如：磨 $mɔ^{31-25}$、亭 $tʰen^{31-25}$、伯爷婆老太婆 $pʰɔ^{31-25}$、橙 $tsʰaŋ^{31-25}$、妹 $mui^{22-25}$、会开~ $wui^{22-25}$、蛋 $tan^{22-25}$、链 $lin^{22-25}$。下阴入、阳入调变 -25 调，如：帖 $tʰip^{3-25}$、柏 $pak^{3-25}$、笛 $tɛk^{2-25}$、鹿 $lok^{2-25}$。

## 第二节　西樵粤方言的语音系统

### 一、西樵粤方言的声韵调系统

（一）声母19个（下划单横线为白读，双横线为文读）

| p 巴婆痹帮白 | pʰ 爬排粪旁拍 | f 火肥饭慌服 | m 马尾晚明物 | |
| t 多头淡钉答 | tʰ 拖偷停唐秃 | | | l 罗女年农力 |
| ts 左借韭精粥 | tsʰ 坐树抢绳熟 | s 锁字船绳熟 | | j 语你任延肉 |
| k 哥举九耕急 | kʰ 渠蟹桥琴剧 | h 河夜开咸阔 | ŋ 我勾岩眼岳 | ʔ 鸦椅安烟约 |

（续上表）

| kw 果瓜龟均国 | kwʰ 夸跪昆群掘 | | w 禾花辉婚滑 |

说明：

①ts、tsʰ、s 声母的发音部位为舌叶—齿龈。

②k、kʰ、h 声母后接细音时发音部位稍微靠前，但未到硬腭。

③ʔ声母爆破清晰明显。本书只在 i、u、y 为主要元音的韵母前标出。

## （二）韵母 59 个

| a 下话 | ai 大快 | au 爪藕 | am 谭衫 | an 囡饭 | aŋ 冷耕 | ap 立集 | at 发辣 | ak 握麦 |
|---|---|---|---|---|---|---|---|---|
| | ɐi 筛吠 | ɐu 收九 | ɐm 林任 | ɐn 品困 | ɐŋ 灯憎 | ɐp 汁急 | ɐt 笔骨 | ɐk 塞鲫 |
| ɛ 借骑 | | ɛu 炒交 | ɛm 嫌咸 | ɛn 眼烟 | ɛŋ 病颈 | ɛp 插夹 | ɛt 八滑 | ɛk 伞劈 |
| œ 糯坐 | | | | œn 铲 | œŋ 养窗 | | œt 索阅 | œk 药 |
| | øy 吹蕊 | | | øn 润轮 | | | øt 率出 | |
| | | | | en 冰蒸 | | | et 食碧 | |
| i 地你 | | iu 表摇 | im 盐添 | in 变年 | | ip 接碟 | it 列热 | |
| y 女事 | | | | yn 短穿 | | | yt 脱缺 | |
| ɔ 哥初 | ɔi 我海 | | ɔm 感暗 | ɔn 安满 | ɔŋ 旁江 | ɔp 合鸽 | ɔt 渴割 | ɔk 薄学 |
| | | | | | oŋ 总红 | | | ok 木谷 |
| u 布高 | ui 背对 | | | un 官门 | | | ut 末阔 | |
| ŋ 五吴 | | | | | | | | |

说明：

①a 音位的实际读音为 A。

②a、ɛ、œ、ɔ、i、y、u 是长元音，在带韵尾时，韵尾较短；ɐ、e、ø、o 是短元音，总要带韵尾，且韵尾较长。

③韵母 ɛŋ、ɛk 的实际读音为 ɛːAŋ、ɛːAk。ɛ 为主要元音，发音较长

较响；A 为滑音，发音短暂。

④第一发音人念韵母 u 和韵母 i 时，在某些音节中发音不稳定，实际读音接近 ou 和 ei，但认同单元音 u、i 音位。第二发音人韵母 u 和韵母 i 发音稳定。今定为单元音 u、i 音位。

⑤第一发音人有否定副词"唔"$m^{31}$，第二发音人只有否定副词"无"$mu^{31}$。今依第二发音人，不设自成音节的 m 韵母。

（三）声调 9 个

| 阴平 52 | 多刀消分工 | 阳平 31 | 婆凡流文红 |
| 阴上 25 | 果纸早反井 | 阳上 13 | 我雨有冷勇 |
| 阴去 33 | 个派按训送 | 阳去 22 | 大地后饭洞 |
| 上阴入 5 | 汁咳骨色蓄 | 阳入 2 | 十别列石六 |
| 下阴入 3 | 割答切作八 | | |

## 二、西樵粤方言的音韵特点

（一）声母特点

（1）古全浊声母今读塞音、塞擦音字主要表现为平、上声念送气清音，去、入声念不送气清音；其中古全浊上声部分读阳上，部分读阳去，后者依去声途径变化。但有不少古帮、端组口语常用字今读平、上声的，也念为不送气清音。如：婆 $pɔ^{31}$、被被子 $pi^{13}$、头 $tɐu^{31}$、盘算~ $pɔn^{31}$、塘 $tɔŋ^{31}$、淡 $tam^{13}$、断 $tyn^{13}$、艇 $tɛŋ^{13}$、淘~米 $tu^{31}$、绹拴住 $tu^{31}$、刨 $pɐu^{31}$、条 $tiu^{31}$、浮 $pu^{31}$、甜 $tim^{31}$、田 $tin^{31}$、盆 $pun^{31}$、藤 $tɐŋ^{31}$、棚

paŋ³¹、篷 poŋ³¹、桐 toŋ³¹、平便宜 pɛŋ³¹、旁 pɔŋ³¹、耙 pa³¹、糖 tɔŋ³¹。

（2）古非、敷、奉母一般读 f 声母，但部分口语常用字念双唇音。例如：孵 pɔ²²、痱热~ pui²⁵、粪 pʰɐn³³、浮 pu³¹、妇新~ pu¹³、伏 pok²、敷~药 pʰu⁵²。

（3）古明、微母合流读为 m 声母，如：模 mu³¹、无 mu³¹、眉 mi³¹、微 mi³¹。

（4）古泥、娘母与来母合流，读作 l 声母。例如：男 = 蓝 lam³¹、女 = 吕 ly¹³。

（5）古精、知、庄、章组声母合流，读作 ts、tsʰ、s 声母，例如：左 tsɔ²⁵、猪 tsy⁵²、装 tsɔŋ⁵²、战 tsin³³、坐 tsʰœ¹³、茶 tsʰa³¹、初 tsʰɔ⁵²、车 tsʰɛ⁵²、锁 sɔ²⁵、趁 sɐn³³、沙 sa⁴⁵、输 sy⁵²。古船、禅母常用字读塞擦音声母，例如：树 tsʰy²²、绳 tsʰen³¹、唇 tsʰøn³¹、熟 tsʰok²、剩 tsʰen²²，这类字广州话读擦音声母。

（6）古见系字不论洪音细音，今读为 k、kʰ、h 声母。例如：家 ka⁵²、居 ky⁵²、建 kin³³、解 kʰai²⁵、抗 kʰɔŋ³³、河 hɔ³¹、气 hi³³。

（7）古溪母、晓母合口一般读 f 声母，例如：科 fɔ⁴⁵、苦 fu²⁵、训 fɐn³³。部分合口常用字读 w 声母，念同匣母，例如：花 wa⁴⁵、辉 wei⁵²、婚 wɐn⁵²、快 wai³³。

（8）古疑母一、二等读为 ŋ 声母，与古影母读零声母有别。例如：外 ŋɔi²²、眼 ŋɛn¹³；爱 ɔi³³、烟 ɛn⁵²。

（9）古云、以母及部分匣母口语常用字多读为 h 声母。例如：爷 hɛ³¹、夜 hɛ²²、易 hi²²、姨 hi⁵²、雨 hy¹³、盐 him³¹、叶 hip²、以 hi¹³、鹞 hiu²⁵、演 hin²⁵、现 hin²²、贤 hin³¹、羊 hœŋ³¹、药 hœk²、完 hyn³¹、圆 hyn³¹、园 hyn³¹、远 hyn¹³、越 hyt²。这部分字广州话读作 j 声母。

（10）古非组、溪、晓、匣母部分合口字读为 h 声母。例如：麸 hu⁵²、扶 hu³¹、裤 hu³³、呼 hu⁵²、阔 hut³、欢 hun⁵²、湖 hu³¹、壶 hu³¹、

护 hu$^{22}$、回 hui$^{31}$、换 hun$^{22}$、活 hut$^{2}$。这部分字广州话读作 f/w 声母。

## （二）韵母特点

（1）果摄字一般读作 ɔ 韵母，但有些口语常用字读作 œ 韵母，均为合口舌齿音字，例如：朵 tœ$^{25}$、糯 lœ$^{22}$、螺 lœ$^{31}$、坐 tsʰœ$^{13}$。

（2）遇摄合口一等字和合口三等非组、庄组字读为单元音韵母 u（鱼韵庄组字读为 ɔ），合口三等字读为单元音韵母 y（非组、庄组字除外），止摄开口字和合口非组字读为单元音韵母 i。例如：布 pu$^{33}$、组 tsu$^{25}$、舞 mu$^{13}$、数 su$^{33}$；女 ly$^{13}$、徐 tsʰy$^{31}$、举 ky$^{25}$、墟 hy$^{52}$；美 mi$^{13}$、肥 fi$^{31}$、地 ti$^{22}$、你 ji$^{13}$、离 li$^{31}$、期 kʰi$^{31}$。

（3）蟹摄开口一等字读作 ɔi 韵母，与二等字读作 ai 韵母有别，例如：抬 tʰɔi$^{31}$、袋 tɔi$^{22}$、菜 tsʰɔi$^{33}$、改 kɔi$^{25}$、概 kʰɔi$^{33}$、开 hɔi$^{52}$、爱 ɔi$^{33}$；买 mai$^{13}$、柴 tsʰai$^{31}$、街 kai$^{52}$。

（4）蟹摄、止摄合口三等舌齿音字读 øy 韵母，与蟹摄合口一等舌齿音字读 ui 韵母有别。例如：税 søy$^{33}$、岁 søy$^{33}$、脆 tsʰøy$^{33}$、嘴 tsøy$^{25}$、吹 tsʰøy$^{52}$、追 tsøy$^{52}$、水 søy$^{25}$；堆 tui$^{52}$、退 tʰui$^{33}$、雷 lui$^{31}$、罪 tsui$^{22}$、碎 sui$^{33}$。

（5）止摄开口精、庄组跟知、章组韵母有别，精、庄组读为 y 韵母，知、章组读为 i 韵母。如：紫 tsy$^{25}$、撕 sy$^{52}$、次 tsʰy$^{33}$、私 sy$^{52}$、狮 sy$^{45}$、慈 tsʰy$^{31}$、字 sy$^{22}$、丝 sy$^{52}$、似 tsʰy$^{13}$、事 sy$^{22}$、史 sy$^{25}$、侍 sy$^{22}$；知 tsi$^{52}$、支 tsi$^{52}$、纸 tsi$^{25}$、豉 si$^{22}$、致 tsi$^{33}$、迟 tsʰi$^{31}$、屎 si$^{25}$、耻 tsʰi$^{25}$、之 tsi$^{52}$、试 si$^{33}$。

（6）效摄开口一等字读 u 韵母，区别于二等字 au 韵母，并与遇摄一等字混同。例如：宝 = 补 pu$^{25}$、毛 = 无 mu$^{31}$、刀 = 都 tu$^{52}$、老 = 鲁 lu$^{13}$、早 = 祖 tsu$^{25}$、高 = 姑 ku$^{52}$、好 = 浒 hu$^{25}$。

（7）效摄、咸摄、山摄二等韵一般读作 au、am/ap、an/at 等韵母，但不少口语常用字主要元音多变读为 ɛ，部分四等韵字亦如此。例如：爆 pɛu³³、炒 tsʰɛu²⁵、咬 ŋɛu¹³、交 kɛu⁵²、喊 hɛm³³、咸 hɛm³¹、监 kɛm⁵²、眼 ŋɛn¹³、闲 hɛn³¹、惯 kwɛn³³、弯 wɛn⁴⁵、插 tsʰɛp³、夹 kɛp³、八 pɛt³、滑 wɛt²；扁 pɛn²⁵、烟 ɛn⁵²。

（8）保存古阳、入声韵尾 –m/–p、–n/–t、–ŋ/–k 的配对，咸摄、深摄为 –m/–p 韵尾（唇音字变读为 –n/–t 韵尾），山摄、臻摄为 –n/–t 韵尾，宕摄、江摄、曾摄一等、梗摄二等和三四等白读、通摄为 –ŋ/–k 韵尾。例如：衫 sam⁵⁵、杂 tsap²、心 sɐm⁵²、十 sɐp²、饭 fan²²、发 fat³、运 wɐn²²、物 mɐt²、床 tsʰɔŋ³¹、江 kɔŋ⁵²、两 lœŋ¹³、朋 pʰɐŋ³¹、冷 laŋ¹³、幸 hɐŋ²²、梦 mɔŋ²²、白 pak²、特 tɐk²、木 mok²。曾摄三等韵和梗摄三四等文读变读为 –n/–t 韵尾，如：冰 pen⁵²、蒸 tsen⁵²、兴 hen⁵²、力 let²、色 set⁵；景 ken²⁵、英 jen⁵²、丁 ten⁵²、永 wen¹³、滴 tet²。

（9）咸摄开口一等见系字读为圆唇元音 ɔm/ɔp 韵母，与其他声类读作 am/ap 有别，而且不相混于深摄见系 ɐm/ɐp 韵母。例如：感 kɔm²⁵、龛 ɔm⁴⁵、含 hɔm³¹、甘 kɔm⁵²、暗 ɔm³³、柑 kɔm⁴⁵、敢 kɔm²⁵、鸽 kɔp³、合 hɔp²、盒 hɔp²⁵；贪 tʰam⁵²、担 tam⁵²、三 sam⁵²、塔 tʰap³；金 kɐm⁴⁵、琴 kʰɐm³¹、饮 jɐm²⁵、急 kɐp⁵、吸 kʰɐp⁵。

（10）山摄开口一等见系字读作 ɔn/ɔt 韵母，与其他声类读作 an/at 韵母有别，例如：干 kɔn⁵²、寒 hɔn³¹、安 ɔn⁵²、渴 hɔt³；炭 tʰan³³、兰 lan³¹、餐 tsʰan⁴⁵、达 tat²。山摄合口帮组字读 ɔn/ɔt 韵母，与开口一等见系字混同，如：搬 pɔn⁵²、半 pɔn³³、盘 pɔn³¹、满 mɔn¹³、钵 pɔt³、泼 pʰɔt³、抹 mɔt³。

（11）臻摄一般读 ɐn/ɐt 韵母，而合口三等以及部分合口一等、开口三等舌齿音字读作 øn/øt 韵母，两者相区别。例如：跟 kɐn⁵²、民

mɐn³¹、身 sɐn⁵²、棍 kwɐn³³、均 kwɐn⁵²、分 fɐn⁵²、橘 kwɐt⁵；轮 løn³¹、俊 tsøn³³、准 tsøn²⁵、润 jøn²²、律 løt²、出 tsʰøt⁵、顿 tøn²²、论 løn²²、邻 løn³¹、进 tsøn³³、信 søn³³。

（12）梗摄开口字有文白两读，二等文读主要元音为 ɐ，白读主要元音为 a，三四等文读主要元音为 e，白读主要元音为 ɛ，如：生 sɐŋ⁵²/saŋ⁵²、行 hɐŋ³¹/haŋ³¹、更 kɐŋ⁵²/kaŋ⁵²；名 mɐn³¹/mɜŋ²⁵、精 tsɐn⁵²/tsɛŋ⁵²、灵 lɐn³¹/lɛŋ³¹、惊 kɐn⁵²/kɛŋ⁵²、惜 sɐt⁵/sɛk³。

### （三）声调特点

（1）古四声均大致依古声母清、浊分为阴、阳两类，而阴入再大致依元音分两类，共9个声调。例如：分 fɐn⁵²、坟 fɐn³¹、粉 fɐn²⁵、愤 fɐn¹³、奋 fɐn³³、份 fɐn²²、忽 fɐt⁵、法 fat³、佛 fɐt²。

（2）古全浊上字今读主要分为阳去和阳上两类。在调查到的121个古全浊上声字中，今读阳去的76个，约占60%，如：下 ha²²、部 pu²²、技 ki²²、巨 ky²²、竖 sy²²、士 sy²²、待 tɔi²²、罪 tsui²²、稻 tu²²、后 hɐu²²、撼 hɔm²²、善 sin²²、尽 tsøn²²、丈 tsœŋ²²、动 toŋ²²。今读阳上的27个，约占20%，如：舵 tai¹³、社 sɛ¹³、拒 kʰy¹³、柱 tsʰy¹³、被<sub>被子</sub> pi¹³、倚 kʰi¹³、似 tsʰy¹³、市 si¹³、抱 pu¹³、厚 hɐu¹³、舅 kʰɐu¹³、艇 tɐŋ¹³。有6个字存在文白异读，一般文读阳去，白读阳上：断 tyn²²/tyn¹³、淡 tam²²/tam¹³、近 kɐn²²/kʰɐn¹³、笨 pɐn²²/pʰɐn¹³、重 tsoŋ²²/tsʰoŋ¹³。只有"伴"白读变调：伴 pun²²/pʰɔn⁻²⁵。此外有4字读变调，都是名词：鲍 pau⁻⁴⁵、辫 pin⁻⁴⁵、菌 kwʰɐn⁻²⁵、柿 sy⁻²⁵。有少数念其他调，如：诞 tan³³、仗 tsœŋ³³、臼 kɛu³³、很 hɐn²⁵、晃 fɔŋ²⁵、缓 wun³¹。

（3）古次浊上声字读入阳上调，如：瓦 ŋa¹³、五 ŋ¹³、雨 hy¹³、米

mei¹³、老 lu¹³、美 mi¹³、藕 ŋau¹³、有 jɐu¹³、懒 lan¹³、眼 ŋɛn¹³、远 hyn¹³、勇 joŋ¹³。

（4）变调有3个，包括两个舒声变调 –45 和 –25（与阴上同形）以及一个入声变调 –25，主要为名词语素变调。①

阴平变 –45 调，部分阳平和上声、去声字也变读 –45 调，如：花 wa⁵²⁻⁴⁵、沙 sa⁵²⁻⁴⁵、挑担~：扁担 tʰiu⁵²⁻⁴⁵、钉 tɛŋ⁵²⁻⁴⁵、麻出~ ma³¹⁻⁴⁵、前面~ tsʰin³¹⁻⁴⁵、榕 joŋ³¹⁻⁴⁵、璃玻~ li³¹⁻⁴⁵、橙 tsʰaŋ³¹⁻⁴⁵、芒 mɔŋ³¹⁻⁴⁵、蚊 mɐn³¹⁻⁴⁵、表钟~ piu²⁵⁻⁴⁵、痢癞~ li²²⁻⁴⁵、链 lin²²⁻⁴⁵。部分 –45 变调还具有表小功能，如：笋大笋 lɔ³¹ ≠ 笋小笋 lɔ³¹⁻⁴⁵、哥大~ kɔ⁵² ≠ 哥学生~ kɔ⁵²⁻⁴⁵。

阳平和阴、阳去变 –25 调，如：牌 pʰai³¹⁻²⁵、磨 mɔ³¹⁻²⁵、胡 hu³¹⁻²⁵、莓 mui³¹⁻²⁵、亭 tʰen³¹⁻²⁵、婆~䲁：娘们 pʰɔ³¹⁻²⁵、绒 joŋ³¹⁻²⁵、扫扫帚 su³³⁻²⁵、妹 mui²²⁻²⁵、队 tui²²⁻²⁵、会开~ ʔui²²⁻²⁵、蛋 tan²²⁻²⁵、院 hyn²²⁻²⁵、铜 kɛn³³⁻²⁵。

下阴入、阳入调变 –25 调，如：夹 kʰɛp³⁻²⁵、獭 tsʰat³⁻²⁵、帖 tʰip³⁻²⁵、柏 pak³⁻²⁵、笛 tɛk²⁻²⁵、鹿 lok²⁻²⁵、盒 hɔp²⁻²⁵。

---

① 也有少数其他情况，如"都表全体的副词 tu⁻⁴⁵ | 摸 mɔ⁻²⁵"等。

## 第三节　丹灶粤方言的语音系统

### 一、丹灶粤方言的声韵调系统

#### （一）声母 19 个

| | | | | |
|---|---|---|---|---|
| p 布皮帮盆白 | pʰ 怕炮片贫拍 | f 课肥欢房阔 | m 马舞面忙物 | |
| t 朵条甜断读 | tʰ 拖桃贪汤脱 | | | l 罗女南冷六 |
| ts 猪字针丈竹 | tsʰ 坐树参虫赤 | s 沙烧山送叔 | | j 鱼你任用肉 |
| k 家狗金港菊 | kʰ 溪舅琴穷确 | h 河爷咸样客 | ŋ 我咬眼硬握 | ʔ 鸦椅烟秧屋 |
| kw 果瓜关光国 | kwʰ 夸跪坤裙 | | | w 花威婚王或 |

说明：

①ts、tsʰ、s 声母的发音部位为舌叶—齿龈。

②k、kʰ、h 声母后接细音时发音部位稍微靠前，但未到硬腭。

③ʔ 声母爆破清晰明显，本书只在 i、u、y 为主要元音的韵母前标出。

#### （二）韵母 59 个

| a 下话 | ai 大快 | au 闹藕 | am 蓝衫 | an 弹饭 | aŋ 冷耕 | ap 答鸭 | at 发辣 | ak 握客 |
|---|---|---|---|---|---|---|---|---|
| | ɐi 米贵 | ɐu 豆牛 | ɐm 林金 | ɐn 文军 | ɐŋ 灯幸 | ɐp 汁急 | ɐt 罚骨 | ɐk 塞北 |
| ɛ 借夜 | | ɛu 咬饱 | ɛm 咸 | ɛn 眼闲 | ɛŋ 镜钉 | ɛp 夹甲 | ɛt 八刮 | ɛk 石踢 |

(续上表)

| | | | | | | | | |
|---|---|---|---|---|---|---|---|---|
| œ 坐锯 | | | œn 铲闩 | œŋ 两羊 | | œk 药 | | |
| | øy 趣水 | | øn 进纯 | | | øt 律出 | | |
| | | | en 英形 | | | et 色滴 | | |
| i 比起 | | iu 超叫 | im 盐添 | in 钱年 | | ip 接叶 | it 别热 | |
| y 去次 | | | | yn 乱村 | | | yt 脱血 | |
| ɔ 果初 | ɔi 我海 | | | ɔn 赶安 | ɔŋ 旁江 | | ɔt 渴割 | ɔk 薄壳 |
| | | | om 甘敢 | | oŋ 总红 | op 合鸽 | | ok 木俗 |
| u 布高 | ui 背退 | | | un 官门 | | | ut 泼阔 | |
| ŋ̍ 五吴 | | | | | | | | |
| m̩ 唔 | | | | | | | | |

说明：

①a 音位的实际读音为 A。

②a、ɛ、œ、ɔ、i、y、u 是长元音，在带韵尾时，韵尾较短；ɐ、e、ø、o 是短元音，总要带韵尾，且韵尾较长。

## （三）声调 9 个

| 阴平 52 | 家开甘装空 | 阳平 31 | 爬柴蓝船红 |
|---|---|---|---|
| 阴上 25 | 朵矮饮选顶 | 阳上 13 | 我美染暖网 |
| 阴去 33 | 破透浸变送 | 阳去 22 | 巨弟汗硬洞 |
| 上阴入 5 | 七出握色祝 | 阳入 2 | 叶立食碟熟 |
| 下阴入 3 | 割塔八脚屋 | | |

说明：

①阴平和阳平均为降调，阴上和阳上均为升调，阴去和阳去均为平调，阴高阳低，非常整齐。

②阴平调在常用名词中多变读为 45 调，如：花、村、箱、钟。

③其他声调在常用名词中多变读为25调，如：楼、妹、笛、帽。

## 二、丹灶粤方言的音韵特点

### （一）声母特点

（1）古全浊声母今读塞音、塞擦音字主要表现为平、上声念送气清音，去、入声念不送气清音；其中古全浊上声部分读阳上，部分读阳去，后者依去声途径变化。但有不少古帮、端组口语常用字今读平、上声的，也念为不送气清音。如：婆 $pɔ^{31}$、皮 $pi^{31}$、盆 $pun^{31}$、旁 $pɔŋ^{31}$、台 $tɔi^{31}$、头 $tɐu^{31}$、条 $tiu^{31}$、淡 $tam^{13}$、甜 $tim^{13}$、田 $tin^{31}$、断 $tyn^{13}$、同 $toŋ^{31}$、塘 $tɔŋ^{31}$。

（2）古非、敷、奉母一般读 f 声母，但部分口语常用字念双唇音。例如：孵 $pɔ^{22}$、痱热~ $pui^{25}$、粪 $pɐn^{33}$、浮 $pu^{31}$、妇新~ $p^hu^{13}$、伏 $pok^2$。

（3）古明、微母合流读为 m 声母，如：模 $mu^{31}$、无 $mu^{31}$、眉 $mi^{31}$、微 $mi^{31}$、面 $min^{22}$、万 $man^{22}$。

（4）古泥、娘母与来母合流，读作 l 声母。例如：南 $lam^{31}$ = 蓝 $lam^{31}$、女 $ly^{13}$ = 吕 $ly^{13}$、恼 $lu^{13}$ = 老 $lu^{13}$。

（5）古精、知、庄、章组声母合流，读作 ts、$ts^h$、s 声母，例如：左 $tsɔ^{25}$、猪 $tsy^{52}$、炸 $tsa^{33}$、蔗 $tsɛ^{33}$、坐 $ts^hœ^{13}$、茶 $ts^ha^{31}$、初 $ts^hɔ^{52}$、车 $ts^hɛ^{52}$、锁 $sɔ^{25}$、沙 $sa^{45}$、鼠 $sy^{25}$。古船、禅母个别常用字读塞擦音声母，例如：树 $ts^hy^{22}$、熟 $ts^hok^2$，这类字广州话读擦音声母。

（6）古见系字不论洪音细音，今读为 k、$k^h$、h 声母。例如：家 $ka^{52}$、巨 $ky^{22}$、高 $ku^{52}$、见 $kɛn^{33}$、区 $k^hy^{52}$、抗 $k^hɔŋ^{33}$、吸 $k^hɐp^5$、河 $hɔ^{31}$、去 $hy^{33}$、汗 $hɔn^{22}$。

(7) 古溪母、晓母合口一般读 f 声母，例如：科 fɔ$^{45}$、苦 fu$^{25}$、阔 fut$^3$、欢 fun$^{52}$、训 fɐn$^{33}$。部分合口常用字读 w 声母，念同匣母。例如：花 wa$^{45}$、婚 wɐn$^{52}$、快 wai$^{33}$。

(8) 古疑母一、二等读为 ŋ 声母，与古影母读零声母有别。例如：我 ŋɔi$^{13}$、牙 ŋa$^{31}$、咬 ŋɐu$^{13}$、眼 ŋɐn$^{13}$、乐 ŋɔk$^2$、阿 a$^{33}$、爱 ɔi$^{33}$、呕 ɐu$^{25}$、暗 ɐm$^{33}$、安 ɔn$^{52}$。

(9) 古云、以母及部分匣母口语常用字多读为 h 声母。例如：爷 hɛ$^{31}$、夜 hɛ$^{22}$、雨 hy$^{13}$、易 hi$^{22}$、姨 hi$^{31}$、盐 him$^{31}$、叶 hip$^2$、贤 hin$^{31}$、圆 hyn$^{31}$、院 hyn$^{25}$、远 hyn$^{13}$、县 hyn$^{25}$、养 hœŋ$^{13}$、样 hœŋ$^{22}$、药 hœk$^2$、蝇 hen$^{31}$、翼 het$^2$、赢 hɛŋ$^{31}$。这部分字广州话读作 j 声母。

(10) 个别古溪、晓、匣母合口字读为 h 声母。例如：裤 hu$^{33}$、虎 hu$^{25}$、胡 hu$^{31}$、灰 hui$^{52}$。这部分字广州话读作 f/w 声母。

（二）韵母特点

(1) 果摄字一般读作 ɔ 韵母，但有些口语常用字读作 œ 韵母，均为合口舌齿音字，例如：朵 tœ$^{25}$、糯 lœ$^{22}$、螺 lœ$^{31}$、坐 tsʰœ$^{13}$。

(2) 遇摄合口一等字和合口三等非组、庄组字读为单元音韵母 u（鱼韵庄组字读为 ɔ），合口三等字读为单元音韵母 y（非组、庄组和部分来母、精组字除外），止摄开口字和合口非组字读为单元音韵母 i。例如：布 pu$^{33}$、组 tsu$^{25}$、舞 mu$^{13}$、数 su$^{33}$；女 ly$^{13}$、徐 tsʰy$^{31}$、举 ky$^{25}$、墟 hy$^{52}$；美 mi$^{13}$、肥 fi$^{31}$、地 ti$^{22}$、你 ji$^{13}$、离 li$^{31}$、期 kʰi$^{31}$。

(3) 蟹摄开口一等字读作 ɔi 韵母，与二等字读作 ai 韵母有别，例如：抬 tʰɔi$^{31}$、袋 tɔi$^{22}$、菜 tsʰɔi$^{33}$、改 kɔi$^{25}$、开 hɔi$^{52}$、爱 ɔi$^{33}$；买 mai$^{13}$、柴 tsʰai$^{31}$、街 kai$^{52}$。

(4) 部分遇摄三等来母和精组字、蟹摄合口一等精组字以及蟹摄、止摄合口三等舌齿音字读 øy 韵母，例如：虑 løy²²、序 tsøy²²、趣 tsʰøy³³、需 søy⁵²、催 tsʰøy⁵²、罪 tsøy²²、最 tsøy³³、税 søy³³、岁 søy³³、脆 tsʰøy³³、嘴 tsøy²⁵、吹 tsʰøy⁵²、追 tsøy⁵²、水 søy²⁵。蟹摄合口一等端组字读 ui 韵母，例如：堆 tui⁵²、退 tʰui³³、雷 lui³¹。

（5）止摄开口精、庄组跟知、章组韵母有别，精、庄组读为 y 韵母，知、章组读为 i 韵母。如：资 tsy⁵²、次 tsʰy³³、师 sy⁵²、子 tsy²⁵、字 tsy²²、寺 tsy²²；知 tsi⁵²、池 tsʰi³¹、纸 tsi²⁵、屎 si²⁵、齿 tsʰi²⁵、时 si³¹。

（6）效摄开口一等字读 u 韵母，区别于二等字 au 韵母，并与遇摄一等字混同。例如：宝 = 补 pu²⁵、毛 = 无 mu³¹、刀 = 都 tu⁵²、早 = 祖 tsu²⁵、高 = 姑 ku⁵²。

（7）效摄、咸摄、山摄二等韵一般读作 au、am/ap、an/at 等韵母，但不少口语常用字主要元音多变读为 ɛ，部分四等韵字亦如此。例如：饱 pɛu²⁵、爆 pɛu³³、炒 tsʰɛu²⁵、咬 ŋɛu¹³、交 kɛu⁵²、喊 hɛm³³、咸 hɛm³¹、眼 ŋɛn¹³、拣 kɛn²⁵、闲 hɛn³¹、还 wɛn³¹、八 pɛt³、滑 wɛt²；扁 pɛn²⁵、见 kɛn³³、边 pɛn⁵²。

（8）保存古阳、入声韵尾 -m/-p、-n/-t、-ŋ/-k 的配对，咸摄、深摄为 -m/-p 韵尾（唇音字变读为 -n/-t 韵尾），山摄、臻摄为 -n/-t 韵尾，宕摄、江摄、曾摄一等、梗摄二等和三四等白读、通摄为 -ŋ/-k 韵尾。例如：衫 sam⁵⁵、杂 tsap²、心 sɐm⁵²、十 sɐp²、饭 fan²²、发 fat³、运 wɐn²²、物 mɐt²、床 tsʰɔŋ³¹、江 kɔŋ⁵²、两 lœŋ¹³、朋 pʰɐŋ³¹、冷 laŋ¹³、幸 hɐŋ²²、梦 moŋ²²、白 pak²、特 tɐk²、木 mok²。曾摄三等韵和梗摄三四等文读变读为 -n/-t 韵尾，如：冰 pen⁵²、蒸 tsen⁵²、兴 hen⁵²、力 let²、色 set⁵；景 ken²⁵、英 jen⁵²、丁 ten⁵²、永 wen¹³、滴 tet²。

（9）咸摄开口一等见系字读为圆唇元音 om/op 韵母，与其他声类读作 am/ap 有别，而且不相混于深摄见系 ɐm/ɐp 韵母。例如：甘

kom⁵²、敢 kom²⁵、鸽 kop³、合 hop²；贪 tʰam⁵²、担 tam⁵²、衫 sam⁵²、塔 tʰap³；金 kɐm⁴⁵、琴 kʰɐm³¹、饮 jɐm²⁵、急 kɐp⁵、吸 kʰɐp⁵。

（10）山摄开口一等见系字读作 ɔn/ɔt 韵母，与其他声类读作 an/at 韵母有别，例如：干 kɔn⁵²、看 hɔn³³、安 ɔn⁵²、渴 hɔt³；炭 tʰan³³、兰 lan³¹、餐 tsʰan⁴⁵、达 tat²。

（11）臻摄一般读 ɐn/ɐt 韵母，而合口三等以及部分合口一等、开口三等舌齿音字读作 øn/øt 韵母，两者相区别。例如：跟 kɐn⁵²、民 mɐn³¹、身 sɐn⁵²、棍 kwɐn³³、均 kwɐn⁵²、分 fɐn⁵²、橘 kwɐt⁵；轮 løn³¹、俊 tsøn³³、准 tsøn²⁵、润 jøn²²、律 løt²、出 tsʰøt⁵、顿 tøn²²、论 løn²²、邻 løn³¹、进 tsøn³³、信 søn³³。

（12）梗摄开口字有文白两读，二等文读主要元音为 ɐ，白读主要元音为 a，三四等文读主要元音为 e，白读主要元音为 ɛ，如：生 sɐŋ⁵²/saŋ⁵²、行 hɐŋ³¹/haŋ³¹、更 kɐŋ⁵²/kaŋ⁵²；名 men³¹/mɛŋ²⁵、精 tsen⁵²/tsɛŋ⁵²、灵 len³¹/lɛŋ³¹、正 tsen³³/tsɛŋ³³、惊 ken⁵²/kɛŋ⁵²、惜 set⁵/sɛk³。

## （三）声调特点

（1）古四声均大致依古声母清、浊分为阴、阳两类，而阴入再大致依元音分两类，共 9 个声调。例如：分 fɐn⁵²、坟 fɐn³¹、粉 fɐn²⁵、愤 fɐn¹³、奋 fɐn³³、份 fɐn²²、忽 fɐt⁵、法 fat³、佛 fɐt²。

（2）古全浊上字今读主要分为阳去和阳上两类。古全浊上声字中，约 60% 的字今读阳去调，如：下 ha²²、部 pu²²、巨 ky²²、罪 tsøy²²、稻 tu²²、后 hɐu²²、善 sin²²、尽 tsøn²²、丈 tsœŋ²²、动 toŋ²²。约 20% 的字今读阳上，如：社 sɛ¹³、柱 tsʰy¹³、倚 kʰi¹³、市 si¹³、抱 pu¹³、厚 hɐu¹³、舅 kʰɐu¹³。有些字存在文白异读，一般文读阳去，白读阳上：

断 tyn²²/tyn¹³、淡 tam²²/tam¹³、近 kɐn²²/kʰɐn¹³、重 tsoŋ²²/tsʰoŋ¹³。此外有的字读变调,都是名词:瓣 pin⁻⁴⁵、菌 kwʰɐn⁻²⁵、柿 sy⁻²⁵。少数字念其他调,如:仗 tsœŋ³³、臼 kɛu³³、很 hɐŋ²⁵。

(3) 古次浊上声字读入阳上调,如:瓦 ŋa¹³、五 ŋ¹³、雨 hy¹³、米 mɐi¹³、老 lu¹³、美 mi¹³、藕 ŋau¹³、有 jɐu¹³、懒 lan¹³、眼 ŋɛn¹³、远 hyn¹³、勇 joŋ¹³。

(4) 变调有3个,包括两个舒声变调 -45 和 -25 (与阴上同形) 以及一个入声变调 -25,主要为名词语素变调。阴平变 -45 调,部分阳平和上声字也变读 -45 调,如:花 wa⁵²⁻⁴⁵、钉 tɛŋ⁵²⁻⁴⁵、榕 joŋ³¹⁻⁴⁵、胡﹍ hu³¹⁻⁴⁵、璃玻~ li³¹⁻⁴⁵、芒 moŋ³¹⁻⁴⁵、蚊 mɐŋ³¹⁻⁴⁵、表钟~ piu²⁵⁻⁴⁵。阳平和阴、阳去变 -25 调,如:磨 mɔ³¹⁻²⁵、亭 tʰɐn³¹⁻²⁵、伯爷婆:老太婆 pʰɔ³¹⁻²⁵、橙 tsʰaŋ³¹⁻²⁵、妹 mui²²⁻²⁵、会开~ hui²²⁻²⁵、蛋 tan²²⁻²⁵、链 lin²²⁻²⁵。下阴入、阳入调变 -25 调,如:帖 tʰip³⁻²⁵、柏 pak³⁻²⁵、笛 tɛk²⁻²⁵、鹿 lok²⁻²⁵。

## 第四节 九江粤方言的语音系统

### 一、九江粤方言的声韵调系统

(一) 声母19个 (包括零声母)

| p 巴布半冰笔 | pʰ 爬盘粪平拍 | f 火禾飞黄福 | m 马米万问木 | |
| t 多刀灯东读 | | | n 女闹年娘纳 | l 罗老乱凉六 |
| ts 借照九斤俗 | tsʰ 茶薯求床束 | s 蛇树神生石 | | j 鱼耳饮样肉 |

(续上表)

| k 哥高间江局 | kʰ 区梯琴穷确 | h 河雨庆空铁 | ŋ 我牛岩眼额 | |
|---|---|---|---|---|
| kw 果瓜乖光国 | kwʰ 夸葵困裙 | | | w 花伟还婚或 |
| ø 阿爱暗安屋 | | | | |

说明：

① ts、tsʰ、s 声母的发音部位为舌叶—齿龈。

② k、kʰ、h 声母后接细音时发音部位稍微靠前，但未到硬腭。

## （二）韵母 55 个

| a 下过 | ai 大我 | au 闹好 | am 衫甘 | an 饭干 | aŋ 冷耕 | ap 答立 | at 辣渴 | ak 握客 |
|---|---|---|---|---|---|---|---|---|
| | ɐi 米肥 | ɐu 牛路 | ɐm 林金 | ɐn 文吞 | ɐŋ 灯幸 | ɐp 汁急 | ɐt 罚骨 | ɐk 塞北 |
| ɛ 借夜 | | ɛu 饱炒 | ɛm 咸斩 | ɛn 眼见 | ɛŋ 镜钉 | ɛp 夹插 | ɛt 八滑 | ɛk 石踢 |
| œ 锯 | | | | œn □啄 | œŋ 羊房 | | œt 栗术 | œk 国 |
| | øy 趣女 | | | øn 信春 | | | øt 出蟀 | |
| | | | | | eŋ 蒸形 | | | ek 色滴 |
| i 纸基 | | iu 表条 | im 盐添 | | | ip 接叶 | it 别热 | |
| y 去字 | | | | yn 乱村 | | | yt 脱血 | |
| ɔ 河初 | ɔi 开水 | | | | ɔŋ 帮江 | | | ɔk 薄壳 |
| | | | | | oŋ 总红 | | | ok 木鹿 |
| u 布母 | ui 杯对 | | | un 官搬 | | | ut 泼阔 | |
| ŋ̩ 五吴 | | | | | | | | |
| m̩ 唔 | | | | | | | | |

说明：

① a 音位的实际读音为 ʌ。

② 韵母 eŋ、ek 的实际读音为 ɛːʌŋ、ɛːʌk。ɛ 为主要元音，发音较长较响；ʌ 为滑音，发音短暂。

③韵母 ɔŋ 主要元音的开口度较小。

## (三) 声调8个

| 阴平 45 | 家粗秋牵通 | 阳平 31 | 爬蛇咸蝇农 |
|---|---|---|---|
| 阴上 25 | 朵土饮市咬 | | |
| 阴去 33 | 破透浸变送 | 阳去 13 | 巨弟汗硬洞 |
| 上阴入 5 | 七出握色祝 | 阳入 2 | 叶立食碟熟 |
| 下阴入 3 | 割塔八脚踢 | | |

说明：

①阴平调调尾下降，调值为453。部分阳平调前段微升，为231调。

②部分阴去调为微升调，为34调。

③上阴入、下阴入和阳入调微升。

④阳去调在语流中经常变读为22调。

## 二、九江粤方言的音韵特点

### (一) 声母特点

（1）古全浊声母今读塞音、塞擦音字主要表现为平、上声念送气清音，去、入声念不送气清音；其中古全浊上声字部分读上声，部分读阳去，后者依去声途径变化。如：步 pu¹³、婆 pʰɔ³¹、大 tai¹³、住 tsy¹³、锄 tsʰɔ³¹、巨 ky¹³、琴 kʰɐm³¹、薄 pɔk²、抱 pʰau²⁵、断 hyn²⁵（白）、淡 tam¹³（文）。

（2）古非、敷、奉母一般读 f 声母，但部分口语常用字念双唇音。例如：孵 pu²²、痱热~ pui¹³、粪 pʰɐn³³。

(3) 古明、微母合流读为 m 声母，如：模 mu³¹、武 mu²⁵、眉 mei³¹、面 min¹³、万 man¹³、门 mun³¹、网 mɔŋ²⁵。

(4) 古透母及古定母今读平、上声字为 h 声母。例如：拖 hɔ⁴⁵、土 hɐu²⁵、图 hɐu³¹、台 hɔi³¹、体 hei²⁵、退 hui³³、条 hiu³¹、偷 hɐu⁴⁵、探 ham³³、贴 hip³、天 hin⁴⁵、停 heŋ³¹、踢 hɛk³。这部分字其他点一般读作 tʰ 声母。

(5) 古泥、娘母读作 n 声母，古来母读作 l 声母，两者从分。例如：女 nøy²⁵、闹 nau¹³、南 nam³¹、年 nin³¹、吕 løy²⁵、老 lau²⁵、蓝 lam³¹、联 lyn³¹。

(6) 古精、知、庄、章组声母合流，读作 ts、tsʰ、s 声母，例如：左 tsɔ²⁵、猪 tsy⁴⁵、炸 tsa³³、蔗 tsɛ³³、坐 tsʰɔ²⁵、茶 tsʰa³¹、初 tsʰɔ⁴⁵、车 tsʰɛ⁴⁵、锁 sɔ²⁵、沙 sa⁴⁵、鼠 sy²⁵。古船、禅母个别常用字读塞擦音声母，例如：船 tsʰyn³¹、薯 tsʰy³¹、绳 tsʰeŋ³¹，这类字广州话读擦音声母。

(7) 古见系字不论洪音细音，今读多为 k、kʰ、h 声母。例如：家 ka⁴⁵、巨 ky¹³、高 kau⁴⁵、见 kɛn³³、区 kʰy⁴⁵、抗 kʰɔŋ³³、吸 kʰɐp⁵、河 hɔ³¹、起 hi²⁵、去 hy³³、汗 han¹³。

流、臻、深三摄的三等开口见系字，读为 ts、tsʰ 声母，与一等见系字 k、kʰ 声母形成对立。如流摄一等：狗 kɐu²⁵、够 kɐu³³、扣 kʰɐu³³；流摄三等：九 tsɐu²⁵、救 tsɐu³³、旧 tsɐu¹³、舅 tsʰɐu²⁵、求 tsʰɐu³¹；深摄三等：金 tsɐm⁴⁵、锦 tsɐm²⁵、急 tsɐp⁵；臻摄一等：跟 kɐn⁴⁵；臻摄三等：紧 tsɐn²⁵、斤 tsɐn⁴⁵、近 tsɐn¹³、吉 tsɐt⁵。

(8) 古溪母、晓母合口一般读 f 声母，例如：科 fa⁴⁵、苦 fu²⁵、阔 fut³、欢 fun⁴⁵、训 fɐn³³。部分合口常用字读 w 声母，念同匣母。例如：花 wa⁴⁵、婚 wɐn⁴⁵。

(9) 古疑母一、二等读为 ŋ 声母，与古影母读零声母有别。例如：

我 ŋai²⁵、牙 ŋa³¹、咬 ŋɐu²⁵、乐 ŋɔk²、爱 ɔi³³、呕 ɐu²⁵、暗 am³³、安 an⁴⁵。

（10）古云、以母及部分匣母口语常用字多读为 h 声母。例如：爷 hɛ³¹、夜 hɛ¹³、雨 hy²⁵、以 hi²⁵、姨 hi³¹、盐 him³¹、叶 hip²、贤 hin³¹、圆 hyn³¹、远 hyn²⁵、养 hœŋ²⁵、药 hœk²、蝇 heŋ³¹、翼 hek²、赢 hɐŋ³¹，这部分字广州话读作 j 声母。

（11）部分古匣母合口字读为 f 声母，念同晓母。例如：禾 fa³¹、胡 fu³¹、壶 fu³¹、会 fui²⁵、回 fui³¹、活 fut²、黄 fœŋ³¹、镬 fœk²，这部分字广州话读作 w 声母。

## （二）韵母特点

（1）果摄字一般读作 ɔ 韵母，但果摄合口见系字读作 a 韵母，读同假摄合口二等字，例如：多 tɔ⁴⁵、哥 kɔ⁴⁵、河 hɔ³¹、磨 mɔ³¹、坐 tsʰɔ²⁵；过 kwa³³、课 fa³³、火 fa²⁵、禾 fa³¹。

（2）遇摄合口一等舌齿音字和合口三等生母字读为复元音韵母 ɐu，遇摄合口一等唇音字、见系字和合口三等非组字读单元音韵母 u，例如：路 lɐu¹³、租 tsɐu⁴⁵、数 sɐu³³；布 pu³³、苦 fu²⁵、鼓 ku²⁵、夫 fu⁴⁵、舞 mu²⁵。遇摄合口三等泥来母、精组字读为复元音韵母 øy，遇摄合口三等知组、章组、日母、见系字读单元音韵母 y，例如：女 nøy²⁵、趣 tsʰøy³³、序 tsøy¹³、需 søy⁴⁵；猪 tsy⁴⁵、去 hy³³、区 kʰy⁴⁵；止摄开口帮组、端组、泥来母和合口非组字读复元音韵母 ɐi，止摄开口知章组；见系字读单元音韵母 i。例如：皮 pʰɐi³¹、地 tɐi¹³、李 lɐi²⁵、肥 fɐi³¹、知 tsi⁴⁵、戏 hi³³、时 si³¹、几 ki²⁵、易 ji¹³。

（3）蟹摄开口一等字读作 ɔi 韵母，与二等字读作 ai 韵母有别，例如：抬 hɔi³¹、袋 tɔi¹³、菜 tsʰɔi³³、改 kɔi²⁵、开 hɔi⁴⁵、爱 ɔi³³；买

mai²⁵、柴 tsʰai³¹、街 kai⁴⁵。

（4）蟹摄合口一等包括端组字、泥来母、精组等字读 ui 韵母，例如：堆 tui⁵²、退 hui³³、雷 lui³¹、催 tsʰui⁴⁵、碎 sui³³。蟹摄、止摄合口三等舌齿音字读 ɔi 韵母，例如：税 sɔi³³、脆 tsʰɔi³³、岁 sɔi³³、锐 jɔi¹³、吹 tsʰɔi⁴⁵、追 tsɔi⁴⁵、水 sɔi²⁵。

（5）止摄开口精、庄组跟知、章组韵母有别，精、庄组读为 y 韵母，知、章组读为 i 韵母。如：资 tsy⁴⁵、次 tsʰy³³、师 sy⁴⁵、子 tsy²⁵、字 tsy¹³、寺 tsy¹³；知 tsi⁴⁵、池 tsʰi³¹、纸 tsi²⁵、屎 si²⁵、齿 tsʰi²⁵、时 si³¹。

（6）效摄开口一等字为 au 韵母，与二等字读音相同，例如：宝 pau²⁵、报 pau³³、刀 tau⁴⁵、稻 tau¹³、早 tsau²⁵、造 tsau¹³、高 kau⁴⁵、稿 kau²⁵、好 hau²⁵、号 hau¹³。

（7）效摄、咸摄、山摄二等韵一般读 au、am/ap、an/at 等韵母，但不少口语常用字主要元音多变读为 ɛ，部分四等韵字亦如此。例如：饱 pɛu²⁵、炒 tsʰɛu²⁵、咬 ŋɛu²⁵、交 kɛu⁴⁵、斩 tsɛm²⁵、咸 hɛm³¹、插 tsʰɛp³、眼 ŋɛn²⁵、间 kɛn⁴⁵、闲 hɛn³¹、铲 tsʰɛn²⁵、山 sɛn⁴⁵、八 pɛt³、滑 wɛt²；扁 pɛn²⁵、见 kɛn³³、烟 ɛn⁴⁵。

（8）保存古阳、入声韵尾 -m/-p、-n/-t、-ŋ/-k 的配对，咸摄、深摄为 -m/-p 韵尾（唇音字变读为 -n/-t 韵尾），山摄、臻摄为 -n/-t 韵尾，宕摄、江摄、曾摄、梗摄、通摄为 -ŋ/-k 韵尾。例如：衫 sam⁴⁵、杂 tsap²、心 sɛm⁴⁵、十 sɛp²、饭 fan¹³、发 fat³、运 wɛn¹³、物 mɛt²、床 tsʰɔŋ³¹、江 kɔŋ⁴⁵、两 lœŋ²⁵、朋 pʰɐŋ³¹、特 tɛk²、冰 pɛŋ⁴⁵、蒸 tsɛŋ⁴⁵、力 lek²、冷 laŋ²⁵、白 pak²、幸 hɐŋ¹³、景 kɛŋ²⁵、英 jɛŋ⁴⁵、滴 tek²、梦 mɔŋ¹³、木 mok²。

（9）咸摄开口一等见系字多读为 am/ap 韵母，与深摄见系 ɐm/ɐp 韵母有别。例如：合 hap²、甘 kam⁴⁵、暗 am³³、敢 kam²⁵、金 tsɐm⁴⁵、禁 tsɐm³³；级 kʰɐp⁵、吸 kʰɐp⁵，琴 kʰɐm³¹、饮 jɐm²⁵。

（10）山摄开口一等见系字读作 an/at 韵母，与其他声类韵母相同，例如：干 kan⁴⁵、寒 han³¹、安 an⁴⁵、割 kat³、渴 hat³；炭 han³³、兰 lan³¹、餐 tsʰan⁴⁵、辣 lat²。

（11）臻摄一般读 ɐn/ɐt 韵母，而合口三等以及部分合口一等、开口三等舌齿音字多读作 øn/øt 韵母，两者相区别。例如：跟 kɐn⁴⁵、民 mɐn³¹、身 sɐn⁴⁵、棍 kwɐn³³、均 kwɐn⁴⁵、分 fɐn⁴⁵；轮 løn³¹、俊 tsøn³³、准 tsøn²⁵、润 jøn¹³、出 tsʰøt⁵、顿 tøn¹³、论 løn¹³、邻 løn³¹、进 tsøn³³、信 søn³³。

（12）宕摄合口一、三等字读同开口三等字，例如：光 kwœŋ⁴⁵、广 kwœŋ²⁵、黄 fœŋ³¹、霍 fœk³、房 fœŋ³¹、王 fœŋ³¹。

（13）梗摄开口字有文白两读，二等文读韵母为 ɐŋ/ɐk，白读韵母为 aŋ/ak，三四等文读韵母为 ɐŋ/ɐk，白读韵母为 ɛŋ/ɛk，如：生 sɐŋ⁴⁵/saŋ⁴⁵、行 hɐŋ³¹/haŋ³¹、争 tsɐŋ⁴⁵/tsaŋ⁴⁵；名 mɐŋ³¹/mɛŋ³¹、净 tsɐŋ¹³/tsɛŋ¹³、灵 lɐŋ³¹/lɛŋ³¹、正 tsɐŋ³³/tsɛŋ³³、惊 kɐŋ⁴⁵/kɛŋ⁴⁵、惜 sɐk⁵/sɛk³。

## （三）声调特点

（1）古平、去、入声均大致依古声母清、浊分为阴、阳两类，上声为一类，阴入调依元音分两类，共 8 个声调。例如：分 fɐn⁴⁵、坟 fɐn³¹、粉 fɐn²⁵、奋 fɐn³³、份 fɐn¹³、忽 fɐt⁵、法 fat³、佛 fɐt²。

（2）古全浊上字今读主要分为阳去和上声两类。古全浊上声字中，约60% 的字今读阳去调，如：下 ha¹³、部 pu¹³、巨 ky¹³、稻 tau¹³、后 hɐu¹³、善 sin¹³、尽 tsøn¹³、丈 tsœŋ¹³、动 toŋ¹³。约 20% 的字今读上声，如：社 sɛ²⁵、柱 tsʰy²⁵、徛 kʰi²⁵、市 si²⁵、抱 pʰau²⁵、厚 hɐu²⁵、舅

tsʰɐu²⁵。有些字存在文白异读，一般文读阳去，白读上声：断 tyn¹³ / hyn²⁵、淡 tam¹³ /ham²⁵、近 tsɐn¹³ /kʰɐn²⁵、重 tsoŋ¹³ /tsʰoŋ²⁵。

（3）古次浊上声字今读上声，如：美 mei²⁵、藕 ŋɐu²⁵、有 jɐu²⁵、懒 lan²⁵、养 hœŋ²⁵、勇 joŋ²⁵、瓦 ŋa²⁵、五 ŋ²⁵、雨 hy²⁵、米 mei²⁵、耳 ji²⁵、蚁 ŋei²⁵、老 lau²⁵、咬 ŋɐu²⁵、眼 ŋɐn²⁵、远 hyn²⁵、网 mɔŋ²⁵、两 lœŋ²⁵。

（4）变调不发达，其他点读变调的词在九江话中多读为原调，例如：蚊公<sub>蚊子</sub> mɐn³¹ koŋ⁴⁵、阿姨<sub>姨妈</sub> a³³ hi³¹、大蝇<sub>大头苍蝇</sub> tai²² hɐŋ³¹、台<sub>桌子</sub> hɔi³¹、豆 tɐu¹³、草帽 tsʰau²⁵ mau¹³、雪条<sub>冰棍</sub> syt³ tʰiu³¹、鸭 ap³、蛋 tan¹³。

## 第五节　沙头粤方言的语音系统

### 一、沙头粤方言的声韵调系统

（一）声母 22 个

| | | | | |
|---|---|---|---|---|
| p 巴婆盆帮白 | pʰ 爬飞跑法拍 | f 火户烦黄活 | m 马尾晚问木 | |
| t 多头田灯读 | tʰ 拖偷贪天铁 | | n 女闹年能纳 | l 罗来烂轮鹿 |
| t 借再煎井杂 | tʰ 取菜千墙七 | | | |
| ts 遮薯针床俗 | tsʰ 茶树全葱熟 | s 锁水心生石 | | j 鱼右然原肉 |
| k 哥高杰镜局 | kʰ 渠求桥琴确 | h 河夜开贤壳 | ŋ 我牛岩眼额 | ʔ 医爱摇暗恶 |
| kw 果瓜关军国 | kwʰ 夸葵困裙 | | | w 花伟还婚霍 |

说明：

①t、tʰ 发音为舌叶前部接触齿龈，有时稍带摩擦。

②t、tʰ、l 发音有时靠前。

③ts、tsʰ、s 发音部位为舌叶—齿龈。

④k、kʰ、h 声母后接细音时发音部位稍微靠前，但未到硬腭。

⑤ʔ 声母爆破清晰明显，本书只在 i、u、y 为主要元音的韵母前标出。

## （二）韵母 49 个

| a 牙买 |  | au 包贸 | am 南衫 |  | aŋ 单冷 |  |  | aʔ 北麦 |
|---|---|---|---|---|---|---|---|---|
|  | ɐi 米飞 | ɐu 斗偷 | ɐm 林任 | ɐn 珍幸 |  | ɐp 答急 | ɐt 辣骨 |  |
| ɛ 写野 |  | ɛu 炒咬 | ɛm 斩咸 |  | ɛŋ 病还 | ɛp 插夹 | ɛt 八滑 | ɛʔ 石踢 |
| œ 糯坐 |  |  |  |  | œŋ 长羊 |  | œt 穴 | œʔ 药脚 |
|  | øy 吹女 |  |  | øn 进春 |  |  | øt 律术 |  |
|  |  |  |  | en 冰形 |  |  | et 食滴 |  |
| i 戏市 |  | iu 表摇 | im 尖甜 | in 变千 |  | ip 接碟 | it 跌热 |  |
| y 推师 |  |  |  | yn 短门 |  |  | yt 脱出 |  |
| ɔ 河菜 |  |  |  |  | ɔŋ 汗江 |  |  | ɔʔ 薄 |
|  |  | ou 粗好 | om 甘含 |  | oŋ 总共 | op 合鸽 | ok 割木 |  |
| u 苦回 |  |  |  | un 官欢 |  |  | ut 活阔 |  |
| ŋ 五吴 |  |  |  |  |  |  |  |  |
| m̩ 唔 |  |  |  |  |  |  |  |  |

说明：

①a 音位的实际读音为 A。

②ɔŋ/ɔʔ 音节 ɔ 的开口度较小。

## （三）声调 9 个

| 阴平 45 | 家粗秋牵通 | 阳平 42 | 爬蛇咸蝇农 |
|---|---|---|---|
| 阴上 25 | 朵土饮选总 | 阳上 13 | 我老养网勇 |
| 阴去 33 | 破透浸变送 | 阳去 22 | 巨弟汗硬洞 |
| 上阴入 5 | 七出握色祝 | 阳入 2 | 叶立食六肉 |
| 下阴入 3 | 割塔八脚踢 | | |

说明：

①阴平调调尾稍微下降。

②阴去调微升，调值为 34；阳去调微升，调值为 23。

③下阴入微升，调值为 34；阳入调微升，调值为 23。

## 二、沙头粤方言的音韵特点

### （一）声母特点

（1）古全浊声母今读塞音、塞擦音字主要表现为平、上声念送气清音，去、入声念不送气清音；其中古全浊上声部分读阳上，部分读阳去，后者依去声途径变化。但有不少古帮、端组以及部分从母、崇母、船母口语常用字今读平、上声的，念为不送气清音。如：婆 $pɔ^{42}$、皮 $pei^{42}$、盆 $pyn^{42}$、头 $teu^{42}$、条 $tiu^{42}$、甜 $tim^{42}$、田 $tin^{42}$、断 $tyn^{13}$、伴 $pyn^{13}$、同 $toŋ^{42}$、塘 $tɔŋ^{42}$、蚕 $tam^{42}$、床 $tsɔŋ^{42}$、船 $tsyn^{42}$。

（2）古非、敷、奉母一般读作双唇音，例如：孵 $pou^{22}$、痱 $pei^{25}$、粪 $p^hen^{33}$、肺 $p^hei^{33}$、飞 $p^hei^{45}$、肥 $p^hei^{42}$、法 $p^hat^3$、凡 $p^haŋ^{42}$、反 $p^haŋ^{25}$、饭 $p^haŋ^{22}$、分 $p^hen^{45}$、佛 $p^het^2$、风 $p^hoŋ^{45}$、福 $p^hok^5$；部分字

读作 f 声母。例如：夫 fu⁴⁵、府 fu²⁵、翻 faŋ⁴⁵、方 fɔŋ⁴⁵。

（3）古明、微母合流读为 m 声母，如：模 mou⁴²、武 mou¹³、眉 mɐi⁴²、尾 mɐi¹³、门 myn⁴²、网 mɔŋ¹³。

（4）古泥、娘母读作 n 声母，古来母读作 l̩ 声母，两者从分。例如：女 nøy¹³、闹 nau²²、南 nam⁴²、年 nin⁴²、吕 l̩øy¹³、老 l̩ɔ¹³、蓝 l̩am⁴²、联 l̩yn⁴²。

（5）古精组字多读作 t、tʰ、s 声母，例如：左 tɔ²⁵、借 tɛ³³、租 tou⁴⁵、序 tøy²²、资 ty⁴⁵、早 tɔ²⁵、尖 tim⁴⁵、井 tɛŋ²⁵、节 tit³、取 tʰøy²⁵、菜 tʰɔ³³、残 tʰaŋ⁴²、墙 tʰœŋ⁴²、七 tʰɐt⁵、写 sɛ²⁵、苏 sou⁴⁵、细 sei³³、新 sɐn⁴⁵、姓 sɐn³³。而且古精组读作 t、tʰ 声母的字与古端组读作 t、tʰ 声母的字相区别，如：租 tou⁴⁵ ≠ 都 tou⁴⁵、催 tʰy⁴⁵ ≠ 推 tʰy⁴⁵。古知、庄、章组读作 ts、tsʰ、s 声母，例如：蔗 tsɛ³³、炸 tsa³³、猪 tsy⁵²、针 tsɐm⁴⁵、郑 tsɐŋ²²、初 tsʰɔ⁴⁵、产 tsʰaŋ²⁵、唱 tsʰœŋ³³、出 tsʰyt⁵、社 sɛ¹³、书 sy⁴⁵、世 sei³³、身 sɐn⁴⁵、城 sɐn⁴²。古船、禅母常用字读塞擦音声母，例如：蛇 tsɛ⁴²、薯 tsy⁴²、匙 tsi⁴²、树 tsʰy²²、船 tsyn⁴²、唇 tsøn⁴²、绳 tsɐn⁴²、熟 tsʰok²，这类字广州话读擦音声母。

（6）古见系字不论洪音细音，今读为 k、kʰ、h 声母。例如：家 ka⁴⁵、巨 ky²²、高 kɔ⁴⁵、间 kaŋ⁴⁵、区 kʰy⁴⁵、抗 kʰɔŋ³³、决 kʰyt³、河 hɔ⁴²、去 hy³³、汗 hɔŋ²²。

（7）古溪母、晓母合口一般读 f 声母，例如：苦 fu²⁵、阔 fut³、欢 fun⁴⁵、训 fɐn³³。部分合口常用字读 w 声母，念同匣母。例如：科 wɔ⁴⁵、花 wa⁴⁵、婚 wɐn⁴⁵、快 wa³³、霍 wɔʔ³。

（8）古疑母一二等读为 ŋ 声母，与古影母读零声母有别。例如：我 ŋɔ¹³，牙 ŋa⁴²、咬 ŋɐu¹³、眼 ŋɛŋ¹³、乐 ŋɔʔ²、阿 a³³、爱 ɔ³³、呕 ɐu²⁵、暗 ɐm³³、安 ɔŋ⁴⁵。

（9）古云、以母及部分匣母口语常用字多读为 h 声母。例如：爷

hɛ⁴²、夜 hɛ²²、雨 hy¹³、以 hi¹³、姨 hi⁴²、盐 him⁴²、叶 hip²、贤 hin⁴²、圆 hyn⁴²、远 hyn¹³、养 hœŋ¹³、样 hœŋ²²、药 hœʔ²、蝇 hen⁴²、翼 het²、赢 hɛŋ⁴²。这部分字广州话读作 j 声母。

（10）部分古匣母合口字读为 f 声母，念同晓母。例如：禾 fɔ⁴²、胡 fu⁴²、户 fu²²、会 fu¹³、换 fun²²、活 fut²、黄 fɔŋ⁴²，这部分字广州话读作 w 声母。

（二）韵母特点

（1）果摄字一般读作 ɔ 韵母，但有些口语常用字读作 œ 韵母，均为合口舌齿音字，例如：朵 tœ²⁵、糯 lœ²²、坐 tsʰœ¹³。

（2）遇摄合口一等唇音、舌齿音字和合口三等微母、生母字读为复元音韵母 ou，遇摄合口一等见系字、合口三等非敷奉母字读单元音韵母 u，例如：布 pou³³、路 lou²²、租 tou⁴⁵、舞 mou¹³、苦 fu²⁵、鼓 ku²⁵、夫 fu⁴⁵；遇摄合口三等泥来母、精组字读为复元音韵母 øy，遇摄合口三等知组、章组、日母、见系字读单元音韵母 y，例如：女 nøy¹³、趣 tʰøy³³、猪 tsy⁴⁵、去 hy³³、区 kʰy⁴⁵；止摄开口帮组、端组、泥来母和合口非组字读复元音韵母 ɐi，止摄开口知章组、见系字读单元音韵母 i。例如：皮 pɐi⁴²、地 tɐi²²、李 lɐi¹³；肥 pʰɐi⁴²、知 tsi⁴⁵、戏 hi³³、时 si⁴²、几 ki²⁵、易 ji²²。

（3）蟹摄开口一等字读作 ɔ 韵母，读同果摄字，开口二等字读作 a 韵母，读同假摄开口二等，例如：代 tɔ²²、菜 tʰɔ³³、改 kɔ²⁵、开 hɔ⁴⁵、爱 ɔ³³；买 ma¹³、柴 tsʰa⁴²、街 ka⁴⁵。蟹摄合口一等晓匣影母字读 u 韵母，合口二等见系字读 a 韵母，例如：灰 fu⁴⁵、回 wu⁴²、会 fu²⁵；乖 kwa⁴⁵、怀 wa⁴²、快 wa³³。

（4）蟹摄、止摄合口三等舌齿音字读 ɔ 韵母，与蟹摄合口一等帮、端、泥来、精组字读 y 韵母有别，例如：岁 sɔ³³、税 sɔ³³、追 tsɔ⁴⁵、水 sɔ²⁵；杯 py⁴⁵、梅 my⁴²、对 ty³³、雷 ly⁴²、罪 ty²²。上述两类字有个别读 øy 韵母，与广州话同，例如：最 tøy³³、脆 tsʰøy³³、吹 tsʰøy⁴⁵。

（5）止摄开口精、庄组跟知、章组韵母有别，精、庄组读为 y 韵母，知、章组读为 i 韵母。如：资 ty⁴⁵、次 tsʰy³³、师 sy⁴⁵、子 ty²⁵、字 ty²²、事 sy²²；知 tsi⁴⁵、池 tsʰi⁴²、纸 tsi²⁵、屎 si²⁵、齿 tsʰi²⁵、时 si⁴²。

（6）效摄开口一等字有两个读音层次，老派读 ɔ 韵母，例如：宝 pɔ²⁵、毛 mɔ⁴²、刀 tɔ⁴⁵、老 lɔ¹³、草 tsʰɔ²⁵、高 kɔ⁴⁵，新派读复合元音 ou 韵母，与广州话同，如：报 pou³³、桃 tʰou⁴²、劳 lou⁴²、告 kou³³、好 hou²⁵。

（7）效摄、咸摄、山摄二等韵一般读作 au、am/ɐp、aŋ/ɐt 等韵母，但部分口语常用字主要元音多变读为 ɛ，部分四等韵字亦如此。例如：饱 pɛu²⁵、炒 tsʰɛu²⁵、咬 ŋɛu¹³、交 kɛu⁴⁵、斩 tsɛm²⁵、咸 hɛm⁴²、插 tsʰɛp³、眼 ŋɛŋ¹³、还 wɛŋ⁴²、扁 pɛŋ²⁵、八 pɛt³、滑 wɛt²。

（8）古阳、入声韵尾 -m/-p、-n/-t、-ŋ/-k 格局大致不变，部分发生变异，产生喉塞 ʔ 韵尾。咸摄、深摄为 -m/-p 韵尾（唇音字变读为 -ŋ/-t 韵尾），例如：衫 sam⁴⁵、杂 tɐp²、甜 tim⁴²、碟 tip²、心 sɐm⁴⁵、十 sɐp²；山摄、臻摄大多读为 -n/-t 韵尾，例如：剪 tin²⁵、先 sin⁴⁵、搬 pyn⁴⁵、管 kun²⁵、阔 fut³、辣 lɐt²、察 tsʰɐt³、发 pʰɐt³、民 mɐn⁴²、密 mɐt²、村 tsʰyn⁴⁵、出 tsʰyt⁵；山摄开口一二等、合口二等、合口三等唇音字阳声韵变读为 -ŋ 韵尾，如：兰 laŋ⁴²、干 kɔŋ⁴⁵、间 kaŋ⁴⁵、慢 maŋ²²、饭 pʰaŋ²²，山摄开口一等见系入声韵变读为 -k 韵尾，如：割 kok³；宕摄、江摄读为 -ŋ/-ʔ 韵尾，例如：床 tsɔŋ⁴²、江 kɔŋ⁴⁵、作 tsɔʔ³、两 lœŋ¹³、脚 kœʔ³；曾摄一等为 -n/-ʔ 韵尾，三等为 -n/-t 韵尾，例如：灯 tɐn⁴⁵、层 tsʰɐn⁴²、黑 haʔ⁵、证 tsen³³、织 tset⁵；梗摄二等为 -ŋ/-ʔ 韵尾，三四等文读为 -n/-t 韵

尾，白读为-ŋ/-ʔ韵尾，如：冷 laŋ¹³、摘 tsaʔ²、病 pɛŋ²²、石 sɛʔ²、庆 hen³³、赤 tsʰet³、停 tʰen⁴²、踢 tʰɛʔ³；通摄为-ŋ/-k韵尾，例如：空 hoŋ⁴⁵；从 tsʰoŋ⁴²、菊 kok⁵。

（9）咸摄开口一等见系个别字读为圆唇元音 om/op 韵母，与其他声类读作 am/ɐp 有别，而且不相混于深摄见系 ɐm/ɐp 韵母，而部分读作 ɐm/ɐp 韵母。例如：甘 kom⁵²、鸽 kop³、合 hop²、暗 ɐm³³、敢 kɐm²⁵。

（10）山摄开口一等见系字读作 ɔŋ/ok 韵母，与其他声类读作 aŋ/ɐt 韵母有别，例如：干 kɔŋ⁴⁵、看 hɔŋ³³、安 ɔŋ⁴⁵、渴 hok³；炭 tʰaŋ³³、兰 laŋ⁴²、餐 tʰaŋ⁴⁵、达 tɐt²。山摄、臻摄合口帮组字读 yn/yt 韵母，如：搬 pyn⁴⁵、半 pyn³³、泼 pʰyt³、本 pyn²⁵、盆 pyn⁴²。

（11）臻摄一般读 ɐn/ɐt 韵母，而合口三等以及部分合口一等、开口三等舌齿音字读作 øn/øt 韵母，两者相区别。例如：跟 kɐn⁴⁵、民 mɐn⁴²、身 sɐn⁴⁵、棍 kwɐn³³、均 kwɐn⁴⁵、分 pʰɐn⁴⁵；轮 løn⁴²、俊 tøn³³、准 tsøn²⁵、润 jøn²²、律 løt²、顿 tøn²²、论 løn²²、邻 løn⁴²、进 tøn³³、信 søn³³。

（12）梗摄开口字有文白两读，二等文读主要元音为 ɐ，白读主要元音为 a，三四等文读主要元音为 e，白读主要元音为 ɛ，如：生 sɐn⁴⁵/saŋ⁴⁵、行 hɐn⁴²/haŋ⁴²、更 kɐn³³/kaŋ⁴⁵；名 men⁴²/mɛŋ²⁵、净 ten²²/tɛŋ²²、灵 len⁴²/lɛŋ⁴²、惊 ken⁴⁵/kɛŋ⁴⁵、惜 set⁵/sɛʔ³。

（三）声调特点

（1）古四声均大致依古声母清、浊分为阴、阳两类，而阴入再大致依元音分两类，共 9 个声调。例如：分 pʰɐn⁴⁵、坟 pʰɐn⁴²、粉 pʰɐn²⁵、抱 pʰou¹³、粪 pʰɐn³³、份 pʰɐn²²、忽 fɐt⁵、法 pʰɐt³、佛 pʰɐt²。

（2）古全浊上字今读主要分为阳去和阳上两类。古全浊上声字中，约60%的字今读阳去调，如：下 ha²²、部 pou²²、巨 ky²²、罪 ty²²、稻 tou²²、后 hɐu²²、善 sin²²、尽 tøn²²、丈 tsœŋ²²、动 toŋ²²。约20%的字今读阳上，如：社 sɛ¹³、柱 tsʰy¹³、徛 kʰɐi¹³、市 si¹³、抱 pʰou¹³、厚 hɐu¹³、舅 kʰɐu¹³。有些字存在文白异读，一般文读阳去，白读阳上：断 tyn²²/tyn¹³、淡 tam²²/tʰam¹³、近 kɐn²²/kʰɐn¹³、重 tsoŋ²²/tsʰoŋ¹³。此外有的字读变调，都是名词：辫 pin⁻⁴⁵、菌 kwʰɐn⁻²⁵、柿 ty⁻²⁵。少数字念其他调，如：仗 tsœŋ³³、臼 kɐu³³、很 hɐn²⁵。

（3）古次浊上声字读入阳上调，如：瓦 ŋa¹³、五 ŋ¹³、雨 hy¹³、米 mei¹³、老 lɔ¹³、美 mei¹³、藕 ŋɐu¹³、有 jɐu¹³、懒 laŋ¹³、眼 ŋɐn¹³、远 hyn¹³、勇 joŋ¹³。

（4）变调有3个，包括两个舒声变调 -45（与阴平同形）和 -25（与阴上同形）以及一个入声变调 -25，主要为名词语素变调。部分阳平和上声字也变读 -45 调，如：璃玻~ lei⁴²⁻⁴⁵、芒 moŋ⁴²⁻⁴⁵、蚊 mɐn⁴²⁻⁴⁵、表钟~ piu²⁵⁻⁴⁵。阳平和阴、阳去变 -25 调，如：磨 mɔ⁴²⁻²⁵、橙 tsʰaŋ⁴²⁻²⁵、妹 my²²⁻²⁵、会开~ fu²²⁻²⁵、蛋 taŋ²²⁻²⁵、链 lin²²⁻²⁵。下阴入、阳入调变 -25 调，如：耳挖 wɐt³⁻²⁵（耳挖子）、柏 pak³⁻²⁵、笛 tɛʔ²⁻²⁵。

# 第三章  北片粤方言音系和音韵特点

北片粤方言包括狮山的大榄和狮北两个方言点。

## 第一节  大榄粤方言的语音系统

### 一、大榄粤方言的声韵调系统

（一）声母19个（包括零声母）

| | | | | |
|---|---|---|---|---|
| p 布败品帮八 | pʰ 怕排盘旁拍 | f 符灰饭冯服 | m 马微晚闻物 | |
| t 打到单钉答 | tʰ 他梯淡同托 | | | l 罗女难郎六 |
| ts 炸招浸精节 | tsʰ 茶齐全枪察 | s 沙修旋生索 | | j 野休严形日 |
| k 假街间经结 | kʰ 骑期权强确 | h 下开岸红客 | ŋ 牙危岩硬额 | |
| kw 瓜乖贵均 | kwʰ 夸葵困群 | | | w 胡围运荣滑 |
| ø 阿 | | | | |

说明：

①ts、tsʰ、s声母的发音部位为舌叶—齿龈。

②k、kʰ、h声母后接细音时发音部位稍微靠前，但未到硬腭。

## （二）韵母 58 个

| | | | | | | | | |
|---|---|---|---|---|---|---|---|---|
| a 下话 | ai 大洗 | au 高跑 | am 淡衫 | an 班饭 | aŋ 冷耕 | ap 答鸭 | at 发辣 | ak 黑摘 |
| | ɐi 第鸡 | ɐu 收九 | ɐm 林心 | ɐn 新困 | ɐŋ 灯憎 | ɐp 汁急 | ɐt 笔吉 | ɐk 塞侧 |
| ɛ 蛇姐 | | ɛu 饱条 | ɛm 点甜 | ɛn 山田 | ɛŋ 病颈 | ɛp 插帖 | ɛt 八铁 | ɛk 石踢 |
| œ 朵 | | | | | œŋ 养窗 | | | œk 药 |
| | øy 举吹 | | | øn 进轮 | | | øt 出律 | |
| | ei 戏基 | | | | eŋ 冰绳 | | | ek 食碧 |
| i 知市 | | iu 赵料 | im 盐钳 | in 剪先 | | ip 接叶 | it 列热 | |
| y 猪资 | | | | yn 短砖 | | | yt 脱缺 | |
| ɔ 河初 | ɔi 我推 | | | ɔn 汗安 | ɔŋ 房江 | | ɔt 割渴 | ɔk 薄确 |
| | | ou 土劳 | | | oŋ 总从 | | | ok 木谷 |
| u 苦姑 | ui 灰妹 | | | un 盆半 | | | ut 阔括 | |
| ŋ 五吴 | | | | | | | | |
| m̩ 唔 | | | | | | | | |

说明：

①a 音位的实际读音为 ᴀ。

②部分 œŋ/œk 韵母带有轻微动程，为复合元音 yœŋ/yœk。

③韵母 ɛŋ、ɛk 的实际读音为 ɛːᴀŋ、ɛːᴀk。ɛ 为主要元音，发音较长较响；ᴀ 为滑音，发音短暂。

## （三）声调 8 个

| 阴平 22/55 | 猪冤开/溪秋升 | 阳平 21 | 河台田红 |
|---|---|---|---|
| 阴上 24 | 火土展眼 | 阳上 13 | 我买软晚 |
| 阴去 33 | 货对线送 | 阳去 22 | 部愿害洞 |

（续上表）

| 上阴入 5 | 七汁识色祝 | 阳入 2 | 叶立食碟熟 |
|---|---|---|---|
| 下阴入 3 | 割答托百踢 | | |

说明：

①阴平调有两个读音层次，22 调为老读音层，与阳去调混同，55 调为新读音层。

②声调数以老读音层为准。

## 二、大榄粤方言的音韵特点

### （一）声母特点

（1）古全浊声母今读塞音、塞擦音字主要表现为平、上声念送气清音，去、入声念不送气清音；其中古全浊上声部分读阳上，部分读阳去，后者依去声途径变化。如：婆 $p^h ɔ^{21}$、头 $t^h ɐu^{21}$、断 $t^h yn^{13}$、重轻~ $ts^h oŋ^{13}$ /~要 $tsoŋ^{22}$、斗 $tɐu^{33}$、豆 $tɐu^{22}$、达 $tat^2$。

（2）古非、敷、奉母一般读 f 声母，但部分口语常用字念双唇音。例如：粪 $pɐn^{33}$、浮 $p^h ou^{21}$、妇新~ $sɐm^{22} p^h ou^{13}$。

（3）古明、微母合流读为 m 声母，如：模 $mou^{21}$、武 $mou^{13}$、眉 $mei^{21}$、尾 $mei^{13}$、面 $min^{22}$、万 $man^{22}$。

（4）古泥、娘母与来母合流，大部分读作 l 声母，个别保留 n 声母，为自由变体。例如：南 $lam^{21}$ = 蓝 $lam^{21}$、女 $løy^{13}$ = 吕 $løy^{13}$、农 $loŋ^{21}$ = 龙 $loŋ^{21}$。

（5）古精、知、庄、章组声母合流，读作 ts、$ts^h$、s 声母，例如：左 $tsɔ^{24}$、猪 $tsy^{22}$、炸 $tsa^{33}$、蔗 $tsɛ^{215}$、坐 $ts^h ɔ^{13}$、茶 $ts^h a^{21}$、初 $ts^h ɔ^{22}$、车 $ts^h ɛ^{55}$、锁 $sɔ^{24}$、沙 $sa^{215}$、鼠 $sy^{24}$。

（6）古见系字不论洪音细音，今读为 k、kʰ、h 声母。例如：家 ka²²、巨 køy²²、高 kau²²、见 kin³³、区 kʰøy⁵⁵、抗 kʰɔŋ³³、吸 kʰɐp⁵、河 hɔ²¹、去 høy³³、汗 hɔn²²。

（7）古溪母、晓母合口读 f 声母，例如：花 fa⁵⁵、科 fɔ⁵⁵、苦 fu²⁴、欢 fun²²、训 fɐn³³、婚 fɐn⁵⁵。

（8）古影母读 ŋ 声母，混同古疑母一、二等。例如：爱 ŋɔi³³、欧 ŋɐu⁵⁵、暗 ŋɐm³³、安 ŋɔn²²、我 ŋɔi¹³、牙 ŋa²¹、咬 ŋɐu²⁴、眼 ŋɐn²⁴。

## （二）韵母特点

（1）果摄字一般读作 ɔ 韵母，但有些口语常用字读作 œ 韵母，例如：左 tsɔ²⁴、磨 mɔ²¹、破 pʰɔ³³、糯 lɔ²²；朵 tœ²⁴、啲多 tœ⁵⁵（一点儿）。

（2）遇摄合口一等唇音、舌齿音字和合口三等微母、生母字读为复元音韵母 ou，遇摄合口一等牙喉音字、合口三等非敷奉母读单元音韵母 u；遇摄合口三等泥来母、精组、见溪群晓母读为复元音韵母 øy，遇摄合口三等知组、章组、日母、疑影喻母读单元音韵母 y；止摄开口帮组、端组、泥来母、见系字和合口非组字读复元音韵母 ei，止摄开口知章组字和疑影喻母字读单元音韵母 i。例如：布 pou³³、粗 tsʰou²²、苦 fu²⁴、户 wu²²、夫 fu⁵⁵、趣 tsʰøy³³、虑 løy²²、去 høy³³、具 køy²²、猪 tsy²²、主 tsy²⁴、地 tei²²、基 kei⁵⁵、纸 tsi²⁴、意 ji³³。

（3）蟹摄开口一等字读作 ɔi 韵母，与二等字读作 ai 韵母有别，例如：代 tɔi²²、菜 tsʰɔi³³、改 kɔi²⁴、开 hɔi²²、爱 ŋɔi³³；买 mai¹³、柴 tsʰai²¹、街 kai²²。

（4）蟹摄合口一、三等和止摄合口三等舌齿音字大多读 øy 韵母。例如：堆 tøy²²、雷 løy²¹、罪 tsøy²²、最 tsøy³³、税 søy³³、岁 søy³³、脆 tsʰøy³³、吹 tsʰøy²²、追 tsøy²²、水 søy²⁴。部分蟹摄合口一等字读 ɔi 韵母，如：对 tɔi³³、推 tʰɔi²²、催 tsʰɔi²²、退 tʰɔi³³。

（5）止摄开口精、庄组跟知、章组韵母有别，精、庄组读为 y 韵母，知、章组读为 i 韵母。如：资 tsy⁵⁵、次 tsʰy³³、师 sy⁵⁵、字 tsy²²、丝 sy⁵⁵、似 tsʰy¹³、事 sy²²；知 tsi²²、纸 tsi²⁴、指 tsi²⁴、齿 tsʰi²⁴。

（6）效摄开口一等字大多为 au 韵母，与二等字读音相同，新读音层为 ou 韵母，与广州话相同，例如：宝 pau²⁴、报 pau³³、刀 tau²²、稻 tou²²、早 tsau²⁴、造 tsou²²、高 kau²²、稿 kau²⁴、好 hau²⁴、号 hau²²。

（7）效摄、咸摄、山摄二等韵一般读作 au、am/ap、an/at 等韵母，但不少口语常用字主要元音多变读为 ɛ，部分四等韵字亦如此。例如：饱 pɛu²⁴、炒 tsʰɛu²⁴、咬 ŋɛu²⁴、交 kɛu²²、插 tsʰɛp³、眼 ŋɛn²⁴、间 kɛn²²、闲 hɛn²¹、山 sɛn²²、八 pɛt³、滑 wɛt²；添 tʰɛm²²、碟 tɛp²、扁 pɛn²⁴、田 tʰɛn²¹、牵 hɛn²²、铁 tʰɛt³。

（8）保存古阳、入声韵尾 -m/-p、-n/-t、-ŋ/-k 的配对，咸摄、深摄为 -m/-p 韵尾（唇音字变读为 -n/-t 韵尾），山摄、臻摄为 -n/-t 韵尾，宕摄、江摄、曾摄、梗摄、通摄为 -ŋ/-k 韵尾。例如：衫 sam²¹⁵、杂 tsɐp²、心 sɐm²²、十 sɐp²、饭 fan²²、发 fɐt³、运 wɐn²²、物 mɐt²、床 tsʰɔŋ²¹、江 kɔŋ⁵⁵、两 lœŋ²⁴、朋 pʰɐŋ²¹、特 tɐk²、冰 pɐŋ²⁴、蒸 tsɐŋ²²、力 lɐk²、冷 laŋ¹³、白 pak²、幸 hɐŋ²²、景 kɐŋ²⁴、英 jɐŋ⁵⁵、滴 tɐk²、梦 mɔŋ²²、木 mok²。

（9）咸摄开口一等见系字读为 ɐm/ɐp 韵母，与深摄见系混同。例如：含 hɐm²¹、甘 kɐm⁵⁵、暗 ŋɐm³³；金 kɐm⁵⁵、琴 kʰɐm²¹、饮 jɐm²⁴、急 kɐp⁵、吸 kʰɐp⁵。

（10）山摄开口一等见系字读作 ɔn/ɔt 韵母，与其他声类读作 an/at 韵母有别，例如：干 kɔn²²、寒 hɔn²¹、安 ŋɔn²²、割 kɔt³、渴 hɔt³；炭 tʰan³³、兰 lan²¹、餐 tsʰan⁵⁵、达 tat²。

（11）臻摄一般读 ɐn/ɐt 韵母，而合口三等以及部分合口一等、开口三等舌齿音字读作 øn/øt 韵母，两者相区别。例如：跟 kɐn²²、民 mɐn²¹、身 sɐn²²、棍 kwɐn²¹⁵、均 kwɐn⁵⁵、分 fɐn²²；轮 løn²¹、俊 tsøn³³、准 tsøn²⁴、润 jøn²²、律 løt²、出 tsʰøt⁵、顿 tøn²²、论 løn²²、邻 løn²¹、进 tsøn³³、信 søn³³。

（12）梗摄开口字有文白两读，二等文读韵母为 ɐŋ/ɐk，白读韵母为 aŋ/ak，三四等文读韵母为 ɐŋ/ɐk，白读韵母为 ɛŋ/ɛk，如：生 sɐŋ²²/saŋ²²、行 hɐŋ²¹/haŋ²¹、争 tsɐŋ²²/tsaŋ²²；名 mɐŋ²¹/mɛŋ²⁴、精 tsɐŋ²²/tsɛŋ²²、灵 lɐŋ²¹/lɛŋ²¹、正 tsɐŋ³³/tsɛŋ³³、惊 kɐŋ²²/kɛŋ²²、惜 sɐk⁵/sɛk³。

（三）声调特点

（1）古四声均大致依古声母清、浊分为阴、阳两类，而阴入再大致依元音分两类，共 9 个声调。例如：分 fɐn²²、坟 fɐn²¹、粉 fɐn²⁴、愤 fɐn¹³、奋 fɐn³³、份 fɐn²²、忽 fɐt⁵、法 fat³、佛 fɐt²。

（2）古全浊上字今读主要分为阳去和阳上两类。古全浊上声字中，约 60% 的字今读阳去调，如：下 ha²²、部 pou²²、巨 køy²²、罪 tsøy²²、稻 tou²²、后 hɐu²²、善 sin²²、尽 tsøn²²、丈 tsœŋ²²、动 toŋ²²。约 20% 的字今读阳上，如：社 sɛ¹³、柱 tsʰy¹³、倚 kʰei¹³、市 si¹³、厚 hɐu¹³、舅 kʰɐu¹³。有些字存在文白异读，一般文读阳去，白读阳上：断 tyn²²/tʰyn¹³、淡 tam²²/tʰam¹³、近 kɐn²²/kʰɐn¹³、重 tsoŋ²²/tsʰoŋ¹³。此外有的字读变调，都是名词：辫 pin⁻²¹⁵、菌 kwʰɐn⁻²¹⁵、柿 tsʰy⁻²¹⁵。少数字念其他调，如：仗 tsœŋ³³、白 kɐu³³、很 hɐn²⁴。

（3）古次浊上声字一般读入阳上调，但不少口语常用字读入阴上调，如：美 mei¹³、藕 ŋɐu¹³、有 jɐu¹³、懒 lan¹³、养 jœŋ¹³、勇 joŋ¹³；瓦 ŋa²⁴、五 ŋ²⁴、雨 jy²⁴、米 mɐi²⁴、耳 ji²⁴、老 lau²⁴、咬 ŋɐu²⁴、眼

ŋɐn²⁴、远 jyn²⁴、两 lœŋ²⁴。

（4）变调有 3 个，包括三个舒声变调 -55、-215 以及一个入声变调 -215，主要为名词语素变调。阴平变 -55 调，部分阳平和上声字也变读 -55 调，如：花 fa²²⁻⁵⁵、筛 sɐi²²⁻⁵⁵、钉 tɛŋ²²⁻⁵⁵、包 pau²²⁻⁵⁵（包子）、蚊 mɐn²¹⁻⁵⁵、茅寮 mau²¹ lɛu²¹⁻⁵⁵、蚁 ŋɐi¹³⁻⁵⁵、手指尾 sɐu²⁴ tsi²⁴ mei¹³⁻⁵⁵（小指）。

阴平、阳平、上声和去声变 -215 调，如：沙 sa²²⁻²¹⁵、梳 sɔ²²⁻²¹⁵、衫 sam²²⁻²¹⁵、薄刀 pɔk² tau²²⁻²¹⁵（菜刀）、鼻哥 pei²² kɔ²²⁻²¹⁵（鼻子）、砖 tsyn²²⁻²¹⁵、田基 tʰɛn²¹ kei²²⁻²¹⁵、黄蜂 wɔŋ²¹ fɔŋ²²⁻²¹⁵、肴 ŋau²¹⁻²¹⁵（猪肉）、磨 mɔ²¹⁻²¹⁵、伯爷婆 pʰɔ²¹⁻²¹⁵（老太婆）、椅 ji²⁴⁻²¹⁵、蔗 tsɛ³³⁻²¹⁵、裤 fu³³⁻²¹⁵、凳 tɛŋ³³⁻²¹⁵、秤 tsʰɛŋ³³⁻²¹⁵、髻 kei³³⁻²¹⁵、辫 pin²²⁻²¹⁵（辫子）、冷饭 lam¹³ fan²²⁻²¹⁵、蛋 tan²²⁻²¹⁵、土地 tʰou²⁴ tei²²⁻²¹⁵（土地公）。

阴入、阳入调变 -215 调，如：粥 tsok⁵⁻²¹⁵、垃圾 lap² sap³⁻²¹⁵、背脊 pui³³ tsɛk³⁻²¹⁵、柏 pak³⁻²¹⁵、头发 tʰɐu²¹ fat³⁻²¹⁵、侄 tsɐt²⁻²¹⁵（侄儿）、凿 tsɔk²⁻²¹⁵、笛 tɛk²⁻²¹⁵。

215 变调与阴上调 24 不混同，裤 fu⁻²¹⁵ ≠ 苦 fu²⁴、瓜 kwa⁻²¹⁵ ≠ 寡 kwa²⁴、梳 sɔ⁻²¹⁵ ≠ 锁 sɔ²⁴。

（5）部分 -55、-215 变调具有表小功能，用于指称相对较小的事物，如：白蚁 pak² ŋɐi¹³、蚁 ŋɐi¹³⁻⁵⁵（蚂蚁）；帽 mau²²（斗笠）、草帽 tsʰau²⁴ mau²²⁻²¹⁵；牛绳 ŋɐu²¹ sɛŋ²¹、红头绳 hoŋ²¹ tʰɐu²¹ sɛŋ²¹⁻²¹⁵；麻袋 tɔi²²、衫袋 sam²¹⁵ tɔi²²⁻²¹⁵。

（6）-215 变调表示程度更高，例如：多 tɔ²²—tɔ⁻²¹⁵（更多）、大 tai²²—tai⁻²¹⁵（更大）、高 kau²²—kau⁻²¹⁵（更高）、长 tsʰœŋ²¹—tsʰœŋ⁻²¹⁵（更长）、厚 hɐu³³—hɐu⁻²¹⁵（更厚）、满 mun¹³—mun⁻²¹⁵（更满）、深 sɐm⁻⁵⁵（浅）—sɐm²²—sɐm⁻²¹⁵（更深）。

# 第二节　狮北粤方言的语音系统

## 一、狮北粤方言的声韵调系统

### （一）声母19个（包括零声母）

| p 布败粪帮白 | pʰ 皮抱盘旁拍 | f 火灰饭款福 | m 马微晚闻物 | |
|---|---|---|---|---|
| t 多到单钉答 | tʰ 土甜断同托 | | | l 罗女年农六 |
| ts 左袖浸争俗 | tsʰ 茶齐全葱察 | s 沙修旋生叔 | | j 野休严软玉 |
| k 假街间经局 | kʰ 骑期权强确 | h 下开牵红客 | ŋ 牙爱岩硬鸭 | |
| kw 过瓜贵光国 | kwʰ 夸葵困群 | | | w 胡围运荣滑 |
| ∅ 阿 | | | | |

说明：

①ts、tsʰ、s声母的发音部位为舌叶—齿龈。

②k、kʰ、h声母后接细音时发音部位稍微靠前，但未到硬腭。

### （二）韵母60个

| a 下话 | ai 我洗 | au 高跑 | am 淡衫 | an 班饭 | aŋ 冷耕 | ap 答鸭 | at 发辣 | ak 黑摘 |
|---|---|---|---|---|---|---|---|---|
| | ɐi 第鸡 | ɐu 收九 | ɐm 林心 | ɐn 新困 | ɐŋ 灯憎 | ɐp 汁急 | ɐt 笔吉 | ɐk 塞得 |
| ɛ 蛇低 | | ɛu 饱条 | ɛm 斩甜 | ɛn 山田 | ɛŋ 病 | ɛp 插帖 | ɛt 八铁 | ɛak 石 |
| œ 朵锯 | | | | œn 铲 | œŋ 养窗 | | œt □ | œk 药 |

（续上表）

|   |   |   |   |   |   |   |   |   |
|---|---|---|---|---|---|---|---|---|
|   | øy 女吹 |   |   | øn 进轮 |   |   | øt 出律 |   |
|   | ei 戏基 |   |   |   | eŋ 冰绳 |   |   | ek 食碧 |
| i 知市 |   | iu 赵料 | im 盐钳 | in 钱先 |   | ip 接叶 | it 列热 |   |
| y 猪资 |   |   |   | yn 短砖 |   |   | yt 脱缺 |   |
| ɔ 河初 | ɔi 台开 |   |   | ɔn 汗安 | ɔŋ 房江 |   | ɔt 割渴 | ɔk 薄确 |
|   |   | ou 土劳 |   |   | oŋ 总从 |   |   | ok 木谷 |
| u 苦姑 | ui 杯去 |   |   | un 盆半 |   |   | ut 阔括 |   |
| ŋ 五吴 |   |   |   |   |   |   |   |   |
| m̩ 唔 |   |   |   |   |   |   |   |   |

说明：

①a 音位的实际读音为 A。

②部分 œŋ/œk 韵母带有轻微动程，为复合元音 yœŋ/yœk。

③韵母 ɛaŋ、ɛak 中 ɛ 为主要元音，发音较长较响；a 为滑音，发音短暂。

## （三）声调 9 个

| 阴平 52 | 拖开山听 | 阳平 21 | 河台田红 |
|---|---|---|---|
| 阴上 25 | 火土展米 | 阳上 13 | 我冷软晚 |
| 阴去 33 | 货对线送 | 阳去 22 | 部愿害洞 |
| 上阴入 5 | 汁识足 | 阳入 2 | 叶食熟 |
| 下阴入 3 | 答托百 |   |   |

## 二、狮北粤方言的音韵特点

### （一）声母特点

（1）古全浊声母今读塞音、塞擦音字主要表现为平、上声念送气清音，去、入声念不送气清音；其中古全浊上声部分读阳上，部分读阳去，后者依去声途径变化。但有部分古帮、端组字今读平、上声的，在口语词汇中念为不送气清音。如：热头 jit²tɐu¹³₍太阳₎、锄头 tsʰɔ²¹ tɐu¹³、塘 tɔŋ¹³₍池塘₎、台 tɔi¹³₍桌子₎、面盆 min²²pun¹³₍脸盆₎、箸筒 tsy²² toŋ¹³₍筷子筒₎、水氹 søy²⁵tɐm¹³₍水坑₎、火棒 lɐu²⁵fɔ²⁵paŋ¹³₍烧火棒₎。

（2）古非、敷、奉母一般读 f 声母，但部分口语常用字念双唇音。例如：斧 pou²⁵、粪 pɐn³³、热痱 jit²pui²⁵。

（3）古明、微母合流读为 m 声母，如：模 mou²¹、武 mou¹³、眉 mei²¹、尾 mei¹³、面 min²²、万 man²²。

（4）古泥、娘母与来母合流，读作 l 声母。例如：南 lam²¹ = 蓝 lam²¹、女 løy¹³ = 吕 løy¹³、农 loŋ²¹ = 龙 loŋ²¹。

（5）古精、知、庄、章组声母合流，读作 ts、tsʰ、s 声母，例如：左 tsɔ²⁵、猪 tsy⁵²、炸 tsa³³、蔗 tsɛ²⁵、坐 tsʰɔ¹³、茶 tsʰa²¹、初 tsʰɔ⁵²、车 tsʰɛ⁵²、锁 sɔ²⁵、沙 sa⁵⁵、鼠 sy²⁵。

（6）古见系字不论洪音细音，今读为 k、kʰ、h 声母。例如：家 ka⁵²、巨 kui²²、高 kau⁵²、见 kin³³、区 kʰui⁵²、抗 kʰɔŋ³³、吸 kʰɐp⁵、河 hɔ²¹、去 hui³³、汗 hɔn²²。

（7）古溪母、晓母合口一般读 f 声母，例如：花 fa⁵⁵、科 fɔ⁵²、苦 fu²⁵、欢 fun⁵²、训 fɐn³³、婚 fɐn⁵²。

（8）古影母读 ŋ 声母，混同古疑母一、二等。例如：爱 ŋɔi³³、欧 ŋɐu⁵²、暗 ŋɐm³³、安 ŋɔn⁵²、我 ŋai¹³、牙 ŋa²¹、咬 ŋɐu²⁵、眼 ŋɛn¹³。

（二）韵母特点

（1）果摄字一般读作 ɔ 韵母，但有些口语常用字读作 œ 韵母，例如：可 hɔ²⁵、磨 mɔ²¹、破 pʰɔ³³、糯 lɔ²²；朵 tœ²⁵、啲多 tœ⁵⁵（一点儿）。

（2）遇摄合口一等唇音、舌齿音字和合口三等微母、生母字读为复元音韵母 ou，遇摄合口一等牙喉音字、合口三等非敷奉母读单元音韵母 u；遇摄合口三等泥来母、精组读为复元音韵母 øy，见溪群晓母字读为 ui，遇摄合口三等知组、章组、日母、疑影喻母读单元音韵母 y；止摄开口帮组、端组、泥来母、见系字和合口非组字读复元音韵母 ei，止摄开口知章组字和疑影喻母字读单元音韵母 i。例如：布 pou³³、粗 tsʰou⁵²、户 wu²²、夫 fu⁵²、趣 tsʰøy³³、虑 løy²²、去 hui³³、具 kui²²、猪 tsy⁵²、主 tsy²⁵、地 tei²²、基 kei⁵²、纸 tsi²⁵、意 ji³³。

（3）蟹摄开口一等字读作 ɔi 韵母，与二等字读作 ai 韵母有别，例如：代 tɔi²²、菜 tsʰɔi³³、改 kɔi²⁵、开 hɔi⁵²、爱 ŋɔi³³；买 mai¹³、柴 tsʰai²¹、街 kai⁵²。

（4）蟹摄开口四等字一般读作 ei 韵母，但有部分口语常用字读作 ɛ 韵母，独具特色，如：低 tɛ⁵²、梯 tʰɛ⁵²、泥 lɛ²¹、细 sɛ³³。

（5）蟹摄合口一、三等和止摄合口三等舌齿音字读 øy 韵母。例如：堆 tøy⁵²、雷 løy²¹、催 tsʰøy⁵²、罪 tsøy²²、最 tsøy³³、税 søy³³、岁 søy³³、脆 tsʰøy³³、嘴 tsøy²⁵、吹 tsʰøy⁵²、追 tsøy⁵²、水 søy²⁵。

（6）止摄开口精、庄组跟知、章组韵母有别，精、庄组读为 y 韵母，知、章组读为 i 韵母。如：资 tsy⁵²、次 tsʰy³³、师 sy⁵²、字 tsy²²、丝 sy⁵²、似 tsʰy¹³、事 sy²²；知 tsi⁵²、纸 tsi²⁵、指 tsi²⁵、齿 tsʰi²⁵。

（7）效摄开口一等字有两个读音层次，老读音层为 au 韵母，与二等字读音相同，新读音层为 ou 韵母，与广州话相同，例如：宝 pau²⁵、报 pou³³、刀 tau⁵²、稻 tou²²、早 tsau²⁵、造 tsou²²、高 kau⁵²、稿 kou²⁵、好 hau²⁵、号 hou²²。

（8）效摄、咸摄、山摄二等韵一般读作 au、am/ap、an/at 等韵母，但不少口语常用字主要元音多变读为 ɛ，部分四等韵字亦如此。例如：饱 pɛu²⁵、炒 tsʰɛu²⁵、咬 ŋɛu²⁵、交 kɛu⁵²、斩 tsɛm²⁵、咸 hɛm²¹、眼 ŋɛn²⁵、间 kɛn⁵²、闲 hɛn²¹、八 pɛt³、滑 wɛt²；添 tʰɛm⁵²、碟 tɛp²、扁 pɛn²⁵、田 tʰɛn²¹、铁 tʰɛt³。

（9）保存古阳、入声韵尾 -m/-p、-n/-t、-ŋ/-k 的配对，咸摄、深摄为 -m/-p 韵尾（唇音字变读为 -n/-t 韵尾），山摄、臻摄为 -n/-t 韵尾，宕摄、江摄、曾摄、梗摄、通摄为 -ŋ/-k 韵尾。例如：衫 sam⁵⁵、杂 tsap²、心 sɐm⁵²、十 sɐp²、饭 fan²²、发 fat³、运 wen²²、物 mɐt²、床 tsʰɔŋ²¹、江 kɔŋ⁵²、两 lœŋ²⁵、朋 pʰɐŋ²¹、特 tɐk²、冰 pɐŋ⁵²、蒸 tsɐŋ⁵²、力 lɐk²、冷 laŋ¹³、白 pak²、幸 hɐŋ²²、景 kɐŋ²⁵、英 jɐŋ⁵²、滴 tɐk²、梦 mɔŋ²²、木 mok²。

（10）咸摄开口一等见系字读为 ɐm/ɐp 韵母，与深摄见系混同。例如：含 hɐm²¹、甘 kɐm⁵²、暗 ŋɐm³³；金 kɐm⁵⁵、琴 kʰɐm²¹、饮 jɐm²⁵、急 kɐp⁵、吸 kʰɐp⁵。

（11）山摄开口一等见系字读作 ɔn/ɔt 韵母，与其他声类读作 an/at 韵母有别，例如：干 kɔn⁵²、寒 hɔn²¹、安 ŋɔn⁵²、割 kɔt³、渴 hɔt³；炭 tʰan³³、兰 lan²¹、餐 tsʰan⁵⁵、达 tat²。

（12）臻摄一般读 ɐn/ɐt 韵母，而合口三等以及部分合口一等、开口三等舌齿音字读作 øn/øt 韵母，两者相区别。例如：跟 kɐn⁵²、民 mɐn²¹、身 sɐn⁵²、棍 kwɐn³³、均 kwɐn⁵²、分 fɐn⁵²；轮 løn²¹、俊 tsøn³³、准 tsøn²⁵、润 jøn²²、律 løt²、出 tsʰøt⁵、顿 tøn²²、论 løn²²、邻

lɵn²¹、进 tsɵn³³、信 sɵn³³。

（13）梗摄开口字有文白两读，二等文读韵母为 eŋ/ek，白读韵母为 aŋ/ak，三四等文读韵母为 eŋ/ek，白读韵母为 ɛaŋ/ɛak，如：生 seŋ⁵²/saŋ⁵²、行 heŋ²¹/haŋ²¹、更 keŋ⁵²/kaŋ⁵²；名 meŋ²¹/mɛaŋ²⁵、精 tseŋ⁵²/tsɛaŋ⁵²、灵 leŋ²¹/lɛaŋ²¹、正 tseŋ³³/tsɛaŋ³³、惊 keŋ⁵²/kɛaŋ⁵²、惜 sek⁵/sɛak³。

（三）声调特点

（1）古四声均大致依古声母清、浊分为阴、阳两类，而阴入再大致依元音分两类，共 9 个声调。例如：分 fɵn⁵²、坟 fɵn²¹、粉 fɵn²⁵、愤 fɵn¹³、奋 fɵn³³、份 fɵn²²、忽 fɵt⁵、法 fat³、佛 fɵt²。

（2）古全浊上字今读主要分为阳去和阳上两类。古全浊上声字中，约 60% 的字今读阳去调，如：下 ha²²、部 pou²²、巨 kui²²、罪 tsøy²²、稻 tou²²、后 hɐu²²、善 sin²²、尽 tsɵn²²、丈 tsœŋ²²、动 toŋ²²。约 20% 的字今读阳上，如：社 sɛ¹³、柱 tsʰy¹³、倚 kʰei¹³、市 si¹³、抱 pʰau¹³、厚 hɐu¹³、舅 kʰɐu¹³。有些字存在文白异读，一般文读阳去，白读阳上：断 tyn²²/tʰyn¹³、淡 tam²²/tʰam¹³、近 kɵn²²/kʰɵn¹³、重 tsoŋ²²/tsʰoŋ¹³。此外有的字读变调，都是名词：瓣 pin⁻⁵⁵、菌 kwʰɵn⁻²⁵、柿 tsʰy⁻²⁵。少数字念其他调，如：仗 tsœŋ³³、臼 kɛu³³、很 hɐn²⁵。

（3）古次浊上声字一般读入阳上调，但不少口语常用字读入阴上调，如：美 mei¹³、藕 ŋɐu¹³、有 jɐu¹³、懒 lan¹³、养 jœŋ¹³、勇 joŋ¹³；瓦 ŋa²⁵、五 ŋ²⁵、雨 jy²⁵、米 mɐi²⁵、耳 ŋei²⁵、老 lau²⁵、咬 ŋɐu²⁵、眼 ŋɛn²⁵、远 jyn²⁵、网 mɔŋ²⁵、两 lœŋ²⁵。

（4）变调有 4 个，包括 3 个舒声变调 －55、－25（与阴上同形）和 －13 以及一个入声变调 －25，主要为名词语素变调。阴平变 －55

调，部分阳平和上声字也变读 -55 调，如：花 fa⁵²⁻⁵⁵、钉 tɛaŋ⁵²⁻⁵⁵、沙 sa⁵²⁻⁵⁵、砖 tsyn⁵²⁻⁵⁵、冬 toŋ⁵²⁻⁵⁵（冬至）、璃玻~ lei²¹⁻⁴⁵、蚊 mɐn²¹⁻⁵⁵、蚁 ŋei¹³⁻⁵⁵。

阳平、去声变 -25 调，如：磨 mɔ²¹⁻²⁵、伯爷婆 pʰɔ²¹⁻²⁵（老太婆）、蔗 tsɛ³³⁻²⁵、裤 fu³³⁻²⁵、凳 tɐŋ³³⁻²⁵、秤 tsʰeŋ³³⁻²⁵、菜地 tsʰɔi³³ tei²²⁻²⁵、蛋 tan²²⁻²⁵、链 lin²²⁻²⁵。

阳平、去声变 -13 调，如：鱼 jy²¹⁻¹³、塘 tɔŋ²¹⁻¹³、蠄蟧 kʰɐm²¹ lau²¹⁻¹³（蜘蛛）、鸡笼 kɐi⁵² loŋ²¹⁻¹³、台 tɔi²¹⁻¹³（桌子）、面盆 min²² pun²¹⁻¹³（脸盆）、箸筒 tsy²² toŋ²¹⁻¹³（筷子筒）、额头 ŋak³ tɐu²¹⁻¹³、豆 tɐu²²⁻¹³。

下阴入、阳入调变 -2̱5̱ 调，如：垃圾 lap² sap³⁻²̱⁵̱、帖 tʰip³⁻²̱⁵̱、柏 pak³⁻²̱⁵̱、摄石 sip³ sɛak²⁻²̱⁵̱（磁铁）、笛 tɛak²⁻²̱⁵̱、鹿 lok²⁻²̱⁵̱。

（5）部分 -55、-25 变调具有表小功能，用于指称相对较小的事物，如：屎蝇 jeŋ²¹（大头金蝇）、乌蝇 jeŋ²¹⁻⁵⁵（苍蝇）；白蚁 pak² ŋei¹³、蚁 ŋei¹³⁻⁵⁵（蚂蚁）；猪 tsy⁵²、猪仔 tsy⁵²⁻⁵⁵ tsei⁵⁵（小猪）；箩 lɔ²¹（大箩）、lɔ²¹⁻⁵⁵（小箩）；竹帽 tsok⁵ mau²²（斗笠）、草帽 tsʰau²⁵ mau²²⁻²⁵；牛绳 ŋɐu²¹ seŋ²¹、红头绳 hoŋ²¹ tʰɐu²¹ seŋ²¹⁻²⁵。

# 第四章 东片粤方言音系和音韵特点

东片粤方言包括大沥（联滘）和里水（河村）两个方言点。

## 第一节 大沥粤方言的语音系统

### 一、大沥粤方言的声韵调系统

（一）声母 19 个（包括零声母）

| | | | | |
|---|---|---|---|---|
| p 布败搬帮白 | $p^h$ 皮抱盘旁拍 | f 火饭婚款福 | m 马微晚闻物 | |
| t 多到单钉答 | $t^h$ 土甜断同托 | | | l 罗女年农六 |
| ts 左袖浸争俗 | $ts^h$ 茶齐全葱察 | s 沙修旋生熟 | | j 夜姨严样玉 |
| k 举街间钢局 | $k^h$ 骑求权勤确 | h 下开牵红客 | ŋ 牙欧安硬恶 | |
| kw 过姑瓜贵国 | $kw^h$ 夸葵困群 | | | w 胡围运荣滑 |
| ∅ 阿恩 | | | | |

说明：

① ts、$ts^h$、s 声母的发音部位为舌叶—齿龈。

② k、$k^h$、h 声母后接细音时发音部位稍微靠前，但未到硬腭。

## （二）韵母 57 个

| a 下话 | ai 排怪 | au 炮咬 | am 淡衫 | an 班饭 | aŋ 冷耕 | ap 答鸭 | at 八辣 | ak 白摘 |
|---|---|---|---|---|---|---|---|---|
|  | ɐi 第鸡 | ɐu 收九 | ɐm 林心 | ɐn 新困 | ɐŋ 灯憎 | ɐp 汁急 | ɐt 笔吉 | ɐk 塞得 |
| ɛ 蛇借 |  | ɛu 饱 |  | ɛn 眼见 | ɛŋ 病颈 | ɛp 夹 |  | ɛk 石踢 |
| œ 糯锯 |  |  |  |  | œŋ 养窗 |  |  | œk 药 |
|  | øy 举水 |  |  | øn 进轮 |  |  | øt 出律 |  |
|  | ei 戏基 |  |  | en 冰形 |  |  | et 食敌 |  |
| i 知市 |  | iu 笑叫 | im 尖甜 | in 钱先 |  | ip 叶贴 | it 列热 |  |
| y 猪资 |  |  |  | yn 短砖 |  |  | yt 脱缺 |  |
| ɔ 河初 | ɔi 台开 |  |  | ɔn 汗安 | ɔŋ 房江 |  | ɔt 割渴 | ɔk 薄确 |
|  |  | ou 土早 | om 甘敢 |  | oŋ 总从 |  |  | ok 木谷 |
| u 苦姑 | ui 杯灰 |  |  | un 盆半 |  |  | ut 阔括 |  |
| ŋ̍ 五吴 |  |  |  |  |  |  |  |  |
| m̩ 唔 |  |  |  |  |  |  |  |  |

说明：

①a 音位的实际读音为 ɐ。

②部分 œŋ、œk 韵母带有轻微动程，为复合元音 yœŋ、yœk。

③韵母 ɛŋ、ɛk 的实际读音为 ɛ:ʌŋ、ɛ:ʌk。ɛ 为主要元音，发音较长较响；ʌ 为滑音，发音短暂。

## （三）声调 9 个

| 阴平 | 52 | 拖开添风 | 阳平 | 21 | 河爬田红 |
|---|---|---|---|---|---|
| 阴上 | 25 | 火土展顶 | 阳上 | 13 | 我厚软晚 |
| 阴去 | 33 | 货对线送 | 阳去 | 22 | 部愿运洞 |
| 上阴入 | 5 | 急识足 | 阳入 | 2 | 叶石熟 |
| 下阴入 | 3 | 答托百 |  |  |  |

## 二、大沥粤方言的音韵特点

### （一）声母特点

（1）古全浊声母今读塞音、塞擦音字主要表现为平、上声念送气清音，去、入声念不送气清音；其中古全浊上声字部分读阳上，部分读阳去，后者依去声途径变化。如：步 pou²²、婆 pʰɔ²¹、大 tai²²、住 tsy²²、锄 tsʰɔ²¹、巨 køy²²、琴 kʰɐm²¹、薄 pɔk²、抱 pʰou¹³、断 tʰyn¹³、淡 tʰam¹³。

（2）古非、敷、奉母一般读 f 声母，但个别口语常用字也念作双唇音。例如：妇新~ pʰou¹³、痱热~ pɐi²⁵、浮 pʰou²¹、孵 pou²²。

（3）古明、微母合流读为 m 声母，如：模 mou²¹、武 mou¹³、眉 mei²¹、面 min²²、万 man²²、门 mun²¹、网 mɔŋ¹³。

（4）古泥、娘母大多与来母合流，读作 l 声母。例如：南 lam²¹ = 蓝 lam²¹、女 løy¹³ = 吕 løy¹³，仍有个别泥、娘母字读 n 声母，但与 l 声母无别义作用，如：农 nɔŋ²¹、奴 nou²¹、年 nin²¹、暖 nyn¹³。

（5）古精、知、庄、章组声母合流，读作 ts、tsʰ、s 声母，例如：左 tsɔ²⁵、猪 tsy⁵⁵、装 tsɔŋ⁵²、战 tsin³³、趣 tsʰøy³³、茶 tsʰa²¹、初 tsʰɔ⁵²、车 tsʰɛ⁵²、锁 sɔ²⁵、沙 sa⁵²、蛇 sɛ²¹、船 syn²¹、薯 sy²¹。

（6）古见系字不论洪音细音，今读为 k、kʰ、h 声母。例如：家 ka⁵²、介 kai³³、剑 kim³³、建 kin³³、求 kʰɐu²¹、靠 kʰau³³、抗 kʰɔŋ³³、河 hɔ²¹、险 him²⁵、看 hɔn³³。

（7）古溪母、晓母合口一般读 f 声母，例如：科 fɔ⁵⁵、花 fa⁵⁵、苦 fu²⁵、阔 fut³、欢 fun⁵²、婚 fɐn⁵²、训 fɐn³³。

（8）古影母读 ŋ 声母，混同古疑母一、二等。例如：爱 ŋɔi³³、欧

ŋeu⁵²、暗 ŋɐm³³、安 ŋɔn⁵²、我 ŋɔ¹³、牙 ŋa²¹、咬 ŋeu¹³、眼 ŋɐn¹³、鸭 ŋap²⁵。

## （二）韵母特点

（1）果摄字一般读作 ɔ 韵母，个别口语常用字读作 œ 韵母，例如：可 hɔ²⁵、磨 mɔ²¹、破 pʰɔ³³、朵 tɔ²⁵、糯 lœ²²。

（2）遇摄合口一等唇音、舌齿音字和合口三等微母、生母字读为复元音韵母 ou，遇摄合口一等牙喉音字、合口三等非敷奉母字读单元音韵母 u；遇摄合口三等泥来母、精组和见溪群晓母字读为复元音韵母 øy，遇摄合口三等知组、章组、日母、疑影喻母字读单元音韵母 y；止摄开口帮组、端组、泥来母、见系字和合口非组字读复元音韵母 ei，止摄开口知章组字和疑影喻母字读单元音韵母 i。例如：布 pou³³、图 tʰou²¹、粗 tsʰou⁵²、舞 mou¹³、故 kwu³³、斧 fu²⁵；趣 tsʰøy³³、区 kʰøy⁵²、柱 tsʰy¹³、树 sy²²；地 tei²²、美 mei¹³、李 lei¹³、几 kei²⁵、肥 fei²¹、指 tsi²⁵、池 tsʰi²¹、医 ji⁵²。

（3）蟹摄开口一等字读作 ɔi 韵母，与二等字读作 ai 韵母有别，例如：台 tʰɔi²¹、代 tɔi²²、菜 tsʰɔi³³、改 kɔi²⁵、开 hɔi⁵²、爱 ŋɔi³³；买 mai¹³、柴 tsʰai²¹、街 kai⁵⁵。

（4）读 øy 韵母的字较多，包括遇摄合口三等泥来母、精组、见溪群晓母字，蟹摄合口一、三等舌齿音字以及止摄合口三等舌齿音字，例如：女 løy¹³、虑 løy²²、序 tsøy²²、举 køy²⁵、趣 tsʰøy³³、需 søy⁵²、税 søy³³、岁 søy³³、脆 tsʰøy³³、推 tʰøy⁵²、堆 tøy⁵²、对 tøy³³、退 tʰøy³³、雷 løy²¹、碎 søy³³、罪 tsøy²²、最 tsøy³³、吹 tsʰøy⁵²、追 tsøy⁵²、水 søy²⁵。

（5）止摄开口精、庄组跟知、章组韵母有别，精、庄组读为 y 韵母，知、章组读为 i 韵母。如：资 tsy⁵²、次 tsʰy³³、师 sy⁵²、子 tsy²⁵、字 tsy²²；知 tsi⁵²、池 tsʰi²¹、纸 tsi²⁵、屎 si²⁵、齿 tsʰi²⁵、时 si²¹。

（6）效摄开口一等字读 ou 韵母，与二等字韵母有别，并混同于遇摄读为复元音韵母的字，而与遇摄读作单元音韵母的字相区别。例如：宝＝补 pou²⁵、毛＝无 mou²¹、讨＝土 tʰou²⁵、早＝祖 tsou²⁵、高 kou⁵² ≠姑 kwu⁵²。

（7）效摄、咸摄、山摄二等韵一般读作 au、am/ap、an/at 等韵母，但个别口语常用字老派多变读为 ɛ 元音系列韵母，部分四等韵字亦如此，形成新老两读。如：炒 tsʰau²⁵、咬 ŋau¹³、咸 ham²¹、插 tsʰap³、闲 han²¹、八 pat³、滑 wat²；饱 pau²⁵/pɛu²⁵、眼 ŋan¹³/ŋɛn¹³、夹 kap³/kɛp²⁵、扁 pin²⁵/pɛn²⁵、见 kin³³/kɛn³³。

（8）保存古阳、入声韵尾－m/－p、－n/－t、－ŋ/－k 的配对，咸摄、深摄为－m/－p 韵尾（唇音字变读为－n/－t 韵尾），山摄、臻摄为－n/－t 韵尾，宕摄、江摄、曾摄一等、梗摄二等和三四等白读、通摄为－ŋ/－k 韵尾。例如：衫 sam⁵⁵、杂 tsap²、心 sɐm⁵²、十 sɐp²、饭 fan²²、发 fat³、运 wɐn²²、物 mɐt²、床 tsʰɔŋ²¹、江 kɔŋ⁵²、两 lœŋ¹³、朋 pʰɐŋ²¹、冷 laŋ¹³、幸 hɐŋ²²、梦 mɔŋ²²、白 pak²、特 tɐk²、木 mok²。曾摄三等韵和梗摄三四等文读变读为－n/－t 韵尾，如：冰 pen⁵²、蒸 tsen⁵²、兴 hen³³、力 let²、色 set⁵；景 ken²⁵、英 jen⁵²、永 wen¹³、滴 tet²。

（9）咸摄开口一等见系字多读为 ɐm/ɐp 韵母，与其他声类读作 am/ap 有别，相混于深摄见系 ɐm/ɐp 韵母。例如：含 hɐm²¹、暗 ŋɐm³³、鸽 kɐp²⁵、合 hɐp²；金 kɐm⁵²、琴 kʰɐm²¹、饮 jɐm²⁵、急 kɐp⁵、吸 kʰɐp⁵。有个别字又读为圆唇元音 om/op 韵母，例如：甘 kɐm⁵²/kom⁵²、敢 kɐm⁵²/kom⁵²。

（10）山摄开口一等见系字读作 ɔn/ɔt 韵母，与其他声类读作 an/at 韵母有别，例如：干 kɔn⁵²、看 hɔn³³、安 ŋɔn⁵²、渴 hɔt³；炭 tʰan³³、兰 lan²¹、餐 tsʰan⁵⁵、达 tat²。山摄、臻摄合口帮组字读 un/ut 韵母，如：满 mun¹³、搬 pun⁵²、半 pun³³、泼 pʰut³、本 pun²⁵、盆 pʰun²¹。

（11）臻摄一般读 ɐn/ɐt 韵母，而合口三等以及部分合口一等、开口三等舌齿音字读作 øn/øt 韵母，两者相区别。例如：跟 kɐn⁵²、民 mɐn²¹、身 sɐn⁵²、棍 kwɐn³³、均 kwɐn⁵²、分 fɐn⁵²、骨 kwɐt⁵；轮 løn²¹、俊 tsøn³³、准 tsøn²⁵、润 jøn²²、律 løt²、出 tsʰøt⁵、顿 tøn²²、论 løn²²、邻 løn²¹、进 tsøn³³、信 søn³³。

（12）梗摄开口字有文白两读，二等文读主要元音为 ɐ，白读主要元音为 a，三四等文读主要元音为 e，白读主要元音为 ɛ，如：生 sɐŋ⁵²/saŋ⁵²、行 hɐŋ²¹/haŋ²¹、更 kɐŋ⁵²/kaŋ⁵²；名 men²¹/mɛŋ²⁵、精 tsen⁵²/tsɛŋ⁵²、灵 len²¹/lɛŋ²¹、正 tsen³³/tsɛŋ³³、惊 ken⁵²/kɛŋ⁵²、惜 set⁵/sɛk³。

（三）声调特点

（1）古四声均大致依古声母清、浊分为阴、阳两类，而阴入再大致依元音分两类，共 9 个声调。例如：分 fɐn⁵²、坟 fɐn²¹、粉 fɐn²⁵、愤 fɐn¹³、奋 fɐn³³、份 fɐn²²、忽 fɐt⁵、法 fat³、佛 fɐt²。

（2）古全浊上字今读主要分为阳去和阳上两类。古全浊上声字中，约 60% 的字今读阳去调，如：下 ha²²、部 pou²²、巨 køy²²、罪 tsøy²²、稻 tou²²、后 hɐu²²、善 sin²²、尽 tsøn²²、丈 tsœŋ²²、动 toŋ²²。约 20% 的字今读阳上，如：社 sɛ¹³、坐 tsʰɔ¹³、柱 tsʰy¹³、徛 kʰei¹³、市 si¹³、抱 pʰou¹³、厚 hɐu¹³、舅 kʰɐu¹³。有些字存在文白异读，一般文读阳去，白读阳上：断 tyn²²/tʰyn¹³、淡 tam²²/tʰam¹³、近 kɐn²²/kʰɐn¹³、重 tsoŋ²²/tsʰoŋ¹³。此外有的字读变调，都是名词：辫 pin⁻⁵⁵、菌 kwʰɐn⁻²⁵、柿 sy⁻²⁵。少数字念其他调，如：仗 tsœŋ³³、很 hɐn²⁵。

（3）古次浊上声字读入阳上调，如：美 mei¹³、藕 ŋɐu¹³、有 jɐu¹³、懒 lan¹³、养 jœŋ¹³、勇 joŋ¹³、瓦 ŋa¹³、五 ŋ¹³、雨 jy¹³、米 mɐi¹³、耳 ji¹³、老 lou¹³、咬 ŋau¹³、眼 ŋɐn¹³、远 jyn¹³、网 mɔŋ¹³、两 lœŋ¹³。

（4）变调有 3 个，包括两个舒声变调 -55 和 -25（与阴上同形）以及一个入声变调 -25，主要为名词语素变调。阴平变 -55 调，部分阳平和阴上和阳上也变读 -55 调，如：花 fa⁵²⁻⁵⁵、钉 tɛŋ⁵²⁻⁵⁵、乌蝇 jen²¹⁻⁵⁵（苍蝇）、蚊 mɐn²¹⁻⁵⁵、眼揖毛 mou²¹⁻⁵⁵（眼睫毛）、手指尾 mei¹³⁻⁵⁵（小指）、表钟~ piu²⁵⁻⁵⁵。

阳平、阳上和阴去、阳去变 -25 调，如：磨 mɔ²¹⁻²⁵、蚕 tsʰam²¹⁻²⁵、亭 tʰen²¹⁻²⁵、伯爷婆 pʰɔ²¹⁻²⁵（老太婆）、橙 tsʰaŋ²¹⁻²⁵、龙眼 ŋan¹³⁻²⁵、铁线 sin³³⁻²⁵（铁丝）、妹 mui²²⁻²⁵、会开~ wui²²⁻²⁵、蛋 tan²²⁻²⁵、豆 tɐu²²⁻²⁵、链 lin²²⁻²⁵。

下阴入、阳入调变 -25 调，如：柏 pʰak³⁻²⁵、雀 tsœk³⁻²⁵、摄石 sɛk²⁻²⁵（磁铁）、蝴蝶 tip²⁻²⁵、笛 tɛk²⁻²⁵、鹿 lok²⁻²⁵。

## 第二节　里水粤方言的语音系统

### 一、里水粤方言的声韵调系统

（一）声母 19 个（包括零声母）

| p 布败搬帮白 | pʰ 皮抱潘旁拍 | f 科饭婚款福 | m 马微晚面物 |     |
|---|---|---|---|---|
| t 多到单钉答 | tʰ 土甜断同托 |     |     | l 罗女年农六 |

（续上表）

| ts 左袖浸争俗 | tsʰ 车齐全葱察 | s 沙修旋生熟 | | j 夜姨严样玉 |
| k 举街间钢局 | kʰ 区求权矿确 | h 下开牵红客 | ŋ 牙欧安硬恶 | |
| kw 瓜贵军关骨 | kwʰ 夸葵困群 | | | w 乌围运荣滑 |
| ø 阿 | | | | |

说明：

①ts、tsʰ、s 声母的发音部位为舌叶—齿龈。

②k、kʰ、h 声母后接细音时发音部位稍微靠前，但未到硬腭。

## （二）韵母 54 个

| a 下话 | ai 排怪 | au 炮咬 | am 淡衫 | an 眼饭 | aŋ 冷耕 | ap 插鸭 | at 八辣 | ak 白摘 |
|---|---|---|---|---|---|---|---|---|
| | ei 第鸡 | eu 收九 | ɐm 敢心 | ɐn 新困 | ɐŋ 灯憎 | ɐp 汁急 | ɐt 笔吉 | ɐk 塞黑 |
| ɛ 借夜 | | | | | ɛŋ 病颈 | | | ɛk 石踢 |
| | | | | | œŋ 养窗 | | | œk 药 |
| | øy 举水 | | | øn 进轮 | | | øt 出律 | |
| | ei 皮基 | | | | eŋ 冰形 | | | ek 食敌 |
| i 知资 | | iu 笑叫 | im 尖甜 | in 钱先 | | ip 叶贴 | it 列热 | |
| y 猪雨 | | | | yn 短砖 | | | yt 脱缺 | |
| ɔ 河初 | ɔi 台开 | | | ɔn 汗安 | ɔŋ 房江 | | ɔt 割渴 | ɔk 薄确 |
| | | ou 布刀 | om 甘 | | oŋ 总从 | op 鸽 | | ok 木谷 |
| u 苦姑 | ui 杯灰 | | | un 盆半 | | | ut 阔括 | |
| ŋ̩ 五吴 | | | | | | | | |
| m̩ 唔 | | | | | | | | |

说明：

①a 音位的实际读音为 ᴀ。

②部分 œŋ、œk 韵母带有轻微动程，为复合元音 yœŋ、yœk。

③韵母 εŋ、εk 的实际读音为 ɛːʌŋ、ɛːʌk。ɛ 为主要元音,发音较长较响;ʌ 为滑音,发音短暂。

(三)声调 9 个

| 阴平 52 | 拖开添风 | 阳平 21 | 河爬田红 |
| --- | --- | --- | --- |
| 阴上 25 | 火土展顶 | 阳上 13 | 我厚软晚 |
| 阴去 33 | 货对线送 | 阳去 22 | 部愿运洞 |
| 上阴入 5 | 急识足 | 阳入 2 | 叶石熟 |
| 下阴入 3 | 答托百 | | |

## 二、里水粤方言的音韵特点

### (一)声母特点

(1)古全浊声母今读塞音、塞擦音字主要表现为平、上声念送气清音,去、入声念不送气清音;其中古全浊上声字部分读阳上,部分读阳去,后者依去声途径变化。如:步 pou$^{22}$、婆 pʰɔ$^{21}$、大 tai$^{22}$、住 tsy$^{22}$、锄 tsʰɔ$^{21}$、巨 køy$^{22}$、琴 kʰɐm$^{21}$、薄 pɔk$^{2}$、抱 pʰou$^{13}$、断 tʰyn$^{13}$、淡 tʰam$^{13}$。

(2)古非、敷、奉母一般读 f 声母,但个别口语常用字也念作双唇音。例如:妇新~ pʰou$^{13}$、浮 pʰou$^{21}$、孵 pɔ$^{22}$。

(3)古明、微母合流读为 m 声母,如:模 mou$^{21}$、武 mou$^{13}$、眉 mei$^{21}$、面 min$^{22}$、万 man$^{22}$、门 mun$^{21}$、网 mɔŋ$^{13}$。

(4)古泥、娘母与来母合流,读作 l 声母。例如:南 lam$^{21}$ = 蓝

lam²¹、女 løy¹³ = 吕 løy¹³、年 lin²¹ = 连 lin²¹、奴 lou²¹ = 炉 lou²¹。

（5）古精、知、庄、章组声母合流，读作 ts、tsʰ、s 声母，例如：左 tsɔ²⁵、猪 tsy⁵²、装 tsɔŋ⁵²、战 tsin³³、趣 tsʰøy³³、茶 tsʰa²¹、初 tsʰɔ⁵²、车 tsʰɛ⁴⁵、锁 sɔ²⁵、沙 sa⁴⁵、蛇 sɛ²¹、船 syn²¹、薯 sy²¹。

（6）古见系字不论洪音细音，今读为 k、kʰ、h 声母。例如：家 ka⁵²、介 kai³³、剑 kim³³、建 kin³³、求 kʰɐu²¹、靠 kʰau³³、抗 kʰɔŋ³³、河 hɔ²¹、险 him²⁵、看 hɔn³³。

（7）古溪母、晓母合口一般读 f 声母，例如：科 fɔ⁴⁵、花 fa⁵²、苦 fu²⁵、阔 fut³、欢 fun⁵²、婚 fɐn⁵²、训 fɐn³³。

（8）古影母读 ŋ 声母，混同古疑母一、二等。例如：爱 ŋɔi³³、欧 ŋɐu⁵²、暗 ŋɐm³³、安 ŋɔn⁵²、我 ŋɔ¹³、牙 ŋa²¹、咬 ŋau¹³、眼 ŋan¹³、鸭 ŋap³。

（二）韵母特点

（1）果摄字读作 ɔ 韵母，例如：可 hɔ²⁵、磨 mɔ²¹、破 pʰɔ³³、朵 tɔ²⁵、糯 lɔ²²、过 kɔ³³、火 fɔ²⁵。

（2）遇摄合口一等唇音、舌齿音字和合口三等微母、生母字读为复元音韵母 ou，遇摄合口一等牙喉音字、合口三等非敷奉母读单元音韵母 u；遇摄合口三等泥来母、精组和见溪群晓母字读为复元音韵母 øy，遇摄合口三等知组、章组、日母、疑影喻母读单元音韵母 y；止摄开口帮组、端组、泥来母、见系字和合口非组字读复元音韵母 ei，止摄开口知章组字和疑影喻母字读单元音韵母 i。例如：布 pou³³、图 tʰou²¹、粗 tsʰou⁵²、舞 mou¹³、故 ku³³、斧 fu²⁵；趣 tsʰøy³³、区 kʰøy⁵²、柱 tsʰy¹³、树 sy²²；地 tei²²、美 mei¹³、李 lei¹³、几 kei²⁵、肥 fei²¹、指 tsi²⁵、池 tsʰi²¹、医 ji⁵²。

（3）蟹摄开口一等字读作 ɔi 韵母，与二等字读作 ai 韵母有别，例如：台 tʰɔi²¹、代 tɔi²²、菜 tsʰɔi³³、改 kɔi²⁵、开 hɔi⁵²、爱 ŋɔi³³；买 mai¹³、柴 tsʰai²¹、街 kai⁴⁵。

（4）读 øy 韵母的字较多，包括遇摄合口三等泥来母、精组、见溪群晓母字，蟹摄合口一、三等舌齿音字以及止摄合口三等舌齿音字，例如：女 løy¹³、虑 løy²²、序 tsøy²²、举 køy²⁵、趣 tsʰøy³³、需 søy⁵²、税 søy³³、岁 søy³³、脆 tsʰøy³³、推 tʰøy⁵²、堆 tøy⁵²、对 tøy³³、退 tʰøy³³、雷 løy²¹、碎 søy³³、罪 tsøy²²、最 tsøy³³、吹 tsʰøy⁵²、追 tsøy⁵²、水 søy²⁵。

（5）止摄开口精、庄组跟知、章组韵母不分，一概读为 i 韵母。如：资 tsi⁵²、次 tsʰi³³、师 si⁵²、子 tsi²⁵、字 tsi²²、知 tsi⁵²、池 tsʰi²¹、纸 tsi²⁵、屎 si²⁵、齿 tsʰi²⁵、时 si²¹。

（6）效摄开口一等字读 ou 韵母，与二等字有别，并混同于遇摄读为复元音韵母的字，而与遇摄读作单元音韵母的字相区别。例如：宝 = 补 pou²⁵、毛 = 无 mou²¹、讨 = 土 tʰou²⁵、早 = 祖 tsou²⁵、高 kou⁵² ≠ 姑 ku⁵²。

（7）效摄、咸摄、山摄二等韵读作 au、am/ap、an/at 等韵母，如：饱 pau²⁵、炒 tsʰau²⁵、咬 ŋau¹³、咸 ham²¹、插 tsʰap³、夹 kap³、眼 ŋan¹³、闲 han²¹、八 pat³、滑 wat²。

（8）保存古阳、入声韵尾 –m/–p、–n/–t、–ŋ/–k 的配对，咸摄、深摄为 –m/–p 韵尾（唇音字变读为 –n/–t 韵尾），山摄、臻摄为 –n/–t 韵尾，宕摄、江摄、曾摄、梗摄、通摄为 –ŋ/–k 韵尾。例如：衫 sam⁴⁵、杂 tsap²、心 sɐm⁵²、十 sɐp²、饭 fan²²、发 fat³、运 wɐn²²、物 mɐt²、床 tsʰɔŋ²¹、江 kɔŋ⁵²、两 lœŋ¹³、朋 pʰɐŋ²¹、冰 pɐŋ⁵²、冷 laŋ¹³、幸 hɐŋ²²、停 tʰɐŋ²¹、英 jɐŋ⁵²、永 wɐŋ¹³、梦 mɔŋ²²、白 pak²、特 tɐk²、滴 tek²、力 lek²、木 mok²。

（9）咸摄开口一等见系字一般读为 ɐm/ɐp 韵母，与其他声类读作 am/ap 有别，相混于深摄见系 ɐm/ɐp 韵母。例如：含 hɐm²¹、暗 ŋɐm³³、合 hɐp²；金 kɐm⁵²、琴 kʰɐm²¹、饮 jɐm²⁵、急 kɐp⁵、吸 kʰɐp⁵。有个别字读为圆唇元音 om/op 韵母，例如：甘 kom⁵²、鸽 kop³。

（10）山摄开口一等见系字读作 ɔn/ɔt 韵母，与其他声类读作 an/at 韵母有别，例如：干 kɔn⁵²、看 hɔn³³、安 ŋɔn⁵²、渴 hɔt³；炭 tʰan³³、兰 lan²¹、餐 tsʰan⁴⁵、达 tat²。山摄、臻摄合口帮组字读 un/ut 韵母，如：满 mun¹³、搬 pun⁵²、半 pun³³、泼 pʰut³、本 pun²⁵、盆 pʰun²¹。

（11）臻摄一般读 ɐn/ɐt 韵母，而合口三等以及部分合口一等、开口三等舌齿音字读作 øn/øt 韵母，两者相区别。例如：跟 kɐn⁵²、民 mɐn²¹、身 sɐn⁵²、棍 kwɐn³³、均 kwɐn⁵²、分 fɐn⁵²、骨 kwɐt⁵；轮 løn²¹、俊 tsøn³³、春 tsʰøn⁵²、准 tsøn²⁵、润 jøn²²、律 løt²、出 tsʰøt⁵、顿 tøn²²、论 løn²²、邻 løn²¹、进 tsøn³³、信 søn³³。

（12）梗摄开口字有文白两读，二等文读主要元音为 ɐ，白读主要元音为 a，三四等文读主要元音为 e，白读主要元音为 ɛ，如：生 sɐŋ⁵²/saŋ⁵²、行 hɐŋ²¹/haŋ²¹、更 kɐŋ⁵²/kaŋ⁵²；名 meŋ²¹/mɛŋ²⁵、精 tseŋ⁵²/tsɛŋ⁵²、灵 leŋ²¹/lɛŋ²¹、惊 keŋ⁵²/kɛŋ⁵²、惜 sek⁵/sɛk³。

## （三）声调特点

（1）古四声均大致依古声母清、浊分为阴、阳两类，而阴入再大致依元音分两类，共9个声调。例如：分 fɐn⁵²、坟 fɐn²¹、粉 fɐn²⁵、愤 fɐn¹³、奋 fɐn³³、份 fɐn²²、忽 fɐt⁵、法 fat³、佛 fɐt²。

（2）古全浊上字今读主要分为阳去和阳上两类。古全浊上声字中，约60%的字今读阳去调，如：下 ha²²、部 pou²²、巨 køy²²、罪 tsøy²²、稻 tou²²、后 hɐu²²、善 sin²²、尽 tsøn²²、丈 tsœŋ²²、动 toŋ²²。约20%

的字今读阳上，如：社 $sɛ^{13}$、坐 $tsʰɔ^{13}$、柱 $tsʰy^{13}$、倚 $kʰei^{13}$、市 $si^{13}$、抱 $pʰou^{13}$、厚 $hɐu^{13}$、舅 $kʰɐu^{13}$。有些字存在文白异读，一般文读阳去，白读阳上：断 $tyn^{22}/tʰyn^{13}$、淡 $tam^{22}/tʰam^{13}$、近 $kɐn^{22}/kʰɐn^{13}$、重 $tsoŋ^{22}/tsʰoŋ^{13}$。此外有的字读变调，都是名词：辫 $pin^{-45}$、菌 $kwʰɐn^{-25}$、柿 $tsʰi^{-25}$。少数字念其他调，如：仗 $tsɐŋ^{33}$、很 $hɐn^{25}$。

（3）古次浊上声字读入阳上调，如：美 $mei^{13}$、藕 $ŋɐu^{13}$、有 $jɐu^{13}$、懒 $lan^{13}$、养 $jœŋ^{13}$、勇 $joŋ^{13}$、瓦 $ŋa^{13}$、五 $ŋ^{13}$、雨 $jy^{13}$、米 $mɐi^{13}$、耳 $ji^{13}$、老 $lou^{13}$、咬 $ŋau^{13}$、眼 $ŋan^{13}$、远 $jyn^{13}$、网 $mɔŋ^{13}$、两 $lœŋ^{13}$。

（4）变调有3个，包括两个舒声变调 $-45$ 和 $-25$（与阴上同形）以及一个入声变调 $-\underline{25}$，主要为名词语素变调。阴平变 $-45$ 调，部分阳平和阴上和阳上也变读 $-45$ 调，如：哥 $kɔ^{52-45}$、遮 $tsɛ^{52-45}$ （伞）、钉 $tɐŋ^{52-45}$、姨 $ji^{21-45}$、乌蝇 $jen^{21-45}$ （苍蝇）、蚊 $mɐn^{21-45}$、眼揖毛 $mou^{21-45}$ （眼睫毛）、手指尾 $mei^{13-45}$ （小指）、表钟~ $piu^{25-45}$。

阳平、阳上和阴去、阳去变 $-25$ 调，如：磨 $mɔ^{21-25}$、蚕 $tsʰam^{21-25}$、亭 $tʰen^{21-25}$、伯爷婆 $pʰɔ^{21-25}$ （老太婆）、橙 $tsʰaŋ^{21-25}$、龙眼 $ŋan^{13-25}$、铁线 $sin^{33-25}$ （铁丝）、妹 $mui^{22-25}$、会开~ $wui^{22-25}$、蛋 $tan^{22-25}$、豆 $tɐu^{22-25}$、链 $lin^{22-25}$。

下阴入、阳入调变 $-\underline{25}$ 调，如：蝴蝶 $tip^{2-\underline{25}}$、笛 $tɛk^{2-\underline{25}}$、鹿 $lok^{2-\underline{25}}$。

# 第五章 北洲客方言音系和音韵特点

## 第一节 北洲客方言的语音系统

### 一、北洲客方言概况

北洲村位于佛山市南海区里水镇东北部的贤鲁岛上。小岛四面环水，土地肥沃。东北部与广州市白云区隔江相望，岛内河道纵横交错，水路交通十分便利。新中国成立前岛民对外交通主要依靠船艇，乘船可到达广州及各乡镇。改革开放后在岛的西北角建起鲁岗桥与外界相连，成为唯一的陆路交通出入口。贤鲁岛有四个自然村，分别是鲁岗、北洲、贤僚和南洲。鲁岗和北洲归属鲁岗管理区，人口约有2509人。[①]贤僚和南洲归属贤僚管理区，人口约有3500多人。岛内贤僚、鲁岗、南洲等三个自然村说粤语，只有北洲一个自然村说客家话。其中贤僚村最早在岛上建村，建于1369年，主要姓氏有郑、李、汤等，鲁岗有谢、邓、吴、温等姓氏，南洲姓氏较杂，人口多为后来从各地陆续迁入。北洲村温姓人口有193人，于1848年由广州花县炭步镇迁来定居，说客家话。粤语是南海区的通用方言，无论是在贤鲁岛上还是在和顺

---

① 人口数据来自2002年《南海和顺镇志》。

镇上，粤语人口都占绝对优势。鲁岗、贤僚两个粤语村落与北洲毗邻，村舍相距不过千米左右，人们也听不懂客家话，更不会说客家话。在贤鲁岛上，客家话是弱势方言，北洲客家人能说流利粤语，使用客粤双方言。

## 二、北洲客方言的声韵调系统

### （一）声母（17个，包括零声母，下加横线为白读音）

| | | | | |
|---|---|---|---|---|
| p 波粪分北 | pʰ 婆步吩白 | m 忙武文墨 | f 苦会活风 | v 禾话运位 |
| t 刀鸟点德 | tʰ 大头贪毒 | | l 来男年暖 | |
| ts 借纸张摘 | tsʰ 坐在杂餐 | | s 沙去休宿 | j 夜右软玉 |
| k 哥交军激 | kʰ 筷起吸共 | ŋ 我牛年人 | h 河兴黑雄 | |
| ø 呕矮爱鸭 | | | | |

说明：

①声母 v 摩擦轻微；

②ŋ 在细音前接近舌面中；

③ts、tsʰ、s 的发音部位为舌叶—齿龈。

### （二）韵母（56个）

| | | | | |
|---|---|---|---|---|
| a 巴茶社爷 | ia 姐写谢惹 | ua 瓜寡垮挂 | | |
| i 锯去记礼美 | | | | |
| ɔ 多河坐过做 | | | | |
| u 布土珠资事 | | | | |

（续上表）

| | | | | |
|---|---|---|---|---|
| ai 我排街低 | | uai 怪枴筷快 | | |
| ei 矮剃齐计溪 | | | | |
| ɔi 台来堆睡岁 | | | | |
| ui 女居需嘴水 | | | | |
| au 毛高饱少摇 | | | | |
| eu 呕偷走狗牛 | | | | |
| | iɛu 飘笑条疗叫 | | | |
| iu 流丑手九油 | | | | |
| an 帆蛋半弯很 | | uan 关惯 | at 辣法八阔袜 | uat 刮 |
| ɐn 垦恳 | | | ɐt 乞 | |
| ɛn 然烟铅园县 | iɛn 棉连展权 | | ɛt 阅 | iɛt 别灭热月决 |
| en 朋灯曾肯 | | | et 北墨黑则 | |
| in 民身认蒸经 | | | it 笔失色益绩 | |
| øn 邻津村轮笋 | | | øt 律栗卒出 | |
| ɔn 干欢断观船 | | | ɔt 割渴脱夺说 | |
| un 本粉蚊群银 | | | ut 不没物掘骨 | |
| am 贪南暗衫盐 | | | ap 纳杂叶集鸭 | |
| | iɛm 镰尖剑甜念 | | | iɛp 接业碟猎 |
| em 揞庵脸 | | | ep 级给吸 | |
| im 林心任今饮 | | | ip 立汁湿入急 | |
| aŋ 郑冷硬声横 | iaŋ 病听性轻惊 | | ak 测白客麦只 | iak 踢脊剧劈 |
| ɐŋ 更赠层僧 | | | | |
| ɔŋ 旁糖长羊广 | iɔŋ 良枪商姜双 | | ɔk 博镬落国药 | iɔk 掠削雀脚啄 |
| oŋ 兄粽风共容 | | | ok 捉谷福六玉 | |
| m̩ 唔 | ŋ̍ 五鱼吴梧 | | | |

说明：

①iɔŋ/iok 韵母的 i 介音不明显，发音有时接近粤语的 œŋ。

## （三）声调（6个）

| 调类 | 阴平 | 阳平 | 上声 | 去声 | 阴入 | 阳入 |
|---|---|---|---|---|---|---|
| 调值 | 34 | 22 | 31 | 53 | 2 | 5 |
| 例字 | 坐在灯风 | 牙毛元容 | 米女斩总 | 大炮棍送 | 湿骨肉屋 | 杂辣特读 |

说明：去声 53 调在语流中常读作 55 调。

## 第二节  北洲客方言的音韵特征

### 一、北洲客方言的音韵特点

#### （一）声母特点

（1）古全浊塞音、塞擦音声母不论平仄皆读送气清音，例如：薄 $p^hɔk^5$、步 $p^hu^{31}$、台 $t^hɔi^{22}$、大 $t^hai^{53}$、弟 $t^hi^{53}$、碟 $t^hiɛp^5$、弹 $t^han^{22}$、读 $t^hok^5$、杂 $ts^hap^5$、尽 $ts^høn^{31}$、跪 $k^hui^{31}$、琴 $k^him^{22}$、局 $k^hok^5$。

（2）古非敷奉母大多读唇齿声母 f，例如：夫 $fu^{34}$、风 $foŋ^{34}$、富 $fu^{53}$、费 $fui^{53}$、佛 $fut^5$、饭 $fan^{53}$、斧 $fu^{31}$。有少数字白读音仍然保留读双唇音，例如：分 $pin^{34}$、粪 $pun^{53}$、伏 $p^hok^5$、捧 $p^hoŋ^{34}$、肺 $p^hui^{53}$、吠 $p^hɔi^{53}$、痱_热~ $mui^{53}$。

（3）古明、微母合流读为 m 声母，如：模 $mu^{22}$、眉 $mi^{22}$、微 $mi^{22}$、尾 $mui^{34}$、门 $mun^{22}$、蚊 $mun^{34}$、物 $mut^5$、忙 $mɔŋ^{22}$、网 $mɔŋ^{31}$、

慢 man³¹、晚 man³⁴、袜 mat²。

（4）古泥母字多读同来母 l 声母，例如：奴 lu²²、卢 lu²²、女 lui³¹、吕 lui³¹、闹 lau³¹、老 lau³¹、南 lam²²、蓝 lam²²、宁 lin²²、灵 lin²²。部分泥母细音字读鼻音声母，如：年 ŋiɛn²²、你 ŋi³¹、尿 ŋiɛu³¹、念 ŋiɛm³¹。

（5）只有一套塞擦音、擦音声母，古精、庄、知、章组声母均读为 ts、tsʰ、s，如：灾 tsɔi³⁴、知 tsi³⁴、转 tsɔn³¹、尘 tsʰin²²、床 tsʰɔŋ²²、瘦 seu⁵³、生 saŋ³⁴、张 tsɔŋ³⁴、虫 tsʰoŋ²²。

（6）古见、群母不论洪细，一般念 k、kʰ 声母，如：过 kɔ⁵³、家 ka³⁴、瓜 kua³⁴、居 kui³⁴、巨 kui³¹、鸡 kai³⁴、怪 kuai⁵³、奇 kʰi²²、肌 ki³⁴、龟 kui³⁴、葵 kʰui²²、监 kam³⁴、急 kip²、官 kɔn³⁴、权 kʰiɛn²²、光 kɔŋ³⁴、剧 kʰiak⁵、穷 kʰoŋ²²、共 kʰoŋ³¹。

（7）古溪母字念多种声母。开口字或念 h 声母，如：口 heu³¹、开 hɔi³⁴、渴 hɔt²、康 hɔŋ³⁴、克 het²、庆 hin⁵³；或念 kʰ 声母，如：起 kʰi³¹、溪 kʰei³⁴、考 kʰau³¹、敲 kʰau³⁴、扣 kʰeu⁵³、欠 kʰiɛm⁵³、牵 kʰiɛn³⁴、轻 kʰiaŋ³⁴；或念 s 声母，如：器 si⁵³、气 si⁵³。合口字或念 f 声母，如：科 fɔ³⁴、课 fɔ⁵³、苦 fu³¹、裤 fu⁵³、阔 fat²；或念 s 声母，如：去 si⁵³、墟 si³⁴；或念 kʰ 声母，如：区 kʰi³⁴、筷 kʰuai⁵³、快 kʰuai⁵³、亏 kʰui³¹、困 kʰun⁵³、劝 kʰiɛn⁵³、孔 kʰoŋ³¹；念 h 声母，如：空 hoŋ³⁴。

（8）古疑母或读为 ŋ 声母，例如：牙 ŋa²²、涯 ŋai²²、咬 ŋau³⁴、牛 ŋeu²²、岸 ŋɔn³¹、银 ŋun²²、眼 ŋan³¹、硬 ŋaŋ³¹、业 ŋiɛp⁵、月 ŋiet⁵；或读为 j 声母，如：遇 ji³¹、娱 ji²²、宜 ji²²、疑 ji²²、言 jɛn²²、原 jɛn²²、玉 jok⁵；部分读为自成音节鼻音，如：五 ŋ̍³¹、午 ŋ̍³¹、鱼 ŋ̍²²。

（9）古日母或读为 ŋ 声母，如：惹 ŋia³⁴、二 ŋi⁵³、耳 ŋi³¹、入 ŋip⁵、热 ŋiɛt⁵、人 ŋin²²、弱 ŋiɔk⁵、日 ŋit²；或读为 j 声母，如：ji²²、

扰 jau³¹、柔 jiu²²、染 jam³⁴、软 jɔn³⁴、让 jɔŋ³¹、肉 jok²。

（10）古晓匣母开口一、二等一般读 h 声母，① 如：河 hɔ²²、鞋 hai²²、好 hau³¹、后 heu³¹、学 hok⁵、汗 hɔn³¹、闲 han²²。三、四等读作三种声母，部分读 h 声母，如：系 hei⁵³、希 hi³⁴、献 hiɛn⁵³、兴 hin³⁴、协 hiɛp²；部分读 s 声母，如：牺 si³⁴、戏 si⁵³、喜 si³¹、显 siɛn³¹、晓 sau³¹、险 sam³¹、嫌 sam²²、香 sɔŋ³⁴、向 sɔŋ⁵³、休 siu³⁴、现 siɛn⁵³；部分读 j 声母，如：形 jin²²、型 jin²²。

（11）古晓匣母合口一、二等多读为 f 声母，如：火 fɔ³¹、化 fa⁵³、虎 fu³¹、壶 vu²²、灰 fɔi³⁴、会 fui³¹、坏 fai⁵³、欢 fɔn³⁴、婚 fun³⁴、荒 fɔŋ³⁴、华 fa²²。读 v 声母的均为匣母字，如：禾 vɔ²²、湖 vu²²、回 vui²²、怀 vai²²、换 vɔn³¹、滑 vat⁵、还 van²²、混 vun³¹、黄 vɔŋ²²、镬 vok⁵、横 vaŋ²²；还有部分读为 j 声母，如：完 jɛn²²、丸 jɛn²²。晓匣母合口三、四等声母比较复杂，或读为 h 声母，如：虚 hui³⁴、胸 hoŋ³⁴、许 hui³¹；或读为 s 声母，如：血 siɛt²；或读为 v 声母，如：慧 vui⁵³、惠 vui³¹；或读为 f 声母，如：辉 fui³⁴、挥 fui³⁴、训 fun⁵³；或读为 j 声母，如：县 jɛn³¹、穴 ŋiɛt⁵、萤 jin²²。

（12）古影母大多读 ŋ 声母，混同古疑母一、二等，例如：挨 ŋai³⁴、哀 ŋɔi³⁴、欧 ŋeu³⁴、暗 ŋam⁵³、安 ŋɔn³⁴；个别字保留读零声母，例如：阿 a³⁴、爱 ɔi⁵³、矮 ei³¹、呕 eu³¹、鸭 ap²。

## （二）韵母特点

（1）果摄字不论开合均读作 ɔ 韵母，例如：多 tɔ³⁴、左 tsɔ³¹、波 pɔ³⁴、坐 tsʰɔ³¹、火 fɔ³¹。见母合口一等不带 u 介音，如：过 kɔ⁵³、

---

① 幸 sin³¹ 读作 s 声母。

果 kɔ³¹。

（2）假摄开口二等读作 a 韵母，例如：巴 pa³⁴、马 ma³⁴、茶 tsʰa²²、假 ka³¹、虾 ha³⁴；开口三等精组和日母字读作 ia 韵母，例如：姐 tsia³¹、写 sia³¹、谢 tsʰia³¹、惹 ŋia³⁴；章组和喻母字读 a 韵母，例如：蔗 tsa⁵³、蛇 sa²²、夜 ja³¹；合口二等见、溪母带有 u 介音，如：瓜 kua³⁴、夸 kʰua³⁴。

（3）遇摄合口一等字和合口三等非组、知章组字读单元音韵母 u；合口三等庄组字读读单元音韵母 ɔ；合口三等日母、见组（部分）和影喻母读单元音韵母 i；合口三等泥来母、精组、见组（部分）和晓匣母字读为复元音韵母 ui。例如：布 pu⁵³、土 tʰu³¹、炉 lu²²、租 tsu³⁴、苦 fu³¹、雾 mu⁵³；阻 tsɔ³¹、梳 sɔ³⁴；如 ji²²、去 si⁵³、余 ji²²、句 ki⁵³、雨 ji³¹；女 lui³¹、居 kui³⁴、取 tsʰui³¹、具 kui³¹。

（4）蟹摄开口一等字读作 ɔi 韵母，与二等字读作 ai 韵母有别，例如：台 tʰɔi²²、代 tʰɔi³¹、菜 tsʰɔi⁵³、改 kɔi³¹、开 hɔi³⁴、爱 ɔi⁵³；买 mai³⁴、柴 tsʰai²²、街 kai³⁴。蟹摄开口三、四等字有几种读音：帮组字读作 i 韵母；端组字读作 i/ei/ai 韵母；泥来母字读作 i/ai 韵母；舌齿音字读作 i/ei 韵母；见系字读作 i/ei/ai 韵母。例如：币 pʰi³¹、米 mi³¹；弟 tʰi⁵³、剃 tʰei⁵³、低 tai³¹；礼 li³⁴、泥 lai²²；西 si³⁴、洗 sei⁵³；鸡 kai³⁴、溪 kʰei³⁴、启 kʰi³¹、系 hei⁵³。

蟹摄合口一等字和三四等字读作 ui/ɔi 韵母，例如：杯 pui³⁴、梅 mɔi²²、推 tʰui³⁴、灰 fɔi³⁴、外 ŋɔi³¹；废 fui⁵³、脆 tsʰui⁵³、岁 sɔi⁵³、桂 kui⁵³。蟹摄合口二等见组韵母带有 u 介音，如：拐 kuai³¹、怪 kuai⁵³、快 kʰuai⁵³。

（5）止摄开口字一般读 i 韵母，精庄组（部分）及个别庄组字读 u 韵母，跟遇摄字合流，如：离 li²²、臂 pi⁵³、紫 tsi³¹、刺 tsʰi⁵³、知 tsi³⁴、纸 tsi³¹、寄 ki⁵³、四 si⁵³、脂 tsi³⁴、悲 pi³⁴、基 ki³⁴、意 ji⁵³；斯

su³⁴、资 tsu³⁴、次 tsʰu⁵³、师 su³⁴、字 tsʰu³¹、事 su³¹、治 tsʰu³¹。止摄合口字读作 ui 韵母，例如：吹 tsʰui³⁴、亏 kʰui³⁴、水 sui³¹、位 vui³¹、飞 fui³⁴、尾 mui³⁴。

（6）效摄开口一等念 au 韵母，混同于二等字，如：宝 pau³¹、毛 mau²²、道 tʰau⁵³、老 lau³¹、早 tsau³¹、高 kau³⁴、奥 ŋau⁵³、包 pau³⁴、炒 tsʰau³¹、交 kau³⁴、咬 ŋau³⁴。开口三、四等字一般念 iɛu 韵母，知组、章组和影喻母字读 au 韵母，如：表 piɛu³¹、消 siɛu³⁴、桥 kʰiɛu²²、钓 tiɛu⁵³、叫 kiɛu⁵³、朝 tsau³⁴、少 sau³¹、腰 jau³⁴。

（7）流摄开口一等一般念 eu 韵母，三等一般念 iu 韵母，二者不混，例如：偷 tʰeu³⁴、楼 leu²²、狗 keu³¹、口 heu³¹；流 liu²²、秋 tsʰiu³⁴、手 siu³¹、九 kiu³¹、友 jiu³⁴。

（8）保存古阳、入声韵尾 －m/－p、－n/－t、－ŋ/－k 的配对：咸摄、深摄为 －m/－p 韵尾（唇音字变读为 －n/－t 韵尾）；山摄、臻摄、曾摄和梗摄三四等文读音为 －n/－t 韵尾；宕摄、江摄、梗摄二等和三四等白读音、通摄为 －ŋ/－k 韵尾。例如：衫 sam³⁴、杂 tsʰap⁵、心 sim³⁴、十 sip⁵；饭 fan³¹、发 fat²、夺 tʰɔt²、运 vun³¹、物 mut⁵、朋 pʰen²²、冰 pin³⁴、幸 sin³¹、停 tʰin²²、特 tʰit⁵、力 lit⁵；床 tsʰɔŋ²²、江 kɔŋ³⁴、两 liɔŋ³¹、冷 laŋ³¹、梦 mɔŋ³¹、角 kɔk²、白 pʰak⁵、木 mok²。

（9）咸摄开口一、二等字读作 am/ap 韵母，开口三、四等字读作 iɛm/iɛp 韵母；深摄读作 im/ip 韵母。例如：蚕 tsʰam²²、合 hap⁵、甘 kam³⁴、减 kam³¹、鸭 ap²；尖 tsiɛm³⁴、剑 kiɛm⁵³、添 tʰiɛm³⁴、贴 tʰiɛp²；林 lim²²、心 sim³⁴、湿 sip²、饮 jim³¹。

（10）山摄开口一、二等字大多读作 an/at 韵母，开口一等见系字读作 ɔn/ɔt 韵母，与其他声类读作 an/at 韵母有别；开口三、四等字读作 iɛn/iɛt 韵母，例如：蛋 tan³¹、山 san³⁴、八 pat²、班 pan³⁴；干 kɔn³⁴、看 kʰɔn⁵³、安 ŋɔn³⁴、渴 hɔt²；棉 miɛn²²、仙 siɛn³⁴、天 tʰiɛn³⁴、

见 kiɛn⁵³、结 kiɛt²。山摄合口一等帮组字大多读作 an/at 韵母，其他声类字大多读作 ɔn/ɔt 韵母，例如：搬 pan³⁴、满 man³⁴、泼 pʰat²；短 tɔn³¹、乱 lɔn³¹、碗 vɔn³¹、括 kʰɔt²；合口二等字韵母带有 u 介音，如：关 kuan³⁴、刮 kuat²。合口三、四等字韵母舌齿音字读作 ɔn/ɔt 韵母，其他声类字大多读作 iɛn/iɛt 韵母或 ɛn/ɛt 韵母，例如：全 tsʰɔn²²、转 tsɔn³¹、穿 tsʰɔn³⁴；卷 kiɛn³¹、员 jɛn²²、月 ŋiɛt⁵、血 siɛt²。

（11）臻摄开口一等字读 en 或 an 韵母，开口三等字一般读 in/it 韵母，两者有别，如：跟 ken³⁴、恨 han³¹；民 min²²、新 sin³⁴、质 tsit²、斤 kin³⁴、隐 jin³¹；臻摄合口字一般读作 un/ut 韵母，而合口一等、三等以及部分开口三等舌齿音字读作 øn/øt 韵母，例如：本 pun³¹、骨 kut²、婚 fun³⁴、蚊 mun³⁴、云 vun²²；邻 løn²²、进 tsøn⁵³、信 søn⁵³、顿 tøn³¹、论 løn³¹、轮 løn²²、俊 tsøn⁵³、准 tsøn³¹、润 jøn³¹、律 løt²、出 tsʰøt²。

（12）宕摄开口一等和合口一、三等字以及江摄开口二等字读作 ɔŋ/ɔk 韵母，宕摄开口三等泥来母、精组、见组字读作 iɔŋ/iɔk 韵母，其他声类读作 ɔŋ/ɔk 韵母，例如：旁 pʰɔŋ²²、浪 lɔŋ⁵³、想 siɔŋ³¹、长 tsʰɔŋ²²、姜 kiɔŋ³⁴、香 sɔŋ³⁴、光 kɔŋ³⁴、放 fɔŋ⁵³、讲 kɔŋ³¹、学 hɔk⁵。

（13）曾摄开口一、三等韵大多数字读音有别，一等为 en/et 韵母，如：朋 pʰen²²、德 tet²、黑 het²、肯 hen³¹、北 pet²、灯 ten³⁴、增 tsen³⁴、塞 set²；三等为 in/it 韵母，如：冰 pin³⁴、蒸 tsin³⁴、升 sin³⁴、兴 hin³⁴、食 sit⁵、色 sit²、力 lit⁵。有个别字读作 ɐŋ/ɐk 或 aŋ/ak 韵尾，例如：默 mɐk⁵、赠 tsɐŋ³¹、肋 lak⁵、层 tsʰɐŋ²²、橙 tsʰaŋ²²、测 tsʰɐk⁵。

（14）梗摄开口二等字大多读作 aŋ/ak 韵母，个别文读音为 in/it 韵母，例如：冷 laŋ³⁴、生 saŋ³⁴、争 tsaŋ³⁴、隔 kak²、耿 kin³¹、幸 sin³¹；还有个别字读作 ɐŋ/ɐk 韵母，如：亨 hɐŋ³⁴、杏 hɐŋ³¹、莺 ŋɐŋ³⁴。开口三、四等字有文白读两个层次，白读为 ŋ/k 韵尾，文读为 n/t 韵尾。如：平~和~ pʰin²²、平~地 pʰiaŋ²²、京 kin³⁴、惊 kiaŋ³⁴、丁 tin³⁴、钉 tiaŋ³⁴、剔 tʰit²、踢 tʰiak²。

（15）通摄一、三等混同，读为 oŋ/ok 韵母，如：鹿 lok⁵、洞 tʰoŋ³¹、公 koŋ³⁴、丰 foŋ³⁴、缩 sok²、菊 kok²、从 tsʰoŋ²²。

## （三）声调特点

（1）平分阴阳，古清声母字念阴平，古浊声母字念阳平。此外部分次浊上字归入阴平，例如：马 ma³⁴、码 ma³⁴、野 ja³⁴、惹 ŋia³⁴、旅 lui³⁴、买 mai³⁴、理 li³⁴、语 ji³⁴、每 mɔi³⁴、美 mi³⁴、尾 mui³⁴、咬 ŋau³⁴、有 jiu³⁴、懒 lan³⁴、软 jɔn³⁴、满 man³⁴、冷 laŋ³⁴。部分全浊上字也归入阴平，例如：坐 tsʰɔ³⁴、社 sa³⁴、被（被子）pʰi³⁴、舅 kʰiu³⁴、旱 hɔn³⁴、艇 tʰiaŋ³⁴、上 sɔŋ³⁴、重 tsʰoŋ³⁴。黄雪贞（1988）提出客家话声调的显著特点在于古次浊上声与全浊上声都有部分字读阴平，且其中次浊声母比全浊声母读阴平的字数多，此可互为印证。

（2）上声只有一类，包括古清上字及部分次浊上字。如：火 fɔ³¹、九 kiu³¹、总 tsoŋ³¹、女 lui³¹、远 jɛn³¹、勇 joŋ³¹、瓦 ŋa³¹、耳 ŋi³¹、网 mɔŋ³¹。部分全浊上字也读入上声，例如：技 ki³¹、惰 tʰɔ³¹、巨 kui³¹、跪 kʰui³¹、祸 vɔ³¹、户 vu³¹、部 pʰu³¹、父 fu³¹、聚 tsʰui³¹、竖 su³¹、尽 tsʰøn³¹、动 tʰoŋ³¹。部分浊去字也读入上声，如：步 pʰu³¹、阵 tsʰin³¹、认 ŋin³¹、饿 ŋɔ³¹、贺 hɔ³¹、岸 ŋɔn³¹、电 tʰiɛn³¹。

（3）去声只有一类，包括古清去和部分浊去字，如：布 pu⁵³、兔 tʰu⁵³、镇 tsin⁵³、趁 tsʰin⁵³、印 jin⁵³、墓 mu⁵³、露 lu⁵³、问 mun⁵³、面 miɛn⁵³。部分全浊上字也归去声，如：道 tʰau⁵³、造 tsʰau⁵³、士 su⁵³、善 siɛn⁵³。

（4）入声分阴入和阳入两类，总体而言古浊入字归阳入，古清入字归阴入。在调值上，阴入低而阳入高。古次浊入字两分，部分读为阴入调，如：粒 lep²、额 ŋak²、日 ŋit²、乐 lɔk²、鳄 ŋɔk²、岳 ŋɔk²、袜 mat²、木 mok²、目 mok²、肉 jok²、育 jok²、欲 jok²、辱 jok²；部分读为阳入调，如：腊 lap⁵、叶 jap⁵、入 ŋip⁵、月 ŋiɛt⁵、辣 lat⁵、密 mit⁵、立 lip⁵、力 lit⁵、脉 mak⁵、逆 ŋak⁵、落 lɔk⁵、绿 lok⁵、玉 jok⁵。个别全浊入字读为阴入调，如：夺 tʰɔt²、蜀 sok²、杰 kiɛt²、服 fok²、伏 fok²；个别清入字读为阳入调，如：洽 hap⁵、乞 hɛt⁵、测 tsʰak⁵、亿 jit⁵。

## 二、北洲客方言语音的方言岛特征

南海和顺北洲客家人从花县迁至南海有一百多年，其方言仍然保留着比较典型的客家话特征，譬如古全浊声母不论平仄一律读为送气音；非组部分口语常用字仍然保留重唇音读法，如：分 pin³⁴、粪 pun⁵³、肺 pʰui⁵³、吠 pʰɔi³¹；没有撮口呼韵母，遇摄部分字读如止摄；部分古浊上字读入阴平调；调值表现为阴入低阳入高；等等。和顺北洲村由于客家人口少，而且处于粤方言村落的包围之中，成为典型的客家方言岛。北洲客家人熟练掌握粤语，他们对内使用客家话，对外使用粤语。此外通婚也使粤语渗透到北洲村之中，因为嫁入的妇女大多为粤语使用者，而下一代又多从母亲一方习得粤语，导致家庭内部方言由单一的客家话转变为粤语客家话双方言甚至发生方言转换。因此南海和顺北洲客家话不可避免地掺杂了一些粤语的成分，表现出方言岛特征，主要有如下几点：

（1）溪母字不论开合口客家方言多读为 kʰ 声母，北洲客家话溪母字合口有不少字念 f 声母，如：科 fɔ³⁴、课 fɔ⁵³、苦 fu³¹、裤 fu⁵³、阔 fat²。溪母开口字有部分念作 h 声母，如：开 hɔi³⁴、巧 hau³¹、口

heu³¹、庆 hin⁵³，与粤方言相同。

（2）疑母细音字及日母字客家方言一般读为鼻音声母 ŋ，而北洲客家话部分字念 j 声母，例如：遇 ji³¹、宜 ji²²、任 jim³¹、忍 jin³¹、玉 jok⁵。

（3）北洲客家话具有以 ɐ/ø 为主要元音的韵母，这在纯客地区的客家方言中不多见，反倒与粤方言表现一致，如：垦 hɐn³¹、更 kɐŋ³⁴、乞 hɐt⁵、层 tsʰɐŋ²²、橙 tsʰaŋ²²、测 tsʰɐk⁵、邻 lɐn²²、进 tsøn⁵³、春 tsʰøn³⁴、律 løt²、出 tsʰøt²、卒 tsøt²。在口语中某些止摄合口字韵母常读如粤语，如：水 søy³¹、嘴 tsøy³¹。

（4）北洲客家话有一些次浊入字读为阴入调，如：乐 lɔk²、鳄 ŋɔk²、岳 ŋɔk²、欲 jok²、辱 jok²；甚至有个别全浊入字也读为阴入调，如：夺 tʰɔt²、蜀 sok²、杰 kiɛt²、服 fok²、伏 fok²。有个别清入字则读为阳入调，如：洽 hap⁵、乞 hɐt⁵、测 tsʰak⁵、亿 jit⁵。上述字的声调与梅县客家话相异，反而与粤语相同。

（5）北洲客家话有部分全浊声母字读不送气声母，如：暴 pau³¹、具 kui³¹、巨 kui³¹、杰 kiɛt²，这些字在客家话中一般读送气声母。

# 第六章　南海粤方言音韵特征比较

## 第一节　南海粤方言声母特征比较

### 一、南海粤方言声母的共性特征

1. 南海粤方言 9 个点共有的特征包括：

（1）古全浊声母今读塞音、塞擦音字主要表现为平、上声念送气清音，去、入声念不送气清音；

（2）古非、敷、奉母一般读 f 声母，部分口语常用字念双唇音；

（3）古明、微母合流读为 m 声母；

（4）古溪母、晓母合口一般读 f 声母；

（5）古见系字不论洪音细音，今读为 k、$k^h$、h 声母。

2. 南海粤方言 8 个点共有特征：古精、知、庄、章组声母合流，读作 ts、$ts^h$、s 声母。

上述特征是南海粤方言与广州话的共性特征。

沙头和九江两地出现个别变化。沙头古精组字多读作 t、$t^h$、s 声母，古知、庄、章组读作 ts、$ts^h$、s 声母；九江流、臻、深三摄的三等开口见系字，读为 ts、$ts^h$ 声母，与一等见系字 k、$k^h$ 声母形成对立。

3. 南海粤方言 5 个点共有特征包括：

（1）古帮、端组以及部分从母、崇母、船母口语常用字今读平、上声念为不送气清音；

（2）古船、禅母常用字读塞擦音声母；

（3）古溪母、晓母部分合口常用字读 w 声母，念同匣母；

（4）古疑母一、二等读为 ŋ 声母，与古影母读零声母有别。

4. 南海粤方言 4 个点共有特征：古云、以母口语常用字多读 h 声母。

5. 南海粤方言 3 个点共有特征：古泥、娘母读作 n 声母，古来母读作 l 声母，两者从分。

上列 3—5 点特征不见于广州话，是南海粤方言区别于广州话的主要特征。

## 二、南海粤方言声母的区域特征

（一）南片粤方言声母的区域特征

1. 南片粤方言声母共同特征包括：

（1）古帮、端组以及部分从母、崇母、船母口语常用字今读平、上声念为不送气清音；

（2）古船、禅母常用字读塞擦音声母；

（3）古溪母、晓母部分合口常用字读 w 声母，念同匣母；

（4）古疑母一、二等读为 ŋ 声母，与古影母读零声母有别；

（5）古云、以母口语常用字多读 h 声母。

上述特征区别于北片粤方言和东片粤方言以及广州话。

2. 南片粤方言声母内部差异特征有：

桂城："古云、以母口语常用字多读 h 声母"这一读音层次消失。

九江：（1）古透母及古定母今读平、上声字为 h 声母，没有"古帮、端组以及部分从母、崇母、船母口语常用字今读平、上声念为不送气清音"的特征；（2）流、臻、深三摄的三等开口见系字，读为 ts、$ts^h$ 声母，与一等见系字 k、$k^h$ 声母形成对立；（3）部分古匣母合口字读为 f 声母，念同晓母。例如：禾 $fa^{31}$、胡 $fu^{31}$、壶 $fu^{31}$、会 $fui^{25}$、回 $fui^{31}$、换 $fun^{22}$、活 $fut^2$、黄 $fœŋ^{31}$、镬 $fœk^2$，这部分字广州话读作 w 声母。

沙头：（1）古精组字多读作 t、$t^h$、s 声母，古知、庄、章组读作 ts、$ts^h$、s 声母；（2）部分古匣母合口字读为 f 声母，念同晓母。这部分字广州话读作 w 声母。

西樵：古非组、溪、晓、匣母部分合口字读为 h 声母。例如：麸 $hu^{52}$、扶 $hu^{31}$、裤 $hu^{33}$、呼 $hu^{52}$、阔 $hut^3$、欢 $hun^{52}$、湖 $hu^{31}$、壶 $hu^{31}$、护 $hu^{22}$、回 $hui^{31}$、换 $hun^{22}$、活 $hut^2$。这部分字广州话读作 f/w 声母。

丹灶：个别古溪、晓、匣母合口字读为 h 声母。例如：裤 $hu^{33}$、虎 $hu^{25}$、胡 $hu^{31}$、灰 $hui^{52}$。这部分字广州话读作 f/w 声母。

## （二）北片粤方言声母的区域特征

1. 北片粤方言声母共同特征包括：
（1）古泥、娘母混同于来母，读作 l 声母；
（2）古船、禅母常用字读擦音声母；
（3）古溪母、晓母合口字读 f 声母，与匣母读 w 声母有别；
（4）古影母读 ŋ 声母，混同于古疑母一、二等韵；
（5）古云、以母字读 j 声母。

2. 北片粤方言声母内部差异特征有：
狮北：古帮、端组以及部分从母、崇母、船母口语常用字今读平、上声念为不送气清音。

## (三) 东片粤方言声母的区域特征

1. 东片粤方言声母共同特征包括：
（1）古泥、娘母混同于来母，读作 l 声母；
（2）古船、禅母常用字读擦音声母；
（3）古溪母、晓母合口字读 f 声母，与匣母读 w 声母有别；
（4）古影母读 ŋ 声母，混同于古疑母一、二等韵；
（5）古云、以母字读 j 声母。

2. 东片粤方言的声母特点完全相同，没有内部差异，且与广州话一致。

**南海粤方言声母特征对照表**

| | 桂城 | 西樵 | 丹灶 | 九江 | 沙头 | 大榄 | 狮北 | 大沥 | 里水 | 广州 |
|---|---|---|---|---|---|---|---|---|---|---|
| 古全浊声母今读塞音、塞擦音字主要表现为平、上声念送气清音，去、入声念不送气清音 | + | + | + | + | + | + | + | + | + | + |
| 古帮、端组以及部分从母、崇母、船母口语常用字今读平、上声念为不送气清音 | + | + | + | - | + | - | + | - | - | - |

(续上表)

| | 桂城 | 西樵 | 丹灶 | 九江 | 沙头 | 大榄 | 狮北 | 大沥 | 里水 | 广州 |
|---|---|---|---|---|---|---|---|---|---|---|
| 古非、敷、奉母一般读 f 声母，部分口语常用字念双唇音 | + | + | + | + | + | + | + | + | + | + |
| 古明、微母合流读为 m 声母 | + | + | + | + | + | + | + | + | + | + |
| 古泥、娘母读作 n 声母，古来母读作 l 声母，两者从分 | + | − | − | + | + | − | − | − | − | − |
| 古精、知、庄、章组声母合流，读作 ts、tsʰ、s 声母 | + | + | + | + | − | + | + | + | + | + |
| 古船、禅母常用字读塞擦音声母 | + | + | + | + | + | − | − | − | − | − |
| 古见系字不论洪音细音，今读为 k、kʰ、h 声母 | + | + | + | +/− | + | + | + | + | + | + |
| 古溪母、晓母合口一般读 f 声母 | + | + | + | + | + | + | + | + | + | + |
| 古溪母、晓母部分合口常用字读 w 声母，念同匣母 | + | + | + | + | + | − | − | − | − | − |
| 古疑母一、二等读为 ŋ 声母，与古影母读零声母有别。 | + | + | + | + | + | − | − | − | − | − |
| 古云、以母口语常用字多读 h 声母 | − | + | + | + | + | − | − | − | − | − |

## 第二节　南海粤方言韵母特征比较

### 一、南海粤方言韵母的共性特征

1. 南海粤方言 9 个点共有特征包括：

（1）果摄字读作 ɔ 韵母；

（2）蟹摄开口一等字与二等字韵母有别；

（3）臻摄字韵母有 ɐn/ɐt—øn/øt 之别；

（4）基本保存古阳、入声韵尾 -m/-p、-n/-t、-ŋ/-k 的配对（沙头有个别变异）；

（5）梗摄开口字有文白两读。

以上几项是南海粤方言与广州话的共性特征。

2. 南海粤方言 8 个点共有特征包括：

（1）止摄开口精、庄组韵母为 y，知、章组韵母为 i（里水除外）；

（2）效摄、咸摄、山摄二等韵元音多变读为 ɛ（里水除外）；

（3）山摄开口一等见系字与其他声类韵母有别（九江除外）。

第一、二项特征在南海粤方言中具有普遍性，是南海方言区别于广州话的主要特征。第三特征是南海粤方言与广州话的共性特征。

3. 南海粤方言 7 个点共有特征包括：

（1）果摄常用字为 œ 韵母；

（2）咸摄开口一等见系字与深摄见系字韵母有别。

这两项特征在南海粤方言中具有普遍性，是南海方言区别于广州话的主要特征。

4. 南海粤方言6个点共有特征包括：

（1）蟹摄合口三等舌齿音字与一等字韵母有别；

（2）效摄开口一等韵母与二等有别。

第一项特征在南海粤方言中较普遍，是南海粤方言区别于广州话的次要特征。第二项特征是南海粤方言与广州话的共性特征。

5. 南海粤方言4个点共有特征包括：

（1）遇摄合口三等泥来母、精组和见溪群晓母字读单元音韵母 y；

（2）止摄开口帮组、端组、泥来母、见系字和合口非组字读单元音韵母 i；

（3）曾摄三等韵和梗摄三四等文读变读为 -n/-t 韵尾。

6. 南海粤方言3个点共有特征：遇摄合口一等唇音、舌齿音字和合口三等微母、生母字读单元音韵母 u。

以上5—6点所列特征在南片粤方言中具有普遍性，是南片粤方言区别于东片粤方言、北片粤方言及广州话的主要特征。

## 二、南海粤方言韵母的区域特征

（一）南片粤方言韵母的区域特征

1. 南片粤方言共同特征包括：

（1）遇摄合口三等泥来母、精组和见溪群晓母字读单元音韵母 y；

（2）止摄开口帮组、端组、泥来母、见系字和合口非组字读单元音韵母 i；

（3）遇摄合口一等唇音、舌齿音字和合口三等微母、生母字读单元音韵母 u；

（4）止摄开口精、庄组韵母为 y，知、章组韵母为 i；

（5）效摄、咸摄、山摄二等韵元音多变读为 ε；

（6）曾摄三等韵和梗摄三四等文读多为 –n/ –t 韵尾；

（7）蟹摄合口三等舌齿音字与一等字韵母有别；

（8）咸摄开口一等见系字与深摄见系字韵母有别。

2. 南片粤方言内部差异特征有：

桂城：（1）遇、止摄已经裂化，读为复合元音韵母；（2）曾摄三等韵和梗摄三四等文读为 –ŋ/ –k 韵尾。

九江：（1）果摄合口见系字读作 a 韵母，读同假摄合口二等字；（2）效摄开口一等混同于二等韵；（3）山摄开口一等见系与其他声类韵母读音一致；（4）曾摄三等韵和梗摄三四等文读为 –ŋ/ –k 韵尾。

沙头：韵尾发生了变异，表现为：山摄开口一二等、合口二等、合口三等唇音字阳声韵变读为 –ŋ 韵尾，山摄开口一等见系入声韵变读为 –k 韵尾，宕摄、江摄读为 –ŋ/ –ʔ 韵尾，曾摄一等为 –n/ –ʔ 韵尾，三等为 –n/ –t 韵尾，梗摄二等为 –ŋ/ –ʔ 韵尾，三四等文读为 –n/ –t 韵尾，白读为 –ŋ/ –ʔ 韵尾。

## （二）北片粤方言韵母的区域特征

1. 北片粤方言韵母的共同特征包括：

（1）效摄开口一等韵母混同于二等；

（2）遇摄合口三等泥来母、精组和见溪群晓母字读复元音韵母 øy；

（3）止摄开口帮组、端组、泥来母、见系字和合口非组字读复元音韵母 ei；

（4）遇摄合口一等唇音、舌齿音字和合口三等微母、生母字读复元音韵母 ou；

（5）止摄开口精、庄组韵母为 y，知、章组韵母为 i；
（6）效摄、咸摄、山摄二等韵元音多变读为 ε；
（7）咸摄开口一等见系混同于深摄见系字韵母；
（8）曾摄三等韵和梗摄三四等文读为 -ŋ/-k 韵尾。

北片粤方言的韵母特点几乎一致，第一项属于该片粤方言的典型性特征，区别于南片粤方言和东片粤方言。

2. 北片粤方言韵母的内部差异特征有：

大榄：部分蟹摄合口一等字读 ɔi 韵母，与合口三等舌齿音字有别。

（三）东片粤方言韵母的区域特征

1. 东片粤方言韵母的共同特征包括：
（1）咸摄开口一等见系除个别字外，混同于深摄见系；
（2）遇摄合口三等泥来母、精组和见溪群晓母字读复元音韵母 øy；
（3）止摄开口帮组、端组、泥来母、见系字和合口非组字读复元音韵母 ei；
（4）遇摄合口一等唇音、舌齿音字和合口三等微母、生母字读复元音韵母 ou；
（5）蟹摄合口三等舌齿音字混同于一等韵；
（6）效摄开口一等与二等韵母为 ou-au 之别。

东片粤方言的韵母特点一致性较高。

2. 东片粤方言韵母的内部差异特征有：

大沥：（1）止摄开口精、庄组韵母为 y，知、章组韵母为 i；（2）效摄、咸摄、山摄二等韵元音多变读为 ε；（3）曾摄三等韵和梗摄三四等文读变读为 -n/-t 韵尾。

里水的韵母特征与广州话几乎相同，只有咸摄开口一等见系个别字读作 om/op，由此区别于广州话。

**南海粤方言韵母特征对照表**

| | 桂城 | 西樵 | 丹灶 | 九江 | 沙头 | 大榄 | 狮北 | 大沥 | 里水 | 广州 |
|---|---|---|---|---|---|---|---|---|---|---|
| 果摄为 ɔ 韵母 | + | + | + | +/- | + | + | + | + | + | + |
| 果摄常用字为 œ 韵母 | + | + | + | - | + | + | + | +/- | - | - |
| 遇摄合口一等唇音、舌齿音字和合口三等微母、生母字读单元音韵母 u | - | + | + | +/- | - | - | - | - | - | - |
| 遇摄合口三等泥来母、精组和见溪群晓母字读单元音韵母 y | - | + | + | +/- | +/- | - | - | - | - | - |
| 止摄开口帮组、端组、泥来母、见系和合口非组字读单元音韵母 i | - | + | + | +/- | +/- | - | - | - | - | - |
| 蟹摄开口一等与二等韵有别 | + | + | + | + | + | + | + | + | + | + |
| 蟹摄合口三等舌齿音字与一等韵有别 | +/- | + | +/- | + | +/- | - | - | - | - | - |
| 止摄开口精、庄组韵母为 y，知、章组韵母为 i | + | + | + | + | + | + | + | + | - | - |

(续上表)

| | 桂城 | 西樵 | 丹灶 | 九江 | 沙头 | 大榄 | 狮北 | 大沥 | 里水 | 广州 |
|---|---|---|---|---|---|---|---|---|---|---|
| 效摄开口一等与二等韵有别 | +<br>ou–au | +<br>u–au | +<br>u–au | −<br>au | +<br>ɔ–au | −<br>au | −<br>au | +<br>ou–au | +<br>ou–au | +<br>ou–au |
| 效摄、咸摄、山摄二等韵元音多变读为ɛ | + | + | + | + | + | + | + | + | − | − |
| 基本保存古阳、入声韵尾 –m/–p、–n/–t、–ŋ/–k 的配对 | + | + | + | + | +/− | + | + | + | + | + |
| 曾摄三等韵和梗摄三四等文读变读为 –n/–t 韵尾 | − | + | + | − | + | − | − | + | − | − |
| 咸摄开口一等见系与深摄见系韵母有别 | +<br>ɔm/ɔp<br>−<br>ɐm/ɐp | +<br>ɔm/ɔp<br>−<br>ɐm/ɐp | +<br>ɔm/ɔp<br>−<br>ɐm/ɐp | +<br>ɔm/ɔp<br>−<br>ɐm/ɐp | +/−<br>am/ap<br>−<br>ɐm/ɐp | −<br>ɐm/ɐp | −<br>ɐm/ɐp | +/−<br>ɔm/ɔp<br>−<br>ɐm/ɐp | +/−<br>ɔm/ɔp<br>−<br>ɐm/ɐp | −<br>ɐm/ɐp |
| 山摄开口一等见系与其他声类韵母有别 | + | + | + | − | + | + | + | + | + | + |
| 臻摄韵母有 ɐn/ɐt—øn/øt 之别 | + | + | + | + | + | + | + | + | + | + |
| 梗摄开口有文白两读 | + | + | + | + | + | + | + | + | + | + |

## 第三节　南海粤方言声调特征比较

### 一、南海粤方言声调的调型特征

#### （一）南海粤方言声调的总体调型特征

通过对照南海粤方言声调的调型调值，分析出南海粤方言声调的调型特征如下：

（1）阴平多数点为高降调，九江、沙头两地为高微升调，大榄为低平调；

（2）阳平南片粤方言为中降调，该特征区别于北片、东片粤方言以及广州话的阳平低降调；

（3）阴上所有点为高升调；

（4）阳上大部分点为低升调，九江阳上与阴上合并，为高升调；

（5）阴去所有点为中平调；

（6）阳去大部分点为低平调，九江为低升调；

（7）阴入分两类，阳入一类，阴入为高、中调，阳入为低调。

**南海粤方言声调调值对照表**

|    | 桂城 | 西樵 | 丹灶 | 九江 | 沙头 | 大榄 | 狮北 | 大沥 | 里水 | 广州 |
|----|----|----|----|----|----|----|----|----|----|----|
| 阴平 | 52 | 52 | 52 | 45 | 45 | 22 | 52 | 52 | 52 | 52 |
| 阳平 | 31 | 31 | 31 | 31 | 42 | 21 | 21 | 21 | 21 | 21 |

(续上表)

| | 桂城 | 西樵 | 丹灶 | 九江 | 沙头 | 大榄 | 狮北 | 大沥 | 里水 | 广州 |
|---|---|---|---|---|---|---|---|---|---|---|
| 阴上 | 25 | 25 | 25 | 25 | 25 | 24 | 25 | 25 | 25 | 25 |
| 阳上 | 13 | 13 | 13 | 25 | 13 | 13 | 13 | 13 | 13 | 13 |
| 阴去 | 33 | 33 | 33 | 33 | 33 | 33 | 33 | 33 | 33 | 33 |
| 阳去 | 22 | 22 | 22 | 13 | 22 | 22 | 22 | 22 | 22 | 22 |
| 上阴入 | 5 | 5 | 5 | 5 | 5 | 5 | 5 | 5 | 5 | 5 |
| 下阴入 | 3 | 3 | 3 | 3 | 3 | 3 | 3 | 3 | 3 | 3 |
| 阳入 | 2 | 2 | 2 | 2 | 2 | 2 | 2 | 2 | 2 | 2 |

## （二）南海粤方言声调的区域调型特征

1. 南片粤方言声调的调型特征

南片粤方言声调的调型特征包括：

（1）桂城、丹灶、西樵的调型一致，平声为降调，上声为升调，去声为平调，入声三分，阴高阳低；

（2）阳平一律为中降调，区别于北片和东片方言的低降调；

（3）沙头除阴平为高微升调外，其他声调与桂城等地一致；

（4）九江较为特殊，阴平为高微升调，阳上为高升调，阳去为低升调。

2. 北片粤方言声调的调型特征

北片粤方言声调的调型特征包括：

（1）阴平狮北为高降调，大榄为低平调；

（2）阳平为降调，上声为升调，去声为平调；

（3）入声三分，阴高阳低。

3. 东片方言声调的调型特征

东片方言声调的调型特征包括：

（1）阴平为高降调，阳平为低降调，阴上声为高升调，阳上为低升调，阴去为中平调，阳去为低平调；

（2）入声三分，阴高阳低。

## 二、南海粤方言声调的调类特征

### （一）南海粤方言声调的总体调类特征

南海粤方言声调的总体调类特征包括：

（1）古四声均大致依古声母清、浊分为阴、阳两类，而阴入再大致依元音分两类；

（2）古全浊上字今读主要分为阳去和阳上两类；

（3）古次浊上声字多数方言点读阳上调；

（4）大多数方言点有3个变调，包括两个舒声变调以及一个入声变调。

### （二）南海粤方言声调的区域调类特征

1. 南片粤方言声调的调类特征

南片粤方言声调的调类特征包括：

（1）古四声均大致依古声母清、浊分为阴、阳两类，而阴入再大致依元音分两类，分9个声调，九江上声不分阴阳，只有8个声调；

（2）古全浊上字今读主要分为阳去和阳上（九江归入上声）两类；

（3）古次浊上声字读入阳上调（九江归入上声）；

（4）多数点变调主要有3个，包括两个舒声变调以及一个入声变调，九江变调不发达。

2. 北片粤方言声调的调类特征

北片粤方言声调的调类特征包括：

（1）古四声均大致依古声母清、浊分为阴、阳两类，而阴入再大致依元音分两类，狮北分9个声调，大榄阴平与阳去合并，只有8个声调；

（2）古全浊上字今读主要分为阳去和阳上两类；

（3）古次浊上声字大多读入阳上调，口语常用字读入阴上调；

（4）变调主要有3个，包括两个舒声变调以及一个入声变调。

该片方言"古次浊上声口语常用字读入阴上调"区别于南片、东片粤方言以及广州话。

3. 东片粤方言声调的调类特征

东片粤方言声调的调类特征包括：

（1）古四声均大致依古声母清、浊分为阴、阳两类，而阴入再大致依元音分两类，分9个声调；

（2）古全浊上字今读主要分为阳去和阳上两类；

（3）古次浊上声字读入阳上调；

（4）变调主要有3个，包括两个舒声变调以及一个入声变调。

总体而言，南片粤方言和北片粤方言的声调特征都有些许变异，区别于广州话。东片粤方言的声调特征与广州话完全一致。

**南海粤方言声调特征对照表**

| | 桂城 | 西樵 | 丹灶 | 九江 | 沙头 | 大榄 | 狮北 | 大沥 | 里水 | 广州 |
|---|---|---|---|---|---|---|---|---|---|---|
| 古四声均大致依古声母清、浊分为阴、阳两类,而阴入再大致依元音分两类 | + | + | + | +/− | + | +/− | + | + | + | + |
| 古全浊上字今读主要分为阳去和阳上两类。 | + | + | + | +/− | + | + | + | + | + | + |
| 古次浊上声字读阳上调 | + | + | + | − | + | +/− | +/− | + | + | + |
| 变调主要有3个,包括两个舒声变调以及一个入声变调 | + | + | + | − | + | + | + | + | + | + |

# 第七章 结 论

## 第一节 南海粤方言的音韵特征

### 一、南海粤方言音韵的共同特征

1. 南海粤方言声母的共同特征

南海粤方言声母的共同特征有：

（1）古全浊声母今读塞音、塞擦音字主要表现为平、上声念送气清音，去、入声念不送气清音；

（2）古非、敷、奉母一般读 f 声母，部分口语常用字念双唇音；

（3）古明、微母合流读为 m 声母；

（4）古溪母、晓母合口一般读 f 声母；

（5）古见系字不论洪音细音，今读为 k、$k^h$、h 声母。

2. 南海粤方言韵母的共同特征

南海粤方言韵母的共同特征有：

（1）果摄字读作 ɔ 韵母；

（2）蟹摄开口一等字与二等字韵母有别；

（3）臻摄字韵母有 ɐn/ɐt—øn/øt 之别；

（4）基本保存古阳、入声韵尾 –m/–p、–n/–t、–ŋ/–k 的配对（沙头有个别变异）；

（5）梗摄开口字有文白两读。

3. 南海粤方言声调的共同特征

南海粤方言声调的共同特征有：

（1）古四声均大致依古声母清、浊分为阴、阳两类，而阴入再大致依元音分两类，有8到9个声调；

（2）调型基本一致，多数点的调型为：平声降调，上声升调，去声平调，入声三分，阴高阳低；

（3）古全浊上字今读主要分为阳去和阳上（上声）两类；

（4）除九江变调不发达外，其余方言点均有3个变调，包括两个舒声变调以及一个入声变调。

## 二、南海粤方言音韵的区域特征

（一）南片粤方言的音韵区域特征

1. 南片粤方言声母的区域特征

南片粤方言声母的区域特征有：

（1）古帮、端组以及部分从母、崇母、船母口语常用字今读平、上声念为不送气清音；

（2）古船、禅母常用字读塞擦音声母；

（3）古溪母、晓母部分合口常用字读 w 声母，念同匣母；

（4）古疑母一、二等读为 ŋ 声母，与古影母读零声母有别；

（5）古云、以母口语常用字多读 h 声母。

2. 南片粤方言韵母的区域特征

南片粤方言韵母的区域特征有：

（1）遇摄合口三等泥来母、精组和见溪群晓母字读单元音韵母 y；

（2）止摄开口帮组、端组、泥来母、见系字和合口非组字读单元音韵母 i；

（3）遇摄合口一等唇音、舌齿音字和合口三等微母、生母字读单元音韵母 u。

（4）止摄开口精、庄组韵母为 y，知、章组韵母为 i；

（5）效摄、咸摄、山摄二等韵元音多变读为 ε；

（6）曾摄三等韵和梗摄三四等文读变读为 -n/-t 韵尾；

（7）蟹摄合口三等舌齿音字与一等字韵母有别；

（8）咸摄开口一等见系字与深摄见系字韵母有别。

3. 南片粤方言声调的区域特征

南片粤方言声调的区域特征有：

（1）古四声均大致依古声母清、浊分为阴、阳两类，而阴入再大致依元音分两类，分 9 个声调，九江上声不分阴阳，只有 8 个声调；

（2）阳平一律为中降调，上声为升调，去声为平调；入声三分，阴高阳低；

（3）古全浊上字今读主要分为阳去和阳上（九江归入上声）两类；

（4）古次浊上声字读入阳上调（九江归入上声）；

（5）多数点变调主要有 3 个，包括两个舒声变调以及一个入声变调，九江变调不发达。

（二）北片粤方言的音韵区域特征

1. 北片粤方言声母的区域特征

北片粤方言声母的区域特征有：

（1）古泥、娘母混同于来母，读作 l 声母；

（2）古船、禅母常用字读擦音声母；

（3）古溪母、晓母合口字读 f 声母，与匣母读 w 声母有别；

（4）古影母读 ŋ 声母，混同于古疑母一、二等韵；

（5）古云、以母字读 j 声母。

2. 北片粤方言韵母的区域特征

北片粤方言韵母的区域特征有：

（1）效摄开口一等韵母混同于二等；

（2）遇摄合口三等泥来母、精组和见溪群晓母字读复元音韵母 øy；

（3）止摄开口帮组、端组、泥来母、见系字和合口非组字读复元音韵母 ei；

（4）遇摄合口一等唇音、舌齿音字和合口三等微母、生母字读复元音韵母 ou；

（5）止摄开口精、庄组韵母为 y，知、章组韵母为 i；

（6）效摄、咸摄、山摄二等韵元音多变读为 ɛ；

（7）咸摄开口一等见系混同于深摄见系字韵母；

（8）曾摄三等韵和梗摄三四等文读为 -ŋ/-k 韵尾。

3. 北片粤方言声调的区域特征

北片粤方言声调的区域特征有：

（1）古四声均大致依古声母清、浊分为阴、阳两类，而阴入再大致依元音分两类，狮北分 9 个声调，大榄阴平与阳去合并，只有 8 个声调；

（2）阳平为降调，上声为升调，去声为平调；入声三分，阴高阳低；

（3）古全浊上字今读主要分为阳去和阳上两类；

（4）古次浊上声字大多读入阳上调，口语常用字读入阴上调；

（5）变调主要有 3 个，包括两个舒声变调以及一个入声变调。

## （三）东片粤方言的音韵区域特征

1. 东片粤方言声母的区域特征

东片粤方言声母的区域特征有：

（1）古泥、娘母混同于来母，读作 l 声母；

（2）古船、禅母常用字读擦音声母；

（3）古溪母、晓母合口字读 f 声母，与匣母读 w 声母有别；

（4）古影母读 ŋ 声母，混同于古疑母一、二等韵；

（5）古云、以母字读 j 声母。

2. 东片粤方言韵母的区域特征

东片粤方言韵母的区域特征有：

（1）咸摄开口一等见系除个别字外，混同于深摄见系；

（2）遇摄合口三等泥来母、精组和见溪群晓母字读复元音韵母 øy；

（3）止摄开口帮组、端组、泥来母、见系字和合口非组字读复元音韵母 ei；

（4）遇摄合口一等唇音、舌齿音字和合口三等微母、生母字读复元音韵母 ou；

（5）蟹摄合口三等舌齿音字混同于一等韵；

（6）效摄开口一等与二等韵母为 ou – au 之别。

3. 东片粤方言声调的区域特征

东片粤方言声调的区域特征有：

（1）古四声均大致依古声母清、浊分为阴、阳两类，而阴入再大致依元音分两类，分9个声调。

（2）阴平为高降调，阳平为低降调，阴上声为高升调，阳上为低升调，阴去为中平调，阳去为低平调；入声三分，阴高阳低。

（3）古全浊上字今读主要分为阳去和阳上两类。

（4）古次浊上声字读入阳上调。

（5）变调主要有3个，包括两个舒声变调以及一个入声变调。

## 第二节　南海粤方言与周边粤方言的关系

### 一、南海粤方言的典型特征

典型特征是指片区内较普遍、较一致而片区外缺乏或不普遍的特征，可作为辨识各片区方言的主要依据。

（一）南片粤方言的典型特征

南片粤方言的典型特征包括：

（1）古帮、端组以及部分从母、崇母、船母口语常用字今读平、上声念为不送气清音；

（2）古船、禅母常用字读塞擦音声母；

（3）古溪母、晓母部分合口常用字读 w 声母，念同匣母；

（4）古疑母一、二等读为 ŋ 声母，与古影母读零声母有别；

（5）古云、以母口语常用字多读 h 声母；

（6）遇、止摄韵母多未裂化，保留单元音韵母 y、u、i；

（7）曾摄三等韵和梗摄三四等文读变读为 – n/ – t 韵尾；
（8）蟹摄合口三等舌齿音字与一等字韵母有别；
（9）咸摄开口一等见系字与深摄见系字韵母有别。
（10）阳平一律为中降调。

上述特征在南片粤方言中具有普遍性，区别于北片粤方言、东片粤方言以及广州话。彭小川（2004）把桂城、沙头和九江分立为三片。本书根据南片方言的共同特征，将桂城、沙头、九江合并为一片，沙头和九江具有个别特征，可归属为南片粤方言中的次方言。

（二）北片粤方言的典型特征

北片粤方言的典型特征包括：
（1）效摄开口一等韵母读作 au，混同于二等；
（2）古次浊上声口语常用字读入阴上调。
以上特征区别于南片粤方言、东片粤方言以及广州话。

（三）东片粤方言的典型特征

东片粤方言的典型特征主要表现在声调上：阴平为高降调，阳平为低降调，阴上声为高升调，阳上为低升调，阴去为中平调，阳去为低平调，入声三分，阴高阳低。调型调值与广州话完全一致，具有很突出的广州口音。

若以广州话为对照点而言，南片粤方言的典型性特征最多，北片粤方言的典型性特征较少，东片粤方言的音韵特征与广州话几乎一致。可见，南海各片粤方言语音与广州话的差异程度由小至大顺序为：东片粤方言—北片粤方言—南片粤方言。

## 二、南海粤方言与周边粤方言的关系

南海粤方言与周边粤方言有着密切关系。南片粤方言与顺德、广州番禺、中山小榄、鹤山古劳等地粤语相近,且与勾漏片粤语有不少共同点。南片粤方言中的九江话、沙头话与四邑片粤语有一定的相似性。北片粤方言与清远市区、佛冈,广州白云、花都、从化等地粤语相类,东片粤方言则趋同于广州话。

南片粤方言具有勾漏片粤语的以下特点:(1)古全浊声母不论平仄读不送气;(2)古船、禅母常用字读塞擦音声母;(3)古云以母读 h 声母;(4)古溪母、晓母部分合口常用字读 w 声母,念同匣母;(5)效摄、咸摄、山摄二等韵元音多变读为 ɛ;(6)咸摄开口一等见系字多读作 ɔm/ɔp 或 om/op,与深摄见系字韵母有别。

此外,九江的流、臻、深三摄的三等开口见系字读为 ts、ts$^h$ 声母,变调较少。沙头的精、清母字读 t/t$^h$ 声母等特点在勾漏片粤语中也很常见。

南片粤方言具有四邑片粤语的以下特点:曾摄三等韵和梗摄三四等文读变读为 –n/–t 韵尾。九江古透母及古定母今读平、上声字读 h 声母是四邑片粤语的典型特征。另外,沙头的精、清母字读 t/t$^h$ 的特点在四邑片粤语中也能见到。

北片粤方言的效摄开口一等韵母混同于二等的特点在清远市区、佛冈,广州白云、花都、从化等地粤语很普遍。

总而言之,南海粤方言虽然总体上具备广府片粤方言的共性特征,但是其内部差异反映出广府片粤方言内部的多样性和复杂性。南海粤方言处于广府片粤语的核心区域,连接着勾漏片粤语和四邑片粤语,体现了粤语在珠三角地区地理分布的连续性和渐变性。

# 参考文献

[1] 南海县地方地编纂委员会：《南海县志》，广州：广东人民出版社，1995年。

[2] 佛山市南海区地方志编纂委员会：《南海市志》，广州：广东人民出版社，2009年。

[3] 佛山市南海区档案馆，佛山市南海区人民政府地方志办公室：《道光〈南海县志〉校注》，广州：广东人民出版社，2021年。

[4] 彭小川：《粤语论稿》，广州：暨南大学出版社，2004年。

[5] 黄雪贞：《客家话的分布与内部异同》，《方言》1987年第2期。

[6] 黄雪贞：《客家方言声调的特点》，《方言》1988第4期。

[7] 伍巍：《粤语》，《方言》2007年第2期。

[8] 詹伯慧等：《广东粤方言概要》，广州：暨南大学出版社，2002年。

# 附录 1  南海方言字音对照表

说明：北洲为客方言点，其余为粤方言点。

| | 桂城 | 西樵 | 丹灶 | 九江 | 沙头 | 大榄 | 狮北 | 大沥 | 里水 | 北洲 |
|---|---|---|---|---|---|---|---|---|---|---|
| 多 | tɔ52 | tɔ52 | tɔ52 | tɔ45 | tɔ45 | tɔ22 | tɔ52 | tɔ52 | tɔ52 | tɔ34 |
| 拖 | tʰɔ52 | tʰɔ52 | tʰɔ52 | tɔ45 | tʰɔ45 | tʰɔ22 | tʰɔ52 | tʰɔ52 | tʰɔ52 | tʰɔ34 |
| 驼 | tʰɔ31 | tʰɔ31 | tʰɔ31 | hɔ31 | tʰɔ42 | tʰɔ21 | tʰɔ21 | tʰɔ21 | tʰɔ21 | tʰɔ22 |
| 罗 | lɔ31 | lɔ31 | lɔ31 | lɔ31 | lɔ42 | lɔ21 | lɔ21 | lɔ21 | lɔ21 | lɔ22 |
| 左 | tsɔ25 | tsɔ25 | tsɔ25 | tsɔ25 | tsɔ25 | tsɔ24 | tsɔ25 | tsɔ25 | tsɔ25 | tsɔ31 |
| 哥 | kɔ55 | kɔ52 /kɔ45 | kɔ45 | kɔ45 | kɔ45 | kɔ22 | kɔ55 | kɔ55 | kɔ45 | kɔ34 |
| 个 | kɔ33 /kɔi33 | kɔi33 | kɔi33 | kai33 | kɔ33 | kɔi33 | kai33 | kɔ33 | kɔ33 | kɔ53 |
| 可 | hɔ25 | hɔ25 | hɔ25 | hɔ25 | hɔ25 | hɔ24 | hɔ25 | hɔ25 | hɔ25 | hɔ31 |
| 鹅 | ŋɔ25 | ŋɔ31 | ŋɔ31 | ŋɔ31 | ŋɔ42 | ŋɔ21 | ŋɔ25 | ŋɔ25 | ŋɔ21 | ŋɔ22 |
| 我 | ŋɔ13 /ŋɔi13 | ŋɔi13 | ŋɔi13 | ŋai25 | ŋɔ13 | ŋɔi13 | ŋai13 | ŋɔ13 | ŋɔ13 | ŋai22 |
| 饿 | ŋɔ22 | ŋɔ22 | ŋɔ22 | ŋɔ13 | ŋɔ22 | ŋɔ22 | ŋɔ22 | ŋɔ22 | ŋɔ22 | ŋɔ31 |
| 河 | hɔ31 | hɔ31 | hɔ31 | hɔ31 | hɔ42 | hɔ21 | hɔ21 | hɔ21 | hɔ21 | hɔ22 |
| 贺 | hɔ22 | hɔ22 | hɔ22 | hɔ13 | hɔ22 | hɔ22 | hɔ22 | hɔ22 | hɔ22 | hɔ31 |

（续上表）

| | 桂城 | 西樵 | 丹灶 | 九江 | 沙头 | 大榄 | 狮北 | 大沥 | 里水 | 北洲 |
|---|---|---|---|---|---|---|---|---|---|---|
| 阿 | a33 | ʔa33 | a33 | a33 | a33 | a33 | a33 | a33 | a33 | a34 |
| 茄 | kʰɛ25 | kʰɛ25 | kʰɛ25 | kʰɛ31 | kʰɛ25 | kʰɛ215 | kʰɛ25 | kʰɛ25 | kʰɛ25 | kʰia22 |
| 波 | pɔ52 | pɔ52 | pɔ52 | pɔ45 | pɔ45 | pɔ22 | pɔ52 | pɔ52 | pɔ52 | pɔ22 |
| 破 | pʰɔ33 | pʰɔ33 | pʰɔ33 | pʰɔ33 | pʰɔ33 | pʰɔ33 | pʰɔ33 | pʰɔ33 | pʰɔ33 | pɔ34 |
| 婆 | pʰɔ31 | pɔ31 | pɔ31 | pʰɔ31 | pɔ42 | pʰɔ21 | pʰɔ21 | pʰɔ21 | pʰɔ21 | pʰɔ22 |
| 磨 | mɔ31 | mɔ31 | mɔ13 | mɔ31 | mɔ42 | mɔ21 | mɔ21 | mɔ21 | mɔ21 | mɔ22 |
| 朵 | tœ25/tɔ25 | tœ25 | tœ25 | tɔ25 | tœ25 | tœ24 | tœ25 | tɔ25 | tœ25 | tɔ31 |
| 糯 | nœ22/nɔ22 | lœ22 | lœ22 | nɔ13 | lœ22 | lɔ22 | lɔ22 | lɔ22/lœ22 | lɔ22 | lɔ31 |
| 坐 | tsʰœ13/tsʰɔ13 | tsʰœ13 | tsʰœ13 | tsʰɔ25 | tsʰœ13 | tsʰɔ13 | tsʰɔ13 | tsʰɔ13 | tsʰɔ13 | tsʰɔ34 |
| 座 | tsɔ22 | tsɔ22 | tsɔ22 | tsɔ13 | tsɔ22 | tsɔ22 | tsɔ22 | tsɔ22 | tsɔ22 | tsɔ31 |
| 锁 | sɔ25 | sɔ25 | sɔ25 | sɔ25 | sɔ25 | sɔ24 | sɔ25 | sɔ25 | sɔ25 | sɔ31 |
| 果 | kwɔ25 | kwɔ25 | kwɔ25 | kwa25 | kwɔ25 | kɔ24 | kwɔ25 | kwɔ25 | kɔ25 | kɔ31 |
| 过 | kwɔ33 | kwɔ33 | kwɔ33 | kwa33 | kwɔ33 | kɔ33 | kwɔ33 | kwɔ33 | kɔ33 | kɔ53 |
| 科 | fɔ55 | fɔ45 | fɔ45 | fa45 | wɔ45 | fɔ53 | fɔ52 | fɔ55 | fɔ45 | fɔ34 |
| 课 | fɔ33 | fɔ33 | fɔ33 | fa33 | fɔ33 | fɔ33 | fɔ33 | fɔ33 | fɔ33 | pɔ34 |

（续上表）

| | 桂城 | 西樵 | 丹灶 | 九江 | 沙头 | 大㘵 | 狮北 | 大沥 | 里水 | 北洲 |
|---|---|---|---|---|---|---|---|---|---|---|
| 火 | fɔ25 | fɔ25 | fɔ25 | fa25 | fɔ25 | fɔ24 | fɔ25 | fɔ25 | fɔ25 | fɔ31 |
| 货 | fɔ33 | fɔ33 | fɔ33 | fa33 | fɔ33 | fɔ33 | fɔ33 | fɔ33 | fɔ33 | fɔ53 |
| 禾 | wɔ31 | wɔ31 | wɔ31 | fa31 | fɔ42 | wɔ21 | wɔ21 | wɔ21 | wɔ21 | vɔ22 |
| 巴 | pa52 | pa52 | pa52 | pa45 | pa52 | pa22 | pa52 | pa52 | pa52 | pa34 |
| 把 | pa25 | pa25 | pa25 | pa25 | pa25 | pa24 | pa25 | pa25 | pa25 | pa31 |
| 霸 | pa33 | pa33 | pa33 | pa33 | pa33 | pa33 | pa33 | pa33 | pa33 | pa53 |
| 怕 | pʰa33 | pʰa33 | pʰa33 | pʰa33 | pʰa33 | pʰa33 | pʰa33 | pʰa33 | pʰa33 | pʰa53 |
| 爬 | pʰa31 | pʰa31 | pʰa31 | pʰa31 | pʰa42 | pʰa21 | pʰa21 | pʰa21 | pʰa21 | pʰa22 |
| 麻 | ma31 | ma31 | ma31 | ma31 | ma42 | ma21 | ma21 | ma21 | ma21 | ma22 |
| 马 | ma13 | ma13 | ma13 | ma25 | ma13 | ma13 | ma13 | ma13 | ma13 | ma34 |
| 拿 | na31 | la31 | la31 | na31 | na42 | la21 | la21 | la21 | la21 | la22 |
| 茶 | tsʰa31 | tsʰa31 | tsʰa31 | tsʰa31 | tsʰa42 | tsʰa21 | tsʰa21 | tsʰa21 | tsʰa21 | tiɔk5 |
| 炸 | tsa33 | tsa33 | tsa33 | tsa33 | tsa33 | tsa33 | tsa33 | tsa33 | tsa33 | tʰɔ31 |
| 查 | tsʰa31 | tsʰa31 | tsʰa31 | tsʰa31 | tsʰa42 | tsʰa21 | tsʰa21 | tsʰa21 | tsʰa21 | tsʰa22 |
| 沙 | sa52 | sa45 | sa52 | sa45 | sa45 | sa215 | sa55 | sa52 | sa45 | sa34 |
| 家 | ka52 | ka52 | ka52 | ka45 | ka45 | ka22 | ka52 | ka52 | ka52 | ka34 |
| 假 | ka25 | ka25 | ka25 | ka25 | ka25 | ka24 | ka25 | ka25 | ka25 | ka31 |

（续上表）

| | 桂城 | 西樵 | 丹灶 | 九江 | 沙头 | 大槐 | 狮北 | 大沥 | 里水 | 北洲 |
|---|---|---|---|---|---|---|---|---|---|---|
| 架 | ka33 | ka33 | ka33 | ka33 | ka33 | ka33 | ka33 | ka25 | ka33 | ka34 |
| 牙 | ŋa31 | ŋa31 | ŋa31 | ŋa31 | ŋa42 | ŋa21 | ŋa21 | ŋa21 | ŋa21 | ŋa22 |
| 虾 | ha55 | ha45 | ha45 | ha45 | ha45 | ha55 | ha55 | ha55 | ha45 | ha34 |
| 下 | ha22 | ha22 | ha22 | ha13 | ha22 | ha22 | ha22 | ha22 | ha22 | ha31 |
| 哑 | a25 | a25 | a25 | a33 | a25 | ŋa24 | ŋa25 | ŋa25 | ŋa25 | ŋa31 |
| 姐 | tsɛ25 | tsɛ25 | tsɛ25 | tsɛ25 | tɛ25 | tsɛ24 | tsɛ55 | tsɛ25 | tsɛ25 | tsia31 |
| 借 | tsɛ33 | tsɛ33 | tsɛ33 | tsɛ33 | ɛ33 | tsɛ33 | tsɛ33 | tsɛ33 | tsɛ33 | tsia53 |
| 且 | sɛ25 | tsʰɛ25 | tsʰɛ25 | tsʰɛ25 | sɛ25 | tsɛ24 | tsʰɛ25 | tsʰɛ25 | tsʰɛ25 | tsʰia31 |
| 写 | sɛ25 | sɛ25 | sɛ25 | sɛ25 | sɛ25 | sɛ24 | sɛ25 | sɛ25 | sɛ25 | sia31 |
| 斜 | tsʰɛ33/tsʰɛ31 | tsʰɛ31 | tsʰɛ31 | tsʰɛ31 | tsʰɛ42 | tsʰɛ21 | tsʰɛ21 | tsʰɛ21 | tsʰɛ21 | tsʰia22 |
| 谢 | tsɛ22 | tsɛ22 | tsɛ22 | tsɛ13 | tɛ22 | tsɛ22 | tsɛ22 | tsɛ22 | tsɛ22 | tsʰia31 |
| 遮 | tsɛ52 | tsɛ52 | tsɛ52 | tsɛ45 | tsɛ45 | tsɛ22 | tsɛ52 | tsɛ52 | tsɛ52 | tsa34 |
| 蔗 | tsɛ55 | tsɛ45 | tsɛ25 | tsɛ45 | tsɛ45 | tsɛ55 | tsɛ55 | tsɛ55 | tsɛ45 | tsa34 |
| 蕉 | tsɛ33 | tsɛ33 | tsɛ33 | tsɛ33 | tsɛ33 | tsɛ215 | tsɛ25 | tsɛ33 | tsɛ33 | tsa53 |
| 车 | tsʰɛ52 | tsʰɛ52 | tsʰɛ52 | tsʰɛ45 | tsʰɛ45 | tsʰɛ53 | tsʰɛ52 | tsʰɛ52 | tsʰɛ45 | tsʰa34 |
| 扯 | tsʰɛ25 | tsʰɛ25 | tsʰɛ25 | tsʰɛ25 | tsʰɛ25 | tsʰɛ24 | tsʰɛ25 | tsʰɛ25 | tsʰɛ25 | tsʰi31 |
| 蛇 | sɛ31 | sɛ31 | sɛ31 | sɛ31 | sɛ42 | sɛ21 | sɛ21 | sɛ21 | sɛ21 | sa22 |

（续上表）

| | 桂城 | 西樵 | 丹灶 | 九江 | 沙头 | 大榄 | 狮北 | 大沥 | 里水 | 北洲 |
|---|---|---|---|---|---|---|---|---|---|---|
| 射 | sɛ22 | sɛ22 | sɛ22 | sɛ13 | tsʰɛ22 | sɛ22 | sɛ22 | sɛ22 | sɛ22 | sa34 |
| 舍 | sɛ25 | sɛ33 | sɛ25 | sɛ25 | sɛ25 | sɛ24 | sɛ33 | sɛ25 | sɛ25 | sa31 |
| 社 | sɛ13 | sɛ13 | sɛ13 | sɛ25 | sɛ13 | sɛ13 | sɛ13 | sɛ13 | sɛ25 | sa34 |
| 惹 | jɛ13 | jɛ25 | jɛ13 | jɛ25 | jɛ13 | jɛ24 | jɛ13 | jɛ13 | jɛ13 | ŋja34 |
| 爷 | jɛ31 | hɛ31 | hɛ31 | hɛ31 | hɛ42 | jɛ21 | jɛ21 | jɛ21 | jɛ21 | ja22 |
| 野 | jɛ13 | jɛ13 | hɛ13 | hɛ25 | jɛ13 | jɛ13 | jɛ13 | jɛ13 | jɛ13 | ja34 |
| 夜 | jɛ22 | hɛ22 | hɛ22 | hɛ13 | hɛ22 | jɛ22 | jɛ22 | jɛ22 | jɛ22 | ja53 |
| 傻 | sɔ31 | sɔ31 | sɔ31 | sɔ31 | sɔ42 | sɔ21 | sɔ21 | sɔ21 | sɔ21 | sɔ22 |
| 瓜 | kwa52 | kwa52 | kwa52 | kwa45 | kwa45 | kwa215 | kwa55 | kwa55 | kwa52 | kua34 |
| 夸 | kʰwa52 | kʰwa52 | kʰwa52 | kʰwa45 | kʰwa45 | kʰwa55 | kʰwa52 | kʰwa52 | kʰwa52 | kʰua34 |
| 瓦 | ŋa13 | ŋa13 | ŋa13 | ŋa25 | ŋa13 | ŋa24 | ŋa25 | ŋa13 | ŋa13 | ŋa31 |
| 花 | fa55 | wa45 | wa45 | wa45 | wa45 | fa55 | fa55 | fa55 | fa52 | fa34 |
| 华 | wa31 | wa31 | wa31 | wa31 | wa42 | wa21 | wa21 | wa21 | wa21 | fa22 |
| 朴 | pu25/pou25 | pu25 | pu25 | pu25 | pou25 | pou24 | pou25 | pou25 | pou25 | pu31 |
| 布 | pu33/pou33 | pu33 | pu33 | pu33 | pou33 | pou33 | pou33 | pou33 | pou33 | pu53 |

（续上表）

| | 桂城 | 西樵 | 丹灶 | 九江 | 沙头 | 大㘵 | 狮北 | 大沥 | 里水 | 北洲 |
|---|---|---|---|---|---|---|---|---|---|---|
| 部 | pu25/pou25 | pu22 | pu22 | pu13 | pou22 | pou22 | pou22 | pou22 | pou22 | pʰu31 |
| 步 | pu22/pou22 | pu22 | pu22 | pu13 | pou22 | pou22 | pou22 | pou22 | pou22 | pʰu31 |
| 模 | mou31 | mu31 | mu31 | mu31 | mou42 | mou21 | mou21 | mou21 | mou21 | mu22 |
| 墓 | mu22/mou22 | mu22 | mu22 | mu13 | mou22 | mou22 | mou22 | mou22 | mou22 | mu53 |
| 都 | tu55/tou55 | tu45 | tu45 | tɐu45 | tou45 | tu22 | tu55 | tou52 | tou52 | tu34 |
| 赌 | tou25 | tu25 | tu25 | tɐu25 | tou25 | tou24 | tou25 | tou25 | tou25 | tu31 |
| 土 | tʰou25 | tʰu25 | tʰu25 | hɐu25 | tʰou25 | tʰou24 | tʰou25 | tʰou25 | tʰou25 | tʰu31 |
| 图 | tʰou31 | tʰu31 | tʰu31 | hɐu31 | tʰou42 | tʰou21 | tʰou21 | tʰou21 | tʰou21 | tʰu22 |
| 度 | tou22 | tu22 | tu22 | tɐu13 | tou22 | tou22 | tou22 | tou22 | tou22 | tʰu31 |
| 奴 | nou31 | lu31 | lu31 | nɐu31 | nou42 | lou21 | lou21 | nou21 | lou21 | lu22 |
| 炉 | lou31 | lu31 | lu31 | lɐu31 | lou42 | lou21 | lou21 | lou21 | lou21 | lu22 |
| 肉 | lou13 | lu13 | lu13 | lɐu25 | lou13 | lou13 | lou13 | lou13 | lou13 | lu31 |
| 路 | lou22 | lu22 | lu22 | lɐu13 | lou22 | lou22 | lou22 | lou22 | lou22 | lu53 |
| 租 | tsou52 | tsu52 | tsu52 | tsɐu45 | tou45 | tsou22 | tsou52 | tsou52 | tsou52 | tsu34 |

（续上表）

| | 桂城 | 西樵 | 丹灶 | 九江 | 沙头 | 大㰀 | 狮北 | 大沥 | 里水 | 北洲 |
|---|---|---|---|---|---|---|---|---|---|---|
| 祖 | tsou25 | tsu25 | tsu25 | tsɐu25 | tou25 | tsou24 | tsou25 | tsou25 | tsou25 | tsu31 |
| 做 | tsy33/tsou22 | tsu33 | tsu22 | tsy33 | tou33 | tsou33 | tsou33 | tsou22 | tsou22 | tsɔ53 |
| 粗 | tsʰou52 | tsʰu52 | tsʰu52 | tsʰɐu45 | tsʰou45 | tsʰou22 | tsʰou52 | tsʰou52 | tsʰou52 | tsʰu34 |
| 苏 | sou52 | su52 | su52 | sɐu45 | sou45 | sou55 | sou52 | sou52 | sou52 | su34 |
| 姑 | kwu55 | ku52 | kwu45 | kwu45 | kwu45 | kwu22 | kwu55 | kwu52 | ku45 | ku34 |
| 鼓 | kwu25 | ku25 | kwu25 | kwu25 | kwu25 | kwu24 | kwu25 | kwu25 | ku25 | ku31 |
| 故 | kwu33 | ku33 | kwu33 | kwu33 | kwu33 | kwu33 | kwu33 | kwu33 | ku33 | ku53 |
| 苦 | fu25 | hu25/fu25 | fu25 | fu25 | fu25 | fu24 | fu25 | fu25 | fu25 | fu31 |
| 裤 | fu33 | hu33 | hu33 | fu33 | fu33 | fu215 | fu25 | fu33 | fu33 | fu53 |
| 吴 | ŋ31 | ŋ31 | ŋ31 | ŋ31 | ŋ42 | ŋ21 | ŋ21 | ŋ21 | ŋ21 | ŋ22 |
| 五 | ŋ13 | ŋ13 | ŋ13 | ŋ25 | ŋ13 | ŋ24 | ŋ25 | ŋ13 | ŋ13 | ŋ31 |
| 误 | ŋ31 | ŋ22 | ŋ22 | ŋ13 | ŋ22 | ŋ22 | ŋ22 | ŋ22 | ŋ22 | ŋ31 |
| 虎 | fu25 | fu25 | hu25 | fu25 | fu25 | fu24 | fu25 | fu25 | fu25 | fu31 |
| 胡 | wu31 | hu31 | hu31 | fu31 | fu42 | wu21 | wu21 | wu21 | wu21 | fu22 |
| 户 | wu52 | hu22 | ʔu22 | wu13 | fu22 | wu22 | wu22 | wu22 | wu22 | vu31 |
| 乌 | nøy13 | ʔu52 | ʔu52 | ʔu45 | wu45 | wu55 | wu52 | wu52 | wu52 | vu34 |

（续上表）

| | 桂城 | 西樵 | 丹灶 | 九江 | 沙头 | 大㘵 | 狮北 | 大沥 | 里水 | 北洲 |
|---|---|---|---|---|---|---|---|---|---|---|
| 女 | løy13 | ly13 | ly13 | nøy25 | nøy13 | løy24 | løy13 | løy13 | løy13 | lui31 |
| 吕 | løy22 | ly13 | ly13 | løy25 | løy13 | løy13 | løy13 | løy13 | løy13 | lui31 |
| 慮 | tsʰøy31 | ly22 | løy22 | løy13 | løy22 | løy22 | løy22 | løy22 | løy22 | lui53 |
| 徐 | tsøy22 | tsʰy31 | tsʰy31 | hy31 | tsʰy42 | tsʰøy21 | tsʰøy21 | tsʰøy21 | tsʰøy21 | tsʰui22 |
| 序 | tsʰɔy25 | tsy22 | tsøy22 | tsøy13 | tsøy22 | tsøy22 | tsøy22 | tsøy22 | tsøy22 | tsui53 |
| 猪 | tsy55/tsy52 | tsy52 | tsy52 | tsy45 | tsy45 | tsy22 | tsy52 | tsy55 | tsy52 | tsu34 |
| 除 | tsʰy31/tsʰøy31 | tsʰy31 | tsʰy31 | tsʰy31 | tsʰy42 | tsʰøy21 | tsʰy21 | tsʰøy21 | tsʰøy21 | tsʰui22 |
| 初 | tsʰɔ52 | tsʰɔ52 | tsʰɔ52 | tsʰɔ45 | tsʰɔ45 | tsʰɔ22 | tsʰɔ52 | tsʰɔ52 | tsʰɔ52 | tsʰɔ34 |
| 楚 | tsʰɔ25 | tsʰɔ25 | tsʰɔ25 | tsʰɔ25 | tsʰɔ25 | tsʰɔ24 | tsʰɔ25 | tsʰɔ25 | tsʰɔ25 | tsʰɔ31 |
| 鋤 | tsʰœ31/tsʰɔ31 | tsʰɔ31 | tsʰɔ31 | tsʰɔ31 | tsʰɔ42 | tsʰɔ21 | tsʰɔ25 | tsʰɔ21 | tsʰɔ21 | tsʰɔ22 |
| 助 | tsɔ22 | tsɔ22 | tsɔ22 | tsɔ13 | tsɔ22 | tsɔ22 | tsɔ22 | tsɔ22 | tsɔ22 | tsʰɔ31 |
| 梳[名] | sɔ55 | sɔ45 | sɔ45 | sɔ45 | sɔ45 | sɔ24 | sɔ55 | sɔ55 | sɔ45 | sɔ34 |
| 煮 | tsy25 | tsy25 | tsy25 | tsy25 | tsy25 | tsy24 | tsy25 | tsy25 | tsy25 | tsu31 |
| 处 | tsʰy33 | tsʰy33 | tsʰy33 | tsʰy25 | tsʰy33 | tsʰy33 | tsʰy33 | tsʰy33 | tsʰy33 | tsʰu53 |
| 书 | sy52 | sy52 | sy52 | sy45 | sy45 | sy22 | sy52 | sy52 | sy52 | su34 |

（续上表）

| | 桂城 | 西樵 | 丹灶 | 九江 | 沙头 | 大榄 | 狮北 | 大沥 | 里水 | 北洲 |
|---|---|---|---|---|---|---|---|---|---|---|
| 鼠 | sy25 | sy25 | sy25 | sy25 | sy25 | sy24 | sy25 | sy25 | sy25 | su31 |
| 薯 | sy31 | sy31 | sy31 | tsʰy31 | tsy42 | sy21 | sy25 | sy21 | sy25 | su22 |
| 如 | jy31 | jy31 | jy31 | jy31 | jy42 | jy21 | jy21 | jy21 | jy21 | ji22 |
| 举 | køy25 | ky25 | ky25 | ky25 | ky25 | køy24 | kui25 | køy25 | køy25 | kui31 |
| 锯[名] | kœ33 | kœ33 | kœ33 | kœ33 | kœ33 | køy215 | kœ33 | kœ33 | kœ33 | ki53 |
| 去 | høy33 | hy33 | hy33 | hy33 | hy33 | høy33 | hui33 | høy33 | høy33 | si53 |
| 佢 | kʰøy13 | kʰy31 | kʰy13 | kʰy25 | kʰy13 | kʰøy13 | kʰui13 | kʰøy13 | kʰøy13 | ki34 |
| 巨 | køy22 | ky22 | ky22 | ky13 | ky22 | køy22 | kui22 | køy22 | køy22 | kui31 |
| 鱼 | jy31 | jy31 | jy31 | jy31 | jy42 | jy21 | jy13 | jy25 | jy21 | ŋ22 |
| 语 | jy13 | jy13 | jy13 | jy25 | jy13 | jy13 | jy13 | jy13 | jy13 | ji34 |
| 虚 | høy52 | hy52 | hy52 | hy45 | hy45 | høy55 | hui52 | høy52 | høy52 | hui34 |
| 许 | høy25 | hy25 | hy25 | hy25 | hy25 | høy24 | hui25 | høy25 | høy25 | hui31 |
| 余 | jy31 | jy31 | jy31 | hy31 | hy42 | jy21 | jy21 | jy21 | jy21 | ji22 |
| 预 | jy22 | jy22 | hy22 | jy13 | jy22 | jy22 | jy22 | jy22 | jy22 | ji31 |
| 夫 | fu52 | fu52 | fu52 | fu45 | fu45 | fu55 | fu52 | fu52 | fu52 | fu34 |
| 府 | fu25 | fu25 | fu25 | fu25 | fu25 | fu24 | fu25 | fu25 | fu25 | fu31 |
| 斧 | fu25 | fu25 | fu25 | fu25 | fu25 | fu24 | pou25 | fu25 | fu25 | fu31 |

（续上表）

| | 桂城 | 西樵 | 丹灶 | 九江 | 沙头 | 大𤲞 | 狮北 | 大沥 | 里水 | 北洲 |
|---|---|---|---|---|---|---|---|---|---|---|
| 辅 | fu22 | fu22 | fu22 | fu13 | fu22 | fu22 | fu22 | fu22 | fu22 | fu31 |
| 武 | mu13/mou13 | mu13 | mu13 | mu25 | mou13 | mou13 | mou13 | mou13 | mou13 | mu31 |
| 舞 | mou13/mu13 | mu13 | mu13 | mu25 | mou13 | mou13 | mou13 | mou13 | mou13 | mu34 |
| 务 | mou22/mu22 | mu22 | mu22 | mu13 | mou22 | mou22 | mou22 | mou22 | mou22 | mu53 |
| 取 | tsʰøy25 | tsʰy25 | tsʰy25 | tsʰøy25 | tʰøy25 | tsʰøy24 | tsʰøy25 | tsʰøy25 | tsʰøy25 | tsʰui31 |
| 趣 | tsʰøy33 | tsʰy33 | tsʰøy33 | tsʰøy33 | tʰøy33 | tsʰøy33 | tsʰøy33 | tsʰøy33 | tsʰøy33 | tsʰui53 |
| 聚 | tsøy22 | tsy22 | tsøy22 | tsøy13 | tøy22 | tsøy22 | tsøy22 | tsøy22 | tsøy22 | tsʰui31 |
| 𥕥 | søy52 | sy52 | søy52 | søy45 | søy45 | søy55 | søy52 | søy52 | søy52 | sui34 |
| 柱 | tsʰy13 | tsʰy13 | tsʰy13 | tsʰy25 | tsʰy13 | tsʰy13 | tsʰy13 | tsʰy13 | tsʰy13 | tsʰu53 |
| 住 | tsy22 | tsʰy22 | tsy22 | tsy13 | tsy22 | tsy22 | tsy22 | tsy22 | tsy22 | tsʰu31 |
| 朱 | tsy52 | tsy52 | tsy52 | tsy45 | tsy45 | tsy55 | tsy52 | tsy52 | tsy52 | tsu34 |
| 主 | tsy25 | tsy25 | tsy25 | tsy25 | tsy25 | tsy24 | tsy25 | tsy25 | tsy25 | tsu31 |
| 树 | tsy22/sy22 | tsʰy22 | tsʰy22 | sy13 | tsʰy22 | sy22 | sy22 | sy22 | sy22 | su31 |
| 区 | kʰøy52 | kʰy52 | kʰy52 | kʰy45 | kʰy45 | kʰøy55 | kʰui52 | kʰøy52 | kʰøy52 | kʰi34 |

(续上表)

| | 桂城 | 西樵 | 丹灶 | 九江 | 沙头 | 大榄 | 狮北 | 大沥 | 里水 | 北洲 |
|---|---|---|---|---|---|---|---|---|---|---|
| 具 | køy22 | ky22 | ky22 | kʰy13 | ky22 | køy22 | kui22 | køy22 | køy22 | kui31 |
| 遇 | jy22 | jy22 | jy22 | jy13 | jy22 | jy22 | jy22 | jy22 | jy22 | ji31 |
| 雨 | jy13 | hy13 | hy13 | hy25 | hy13 | jy24 | jy25 | jy13 | jy13 | ji31 |
| 台 | tɔi31/tʰɔi31 | tʰɔi31 | tɔi31 | hɔi31 | tʰɔ42 | tʰɔi21 | tʰɔi21/tɔi25 | tʰɔi21 | tʰɔi21 | tʰɔi22 |
| 代 | tɔi22 | tɔi22 | tɔi22 | tɔi13 | tɔ22 | tɔi22 | tɔi22 | tɔi22 | tɔi22 | tʰɔi31 |
| 耐 | nɔi22 | lɔi22 | lɔi22 | nɔi13 | lɔ22 | lɔi22 | lɔi22 | lɔi22 | lɔi22 | lɔi31 |
| 来 | lɔi31 | lɔi31 | lui31 | lɔi31 | lɔ42 | lɔi21 | lɔi21 | lɔi21 | lɔi21 | lɔi22 |
| 再 | tsɔi33 | tsɔi33 | tsɔi33 | tsɔi33 | tɔ33 | tsɔi33 | tsɔi33 | tsɔi33 | tsɔi33 | tsɔi53 |
| 彩 | tsʰɔi25 | tsʰɔi25 | tsʰɔi25 | tsʰɔi25 | tsʰɔ25 | tsʰɔi24 | tsʰɔi25 | tsʰɔi25 | tsʰɔi25 | tsʰɔi31 |
| 菜 | tsʰɔi33 | tsʰɔi33 | tsʰɔi33 | tsʰɔi33 | tsʰɔ33 | tsʰɔi33 | tsʰɔi33 | tsʰɔi33 | tsʰɔi33 | tsʰɔi53 |
| 才 | tsʰɔi31 | tsʰɔi31 | tsʰɔi31 | tsʰɔi31 | tʰɔ42 | tsʰɔi21 | tsʰɔi21 | tsʰɔi21 | tsʰɔi21 | tsʰɔi22 |
| 赛 | tsʰɔi33 | tsʰɔi33 | tsʰɔi33 | tsʰɔi33 | tsʰɔ33 | tsʰɔi33 | tsʰɔi33 | tsʰɔi33 | tsʰɔi33 | tsʰɔi53 |
| 该 | kɔi52 | kɔi52 | kɔi52 | kɔi45 | kɔ45 | kɔi22 | kɔi52 | kɔi52 | kɔi52 | kɔi34 |
| 改 | kɔi25 | kɔi25 | kɔi25 | kɔi25 | kɔ25 | kɔi24 | kɔi25 | kɔi25 | kɔi25 | kɔi31 |
| 开 | hɔi52 | hɔi52 | hɔi52 | hɔi45 | hɔ45 | hɔi22 | hɔi52 | hɔi52 | hɔi52 | hɔi34 |
| 海 | hɔi25 | hɔi25 | hɔi25 | hɔi25 | hɔ25 | hɔi24 | hɔi25 | hɔi25 | hɔi25 | hɔi31 |
| 哀 | ɔi52 | ɔi52 | ɔi52 | ɔi45 | ɔ45 | ŋɔi55 | ŋɔi52 | ŋɔi52 | ŋɔi52 | ŋɔi34 |

(续上表)

| | 桂城 | 西樵 | 丹灶 | 九江 | 沙头 | 大榄 | 狮北 | 大沥 | 里水 | 北洲 |
|---|---|---|---|---|---|---|---|---|---|---|
| 爱 | ɔi33 | ɔi33 | ɔi33 | ɔi33 | ɔ33 | ŋɔi33 | ŋɔi33 | ŋɔi33 | ŋɔi33 | ɔi53 |
| 带 | tai33 | tai33 | tai33 | tai33 | ta33 | tai215 | tai33 | tai33 | tai33 | tai53 |
| 大 | tai22 | tai22 | tai22 | tai13 | ta22 | tai22 | tai22 | tai22 | tai22 | tʰai53 |
| 赖 | lai22 | lai22 | lai25 | lai13 | la22 | lai22 | lai22 | lai22 | lai22 | lai31 |
| 害 | hɔi22 | hɔi22 | hɔi22 | hɔi13 | hɔ22 | hɔi22 | hɔi22 | hɔi22 | hɔi22 | hɔi31 |
| 拜 | pai33 | pai33 | pai33 | pai33 | pa33 | pai33 | pai33 | pai33 | pai33 | pai53 |
| 排 | pʰai31 | pʰai31 | pʰai31 | pʰai31 | pʰa42 | pʰai21 | pʰai21 | pʰai21 | pʰai21 | pʰai22 |
| 埋 | mai31/mɐi31 | mai31 | mai31 | mai31 | ma42 | mai21 | mai21 | mai21 | mai21 | mai22 |
| 斋 | tsai52 | tsai52 | tsai52 | tsai45 | tsa45 | tsai22 | tsai52 | tsai52 | tsai52 | tsai34 |
| 阶 | kai52 | kai52 | kai52 | kai45 | ka45 | kai55 | kai52 | kai52 | kai52 | kai34 |
| 介 | kai33 | kai33 | kai33 | kai33 | ka33 | kai33 | kai33 | kai33 | kai33 | kai53 |
| 摆 | pai25 | pai25 | pai25 | pai25 | pa25 | pai24 | pai25 | pai25 | pai25 | pai31 |
| 派 | pʰai33 | pʰai33 | pʰai33 | pʰai33 | pʰa33 | pʰai33 | pʰai33 | pʰai33 | pʰai33 | pʰai53 |
| 买 | mai13 | mai13 | mai13 | mai25 | ma13 | mai13 | mai13 | mai13 | mai13 | mai34 |
| 卖 | mai22 | mai22 | mai22 | mai13 | ma22 | mai22 | mai22 | mai22 | mai22 | mai31 |
| 柴 | tsʰai31 | tsʰai31 | tsʰai31 | tsʰai31 | tsʰa42 | tsʰai21 | tsʰai21 | tsʰai21 | tsʰai21 | tsʰai22 |
| 街 | kai55 | kai52 | kai52 | kai45 | ka45 | kai22 | kai55 | kai55 | kai45 | kai34 |

（续上表）

| | 桂城 | 西樵 | 丹灶 | 九江 | 沙头 | 大鹹 | 狮北 | 大沥 | 里水 | 北洲 |
|---|---|---|---|---|---|---|---|---|---|---|
| 解 | kai25 | kʰai25 | kai25 | kʰai25 | ka25 | kai24 | kai25 | kai25 | kai25 | kai31 |
| 鞋 | hai31 | hai31 | hai31 | hai31 | ha42 | hai21 | hai21 | hai21 | hai21 | hai22 |
| 蟹 | hai13 | hai13 | hai13 | hai25 | ha13 | hai13 | hai13 | hai13 | hai13 | hai31 |
| 矮 | ɐi25 | ʔɐi25 | ɐi25 | ɐi25 | ɐi25 | ŋɐi24 | ŋɛ25 | ŋɐi25 | ŋɐi25 | ɐi31 |
| 敗 | pai22 | pai22 | pai22 | pai13 | pa22 | pai22 | pai22 | pai22 | pai22 | pʰai31 |
| 币 | pɐi22 | pɐi22 | pɐi22 | pɐi13 | pɐi22 | pɐi22 | pɐi22 | pɐi22 | pɐi22 | pʰi31 |
| 例 | lɐi22 | lɐi22 | lɐi22 | lɐi13 | lɐi22 | lɐi22 | lɐi22 | lɐi22 | lɐi22 | li31 |
| 祭 | tsɐi33 | tsɐi33 | tsɐi33 | tsɐi33 | tsɐi33 | tsɐi33 | tsɐi33 | tsɐi33 | tsɐi33 | tsei53 |
| 制 | tsɐi33 | tsɐi33 | tsɐi33 | tsɐi33 | tsɐi33 | tsɐi33 | tsɐi33 | tsɐi33 | tsɐi33 | tsei53 |
| 世 | sɐi33 | sɐi33 | sɐi33 | sɐi33 | sɐi33 | sɐi33 | sɐi33 | sɐi33 | sɐi33 | sei53 |
| 艺 | ŋɐi22 | ŋɐi | ŋɐi | ŋai13 | ŋɐi22 | ŋɐi22 | ŋɐi22 | ŋɐi22 | ŋɐi22 | ŋɐi31 |
| 米 | mɐi13 | mɐi13 | mɐi13 | mɐi25 | mɐi13 | mɐi24 | mɐi25 | mɐi13 | mɐi13 | mi31 |
| 低 | tɐi52 | tɐi52 | tɐi52 | tɐi45 | tɐi45 | tɐi22 | te52 | tɐi52 | tɐi52 | tai34 |
| 底 | tɐi25 | tɐi25 | tɐi25 | tɐi25 | tɐi25 | tɐi24 | te25 | tɐi25 | tɐi25 | tai31 |
| 梯 | tʰɐi52 | tʰɐi52 | tʰɐi52 | kʰɐi45 | tʰai45 | tʰai22 | tʰɛ52 | tʰɐi52/tʰai52 | tʰɐi52 | tʰei34 |
| 体 | tʰɐi25 | tʰɐi25 | tʰɐi25 | hɐi25 | tɐi25 | tʰai24 | tʰɐi25 | tʰɐi25 | tʰɐi25 | tʰi31 |
| 题 | tʰɐi31 | tʰɐi31 | tʰɐi31 | lɐi31 | tʰɐi42 | tʰɐi22 | tʰɐi21 | tʰɐi21 | tʰɐi21 | tʰi22 |

(续上表)

|   | 桂城 | 西樵 | 丹灶 | 九江 | 沙头 | 大榄 | 狮北 | 大沥 | 里水 | 北洲 |
|---|---|---|---|---|---|---|---|---|---|---|
| 蹄 | tʰɐi31 | tʰɐi31 | tʰɐi31 | hɐi31 | tai42 | tʰɐi21 | tʰɐi21 | tʰɐi21 | tʰɐi21 | tʰei22 |
| 弟 | tɐi22 | tɐi22 | tɐi22 | tɐi13 | tɐi22 | tɐi22 | tɐi22 | tɐi22 | tɐi22 | tʰi31 |
| 泥 | nɐi31 | lɐi31 | lɐi31 | nɐi31 | nɐi42 | lɐi21 | lɛi21 | lɐi21 | lɐi21 | lai22 |
| 犁 | lɐi31 | lɐi31 | lɐi31 | lɐi31 | lɐi42 | lɐi21 | lɛi21 | lɐi21 | lɐi21 | lai22 |
| 礼 | lɐi13 | lɐi13 | lɐi13 | lɐi25 | lɐi13 | lɐi13 | lɐi13 | lɐi13 | lɐi13 | li34 |
| 齐 | tsʰɐi31 | tsʰɐi31 | tʰɐi31 | tsʰɐi31 | tsʰɐi42 | tsʰɐi21 | tsʰɐi21 | tsʰɐi21 | tsʰɐi21 | tsʰei22 |
| 西 | sɐi52 | sɐi52 | sɐi52 | sɐi45 | sɐi45 | sɐi22 | sɐi52 | sɐi52 | sɐi52 | si34 |
| 洗 | sɐi25 | sɐi25 | sɐi25 | sai25 | sa25 | sai24 | sai25 | sɐi25 | sɐi25 | sei31 |
| 细 | sɐi33 | sɐi33 | sɐi33 | sɐi33 | sɐi33 | sɐi33 | sɛ33 | sɐi33 | sɐi33 | sei53 |
| 鸡 | kɐi55 | kɐi52 | kɐi52 | kɐi45 | kɐi45 | kɐi22 | kɐi55 | kɐi55 | kɐi45 | kai34 |
| 计 | kɐi33 | kɐi33 | kɐi33 | kɐi33 | kɐi33 | kɐi33 | kɐi33 | kɐi33 | kɐi33 | kei53 |
| 溪 | kʰɐi55 | kʰɐi52 | kʰɐi52 | kʰɐi45 | kʰɐi45 | kʰɐi55 | kʰɐi52 | kʰɐi55 | kʰɐi52 | kʰei34 |
| 启 | kʰɐi25 | kʰɐi25 | kʰɐi25 | kʰai25 | kʰa25 | kʰɐi24 | kʰɐi25 | kʰɐi25 | kʰɐi25 | kʰi31 |
| 系 | hɐi22 | hɐi22 | hɐi22 | hai13 | hɐi22 | hɐi22 | hɐi22 | hɐi22 | hɐi22 | hei53 |
| 杯 | pui55 | pui52 | pui52 | pui45 | py45 | pui22 | pui55 | pui55 | pui45 | pui34 |
| 辈 | pui33 | pui33 | pui33 | pui33 | py33 | pui33 | pui33 | pui33 | pui33 | poi53 |
| 背 | pui33 | pui33 | pui33 | pui33 | py33 | pui33 | pui33 | pui33 | pui33 | poi53 |

（续上表）

| | 桂城 | 西樵 | 丹灶 | 九江 | 沙头 | 大榄 | 狮北 | 大沥 | 里水 | 北洲 |
|---|---|---|---|---|---|---|---|---|---|---|
| 坏 | pʰui55 | pʰui52 | pʰui45 | pʰɐi45 | pʰy45 | pʰui55 | pʰui55 | pʰui55 | pʰui45 | pʰɔi34 |
| 配 | pʰui33 | pʰui33 | pʰui33 | pʰui33 | pʰy33 | pʰui33 | pʰui33 | pʰui33 | pʰui33 | pʰɔi53 |
| 赔 | pʰui31/pui31 | pʰui31 | pʰui31 | pʰui31 | py42 | pʰui21 | pʰui21 | pʰui21 | pʰui21 | pʰɔi22 |
| 背~书 | pui33 | pui22 | pui33 | pui13 | py22 | pui22 | pui33 | pui33 | pui22 | pɔi53 |
| 梅 | mui31 | mui31 | mui31 | mui31 | my42 | mui21 | mui21 | mui21 | mui21 | mɔi22 |
| 妹 | mui25 | mui25 | mui25 | mui13 | my25 | mui215 | mui25 | mui22 | mui25 | mɔi53 |
| 堆 | tøy52/tui52 | tui52 | tui52 | tui45 | ty45 | tøy215 | tøy52 | tøy52 | tøy52 | tɔi34 |
| 对 | tøy33/tui33 | tui33 | tui33 | tui33 | ty33 | tɔi33 | tøy33 | tøy33 | tøy33 | tui53 |
| 推 | tʰui52/tʰøy52 | tʰui52 | tʰui52 | tsʰui45 | tʰy45 | tʰɔi22 | tʰøy52 | tʰøy52 | tʰøy52 | tʰui34 |
| 退 | tʰøy33/tʰui33 | tʰui33 | tʰui33 | hui33 | tʰy33 | tʰɔi33 | tʰøy33 | tʰøy33 | tʰøy33 | tʰui53 |
| 内 | nɔi22 | lɔi22 | lɔi22 | nɔi13 | nɔ22 | lɔi22 | lɔi22 | lɔi22 | lɔi22 | lɔi31 |
| 雷 | løy31/lui31 | lui31 | lui31 | lui31 | ly42 | løy21 | løy21 | løy21 | løy21 | lui22 |

（续上表）

| | 桂城 | 西樵 | 丹灶 | 九江 | 沙头 | 大㘵 | 狮北 | 大沥 | 里水 | 北洲 |
|---|---|---|---|---|---|---|---|---|---|---|
| 催 | tsʰøy52 | tsʰui52 | tsʰøy52 | tsʰui45 | tʰy45 | tsʰɔi22 | tsʰøy52 | tsʰøy52 | tsʰøy52 | tsʰui34 |
| 罪 | tsøy22/tsui22 | tsui22 | tsøy22 | tsɔi13 | ty22 | tsøy22 | tsøy22 | tsøy22 | tsøy22 | tsʰui31 |
| 碎 | sui33/søy33 | sui33 | sui33 | sui33 | sy33 | søy33 | søy33 | søy33 | søy33 | sui53 |
| 灰 | fui52 | fui52 | hui52 | fui45 | fu45 | fui22 | fui52 | fui52 | fui52 | fɔi34 |
| 回 | wui31 | hui31 | hui31 | fui31 | wu42 | wui21 | wui21 | wui21 | wui21 | vui22 |
| 最 | tsøy33/tsui33 | tsøy33 | tsøy33 | tsøy33 | tøy33 | tsøy33 | tsøy33 | tsøy33 | tsøy33 | tsui53 |
| 外 | ŋɔi22 | ŋɔi22 | ŋɔi22 | ŋɔi13 | ŋɔi22 | ŋɔi22 | ŋɔi22 | ŋɔi22 | ŋɔi22 | ŋɔi31 |
| 会开~ | wui25 | ʔui25 | hui25 | wui13 | fu25 | wui24 | wui25 | wui25 | wui25 | fui31 |
| 会 | wui13 | ʔui13 | | wui25 | fu13 | wui24 | wui13 | wui13 | wui33 | vɔi53 |
| 乖 | kwai52 | kwai52 | kwai52 | kwai45 | kwa45 | kwai55 | kwai52 | kwai52 | kwai52 | kuai34 |
| 怪 | kwai33 | kwai33 | kwai33 | kwai33 | kwa33 | kwai33 | kwai33 | kwai33 | kwai33 | kuai53 |
| 怀 | wai31 | wai31 | wai31 | wai31 | wa42 | wai21 | wai21 | wai21 | wai21 | vai22 |
| 坏 | wai22 | wai22 | wai22 | wai13 | wa22 | wai22 | wai22 | wai22 | wai22 | fai53 |
| 拐 | kwai25 | kwai25 | kwai25 | kwai25 | kwa25 | kwai24 | kwai25 | kwai25 | kwai25 | kuai31 |
| 挂 | kwa33 | kwa33 | kwa33 | kwa33 | kwa33 | kwa33 | kwa33 | kwa33 | kwa33 | kua53 |

（续上表）

| | 桂城 | 西樵 | 丹灶 | 九江 | 沙头 | 大㘵 | 狮北 | 大沥 | 里水 | 北洲 |
|---|---|---|---|---|---|---|---|---|---|---|
| 话 | wa22 | wa22 | wa22 | wa13 | wa22 | wa22 | wa22 | wa22 | wa22 | va31 |
| 脆 | tsʰøy33 | tsʰøy33 | tsʰøy33 | tsʰøy33 | tsʰøy33 | tsʰøy33 | tsʰøy33 | tsʰøy33 | tsʰøy33 | tsʰui53 |
| 岁 | søy33 | søy33 | sui33 | sɔi33 | sɔ33 | søy33 | søy33 | søy33 | søy33 | sɔi53 |
| 税 | søy33 | søy33 | sui33 | sɔi33 | sɔ33 | søy33 | søy33 | søy33 | søy33 | sɔi53 |
| 锐 | jøy22 | jøy22 | jøy22 | jɔi13 | jɔi22 | jøy22 | jøy22 | jøy22 | jøy22 | jui53 |
| 肺 | fei33 | fei33 | fei33 | fei33 | pʰei33 | fei33 | fei33 | fei33 | fei33 | pʰui53 |
| 皮 | pʰei31/pei31 | pi31 | pi31 | pʰei31 | pɐi42 | pʰei21 | pʰei21 | pʰei21 | pʰei21 | pʰi22 |
| 被~子 | pʰei13 | pi13 | pi13 | pʰei25 | pʰei13 | pʰei13 | pʰei13 | pʰei13 | pʰei13 | pʰi34 |
| 此 | tsʰy25 | tsʰy25 | tsʰi25 | tsʰi25 | tsʰy25 | tsʰy25 | tsʰy25 | tsʰy25 | tsʰi25 | tsʰi31 |
| 知 | tsi52 | tsi52 | tsi52 | tsi45 | tsi45 | tsi22 | tsi52 | tsi52 | tsi52 | tsi34 |
| 池 | tsʰi31 | tsʰi31 | tsʰi31 | tsʰi31 | tsʰi42 | tsʰi21 | tsʰi21 | tsʰi21 | tsʰi21 | tsʰi22 |
| 纸 | tsi25 | tsi25 | tsi25 | tsi25 | tsi25 | tsi24 | tsi25 | tsi25 | tsi25 | tsi31 |
| 儿 | ji31 | ji31 | ji31 | ji31 | ji42 | ji21 | ji21 | ji21 | ji21 | ji22 |
| 骑 | kʰei31/kʰɛ31 | kʰɛ31 | kʰɛ31 | kʰɛ31 | kʰɛ42 | kʰɛ21 | kʰɛ21 | kʰɛ21 | kʰɛ21 | kʰia22 |
| 徛 | kʰei13 | kʰi13 | kʰi13 | kʰi25 | kʰei13 | kʰei13 | kʰei13 | kʰei13 | kʰei13 | kʰi34 |
| 仪 | ji31 | ji31 | ji31 | ji31 | ji42 | ji21 | ji21 | ji21 | ji21 | ji22 |

(续上表)

| | 桂城 | 西樵 | 丹灶 | 九江 | 沙头 | 大榄 | 狮北 | 大沥 | 里水 | 北洲 |
|---|---|---|---|---|---|---|---|---|---|---|
| 蚁 | ŋei13 | ŋei13 | ŋei13 | ŋai25 | ŋai13 | ŋai55 | ŋai55 | ŋei13 | ŋei13 | ŋi31 |
| 义 | ji22 | ji22 | ji22 | ji13 | ji22 | ji22 | ji22 | ji22 | ji22 | ji53 |
| 戏 | hei33 | hi33 | hi33 | hi33 | hi33 | hei33 | hei33 | hei33 | hei33 | si53 |
| 椅 | ji25 | ʔi25 | ʔi25 | ji25 | ji25 | ji24 | ji25 | ji25 | ji25 | ji31 |
| 易 | ji22 | hi22 | hi22 | ji13 | ji22 | ji22 | ji22 | ji22 | ji22 | ji t5 |
| 比 | pei25 | pi25 | pi25 | pei25 | pei25 | pei24 | pei25 | pei25 | pei25 | pi31 |
| 屁 | pʰei33 | pʰi33 | pʰi33 | pʰei33 | pʰai33 | pʰei33 | pʰei33 | pʰei33 | pʰei33 | pʰi53 |
| 鼻 | pei22 | pi22 | pi22 | pai13 | pai22 | pei22 | pei22 | pei22 | pei22 | pʰi31 |
| 眉 | mei31 | mi31 | mi31 | mai31 | mai42 | mei21 | mei21 | mei21 | mei21 | mi22 |
| 美 | mei13 | mi13 | mi13 | mei25 | mei13 | mei13 | mei13 | mei13 | mei13 | mi34 |
| 地 | tei22/ti22 | ti22 | ti22 | tei13 | tei22 | tei22 | tei22 | tei22 | tei22 | tʰi53 |
| 腻 | nei22 | li22 | li52 | nei13 | nei22 | lei22 | lei22 | lei22 | lei22 | li53 |
| 资 | tsy52 | tsy52 | tsy52 | tsy45 | ty45 | tsy55 | tsy52 | tsy52 | tsi52 | tsu34 |
| 姊 | tsy25 | tsi25 | tsi25 | tspi25 | ti25 | tsy24 | tsy25 | tsy25 | tsi25 | tsi31 |
| 次 | tsʰy33 | tsʰy33 | tsʰy33 | tsʰy33 | tsʰy33 | tsʰy33 | tsʰy33 | tsʰy33/tsʰi33 | tsʰi33 | tsʰu53 |
| 自 | tsy22 | tsy22 | tsy22 | tsy13 | tsy22 | tsy22 | tsy22 | tsy22 | tsi22 | tsʰu31 |

(续上表)

| | 桂城 | 西樵 | 丹灶 | 九江 | 沙头 | 大儌 | 狮北 | 大沥 | 里水 | 北洲 |
|---|---|---|---|---|---|---|---|---|---|---|
| 四 | sei33/sy33 | si33 | si33 | sɐi33 | sei33 | sei33 | sei33 | sei33 | sei33 | si53 |
| 师 | sy52 | sy52 | sy52 | sy45 | sy45 | sy55 | sy52 | sy52 | sy52 | su34 |
| 指 | tsi25 | tsi25 | tsi25 | tsi25 | tsi25 | tsi24 | tsi25 | tsi25 | tsi25 | tsi31 |
| 屎 | si25 | si25 | si25 | si25 | si25 | si24 | si25 | si25 | si25 | si31 |
| 二 | ji22 | ji22 | ji22 | ji13 | ji22 | ji22 | ji22 | ji22 | ji22 | ɲi53 |
| 姨 | ji31 | hi31 | hi31 | hi31 | hi42 | ji22 | ji21 | ji21 | ji21 | ji22 |
| 李 | lei13/lei25 | li13 | li13 | lɐi25 | lɐi] | lei13 | lei13 | lei13 | lei13 | li34 |
| 理 | lei13 | li13 | li13 | lɐi25 | lɐi] | lei13 | lei13 | lei13 | lei13 | li34 |
| 子 | tsy25 | tsy25 | tsy25 | tsy25 | ty25 | tsy24 | tsy25 | tsy25 | tsi25 | tsu31 |
| 字 | tsy22 | tsy22 | tsy22 | tsy13 | ty22 | tsy22 | tsy22 | tsy22 | tsi22 | tsʰu31 |
| 丝 | sy52 | sy52 | sy52 | sy45 | sy45 | sy55 | sy52 | sy52 | si52 | su34 |
| 词 | tsʰy31 tsʰy31 | tsʰy31 tsʰi31 | tsʰy31 tsʰi31 | tsʰi31 tsʰi25 | tsʰy42 tsʰy13 | tsʰy21 tsʰy13 | tsʰy21 tsʰy13 | tsʰy21 tsʰi13 | tsʰi22 tsʰi13 | tsʰi22 tsʰi53 |
| 似 | tsʰy13 | tsʰy13 | tsʰi13 | tsʰi25 | tsʰy13 | tsʰy13 | tsʰy13 | tsʰi13 | tsʰi13 | tsʰi53 |
| 寺 | tsy22/tsi22 | tsy25 | tsy22 | tsy13 | ty25 | tsy24 | tsy25 | tsi22 | tsi25 | tsi31 |
| 柿 | sy25 | sy25 | sy25 | sy13 | ty25 | tsʰy24 | tsʰy25 | sy25 | tsʰi25 | tsʰi34 |

(续上表)

| | 桂城 | 西樵 | 丹灶 | 九江 | 沙头 | 大榄 | 狮北 | 大沥 | 里水 | 北洲 |
|---|---|---|---|---|---|---|---|---|---|---|
| 事 | sy22 | sy22 | sy22 | sy13 | sy22 | sy22 | sy22 | sy22 | si22 | su31 |
| 慈 | tsi33 | tsi33 | tsi33 | tsy33 | tsi33 | tsi33 | tsi33 | tsi33 | tsi33 | tsi53 |
| 齿 | tsʰi25 | tsʰi25 | tsʰi25 | tsʰi25 | tsʰi25 | tsi33 | tsʰi25 | tsʰi25 | tsʰi25 | tsʰi31 |
| 诗 | si55 | si45 | si45 | si45 | si45 | si55 | si55 | si55 | si45 | si34 |
| 时 | si31 | si31 | si31 | si31 | si42 | si21 | si21 | si21 | si21 | si22 |
| 市 | si13 | si13 | si13 | si25 | si13 | si13 | si13 | si13 | si13 | si53 |
| 耳 | ji13 | ji13 | ji13 | ji25 | ji13 | ji24 | ŋi25 | ji13 | ji13 | ŋi31 |
| 基 | kei52 | ki52 | ki52 | ki45 | ki45 | kei55 | kei52 | kei52 | kei52 | ki34 |
| 记 | kei33 | ki33 | ki33 | ki33 | ki33 | kei33 | kei33 | kei33 | kei33 | ki53 |
| 起 | hei25 | hi25 | hi25 | hi25 | hi25 | hei24 | hei25 | hei25 | hei25 | kʰi31 |
| 喜 | hei25 | hi25 | hi25 | hi25 | ʔi45 | hei24 | hei25 | hei25 | hei25 | si31 |
| 医 | ji52 | ʔi52 | ʔi52 | ji45 | ʔi33 | ji55 | ji52 | ji52 | ji52 | ji34 |
| 意 | ji33 | ʔi33 | ʔi33 | ji33 | ʔi33 | ji33 | ji33 | ji33 | ji33 | ji53 |
| 以 | ji13 | hi13 | ji13 | hi25 | hi13 | ji33 | ji13 | ji13 | ji13 | ji34 |
| 几 | kei25/ki25 | ki25 | ki25 | ki25 | ki25 | kei24 | ki25 | kei25 | kei25 | ki31 |
| 气 | hei33 | hi33 | hi33 | hi33 | hi33 | hei33 | hei33 | hei33 | hei33 | si53 |
| 希 | hei52 | hi52 | hi52 | hi45 | hi45 | hei55 | hei52 | hei52 | hei52 | hi34 |

（续上表）

| | 桂城 | 西樵 | 丹灶 | 九江 | 沙头 | 大榄 | 狮北 | 大沥 | 里水 | 北洲 |
|---|---|---|---|---|---|---|---|---|---|---|
| 随 | tsʰøy31 | tsʰøy31 | tsʰøy31 | tsʰøy31 | tsʰøy42 | søy21 | tsʰøy21 | tsøy21 | tsʰøy21 | tsʰui22 |
| 吹 | tsʰøy52 | tsʰøy52 | tsʰøy52 | tsʰɔi45 | tsʰøy45 | tsʰøy22 | tsʰøy52 | tsʰøy52 | tsʰøy52 | tsʰui34 |
| 脆 | kwɐi22 | kwʰɐi22 | kwʰɐi22 | kwɐi13 | kwɐi22 | kwɐi22 | kwɐi22 | kwɐi22 | kwɐi22 | kʰui31 |
| 危 | ŋɐi31 | ŋɐi31 | ŋɐi31 | ŋɐi31 | ŋɐi42 | ŋɐi21 | ŋɐi21 | ŋɐi21 | ŋɐi21 | ŋɐi22 |
| 委 | wɐi25 | wɐi25 | wɐi25 | wɐi25 | wɐi25 | wɐi24 | wɐi25 | wɐi25 | wɐi25 | vui31 |
| 泪 | løy22 | løy22 | løy22 | løy13 | løy22 | løy22 | løy22 | løy22 | løy22 | lui31 |
| 追 | tsøy52 | tsøy52 | tsøy52 | tsɔi45 | tsɔ45 | tsøy22 | tsøy52 | tsøy52 | tsøy52 | tsui34 |
| 衰 | søy52 | søy52 | søy52 | sɔi45 | søy45 | søy22 | søy52 | søy52 | søy52 | sɔi34 |
| 水 | søy25 | søy25 | søy25 | sɔi25 | sɔ25 | søy24 | søy25 | søy25 | søy25 | sui31 |
| 龟 | kwɐi55 | kwɐi45 | kwɐi45 | kwɐi45 | kwɐi45 | kwɐi55 | kwɐi55 | kwɐi55 | kwɐi45 | kui34 |
| 葵 | kwʰɐi22 | kwʰɐi31 | kwʰɐi31 | kwʰɔi31 | kwʰɐi42 | kwʰɐi21 | kwʰɐi21 | kwʰɐi21 | kwʰɐi21 | kʰui22 |
| 柜 | kwɐi22 | kwʰɐi22 | kwʰɐi22 | kwɐi13 | kwɐi22 | kwɐi22 | kwɐi22 | kwɐi22 | kwɐi22 | kʰui31 |
| 位 | wɐi22 | wɐi25 | wɐi25 | wɐi13 | wɐi22 | wɐi24 | wɐi25 | wɐi22 | wɐi22 | vui31 |
| 维 | wɐi31 | wɐi31 | wɐi31 | wɐi31 | wɐi42 | lɐi21 | lɐi22 | lɐi22 | lɐi22 | vui22 |
| 飞 | fei52 | fi52 | fi52 | fɐi45 | pʰɐi45 | fei55 | fei52 | fei52 | fei52 | fui34 |
| 费 | fei33 | fei33 | fei33 | fei33 | pʰɐi33 | fei33 | fei33 | fei33 | fei33 | fui53 |
| 肥 | fei31 | fi31 | fi31 | fɐi31 | pʰɐi42 | fei21 | fei21 | fei21 | fei21 | fui22 |

(续上表)

| | 桂城 | 西樵 | 丹灶 | 九江 | 沙头 | 大榄 | 狮北 | 大沥 | 里水 | 北洲 |
|---|---|---|---|---|---|---|---|---|---|---|
| 尾 | mei13 | mi13 | mi13 | mɐi13 | mɐi13 | mei13 | mei13 | mei13 | mei13 | mui34 |
| 咪 | mei22 | mi22 | mi22 | mɐi13 | mɐi22 | mei22 | mei22 | mei22 | mei22 | mu31 |
| 鬼 | kwɐi25 | kwɐi25 | kwɐi25 | kwɐi25 | kwɐi25 | kwɐi24 | kwɐi25 | kwɐi25 | kwɐi25 | kui31 |
| 贵 | kwɐi33 | kwɐi33 | kwɐi33 | kwɐi33 | kwɐi33 | kwɐi33 | kwɐi33 | kwɐi33 | kwɐi33 | kui53 |
| 威 | wɐi52 | wɐi52 | wɐi52 | wɐi45 | wɐi45 | wɐi55 | wɐi52 | wɐi52 | wɐi52 | vui34 |
| 畏 | wɐi33 | wɐi33 | wɐi33 | wɐi33 | wɐi33 | wɐi33 | wɐi33 | wɐi33 | wɐi33 | vui53 |
| 伟 | wɐi13 | wɐi13 | wɐi13 | wɐi25 | wɐi13 | wɐi13 | wɐi13 | wɐi13 | wɐi13 | vui34 |
| 胃 | wɐi22 | wɐi22 | wɐi22 | wɐi13 | wɐi22 | wɐi22 | wɐi22 | wɐi22 | wɐi22 | vui53 |
| 宝 | pou25 | pu25 | pu25 | pɐu25 | pɔ25 | pau24 | pau25 | pou25 | pou25 | pau31 |
| 报 | pou33/pu33 | pu33 | pu33 | pɐu33 | pou33 | pau33 | pou33 | pou33 | pou33 | pau53 |
| 抱 | pʰou13 | pu13 | pu13 | pʰɐu25 | pʰou13 | pʰau24 | pʰau13 | pʰou13 | pʰou13 | pʰau34 |
| 暴 | pou22 | pu22 | pu22 | pau13 | pou22 | pau22 | pou22 | pou22 | pou22 | pau53 |
| 毛 | mou31 | mu31 | mu31 | mau31 | mɔ42 | mau21 | mau21 | mou21 | mou21 | mau22 |
| 帽 | mou25 | mu25 | mu25 | mau13 | mɔ25 | mau215 | mau25 | mou25 | mou25 | mau31 |
| 刀 | tou52 | tu52 | tu52 | tau45 | tɔ45 | tau22 | tau52 | tou52 | tou45 | tau34 |
| 到 | tou33/tu33 | tu33 | tu33 | tau33 | tɔ33 | tau33 | tau33 | tou33 | tou33 | tau53 |

（续上表）

| | 桂城 | 西樵 | 丹灶 | 九江 | 沙头 | 大㰉 | 狮北 | 大沥 | 里水 | 北洲 |
|---|---|---|---|---|---|---|---|---|---|---|
| 讨 | tʰou25 | tʰu25 | tʰu25 | hau25 | tʰou25 | tʰou24 | tʰou25 | tʰou25 | tʰou25 | tʰau31 |
| 套 | tʰou33 | tʰu33 | tʰu33 | hau33 | tʰou33 | tʰau33 | tʰou33 | tʰou33 | tʰou33 | tʰau53 |
| 桃 | tʰou31 | tʰu31 | tʰu31 | hau31 | tʰou42 | tʰau215 | tʰau25 | tʰou21 | tʰou21 | tʰau22 |
| 稻 | tou22 | tu22 | tu22 | tau13 | tou22 | tou22 | tou22 | tou22 | tou22 | tʰau53 |
| 导 | tou22 | tu22 | tu22 | tau13 | tou22 | tou22 | tou22 | tou22 | tou22 | tʰau31 |
| 恼 | nou13 | lu13 | lu13 | nau25 | nou13 | lou13 | lou13 | lou13 | lou13 | lau31 |
| 劳 | lou31 | lu31 | lu31 | lau31 | lou42 | lou21 | lou21 | lou21 | lou21 | lau22 |
| 老 | lou13 | lu13 | lu13 | lau25 | lɔ13 | lau24 | lau25 | lou13 | lou13 | lau31 |
| 糟 | tsou52 | tsu52 | tsu52 | tsau45 | tou45 | tsau22 | tsou52 | tsou52 | tsou52 | tsau34 |
| 早 | tsou25 | tsu25 | tsu25 | tsau25 | tɔ25 | tsau24 | tsou25 | tsou25 | tsou25 | tsau31 |
| 灶 | tsou33 | tsu33 | tsu33 | tsau33 | tɔ33 | tsau33 | tsou33 | tsou33 | tsou33 | tsau53 |
| 草 | tsʰou25 | tsʰu25 | tsʰu25 | tsʰau25 | tsʰɔ25 | tsʰau24 | tsʰau25 | tsʰou25 | tsʰou25 | tsʰau31 |
| 造 | tsou22 | tsu22 | tsu22 | tsau13 | tsou22 | tsou22 | tsou22 | tsou22 | tsou22 | tsʰau53 |
| 臊 | sou52 | su52 | su52 | tsʰau33 | tsʰou33 | sau22 | sou52 | sou52 | sou52 | sau34 |
| 扫 | sou33/su33 | su33 | su33 | sau33 | sɔ33 | sau33 | sou33 | sou33 | sou33 | sau53 |
| 嫂 | sou25 | su25 | su25 | sau25 | sou25 | sau24 | sau25 | sou25 | sou25 | sau31 |
| 高 | kou52 | ku52 | ku52 | kau45 | kɔ45 | kau22 | kau52 | kou52 | kou52 | kau34 |

（续上表）

| | 桂城 | 西樵 | 丹灶 | 九江 | 沙头 | 大榄 | 狮北 | 大沥 | 里水 | 北洲 |
|---|---|---|---|---|---|---|---|---|---|---|
| 稿 | kou25 | ku25 | ku25 | kau25 | kou25 | kau24 | kou25 | kou25 | kou25 | kau31 |
| 告 | kou33 | ku33 | ku33 | kau33 | kou33 | kau33 | kou33 | kou33 | kou33 | kau53 |
| 考 | hau25 | hau25 | hau25 | hau25 | hau25 | hau24 | hau25 | hau25 | hau25 | kʰau31 |
| 靠 | kʰau33 | kʰau33 | kʰau33 | kʰau33 | kʰau33 | kʰau33 | kʰau33 | kʰau33 | kʰau33 | kʰau53 |
| 好 | hou25 | hu25 | hu25 | hau25 | hou25 | hau24 | hau25 | hou25 | hou25 | hau31 |
| 号 | hou22 | hu22 | hu22 | hau13 | hɔ22 | hau22 | hou22 | hou22 | hou22 | hau53 |
| 包 | pau52/pεu52 | pau45/pεu52 | pau45/pεu52 | pau45 | pau45 | pau55 | pau52 | pau52 | pau52 | pau34 |
| 饱 | pau25/pεu25 | pεu25 | pεu25 | pεu25 | pεu25 | pεu24 | pεu25 | pau25/pεu25 | pau25 | pau31 |
| 爆 | pau33/pεu33 | pεu33 | pεu33 | pεu33 | pau33 | pεu33 | pεu33 | pau33 | pau33 | pau53 |
| 炮 | pau33 | pʰau33/pʰεu33 | pʰau33 | pʰau33 | pʰau33 | pʰau33 | pʰau33 | pʰau33 | pʰau33 | pʰau53 |
| 跑 | pʰau25/pʰεu25 | pʰau25 | pʰau25 | pʰau25 | pʰau25 | pʰau24 | pʰau25 | pʰau25 | pʰau25 | pʰau34 |
| 茅 | mau31 | mεu31 | mau31 | mau31 | mau42 | mau21 | mau21 | mau21 | mau21 | mau22 |

（续上表）

| | 桂城 | 西樵 | 丹灶 | 九江 | 沙头 | 大樵 | 狮北 | 大沥 | 里水 | 北洲 |
|---|---|---|---|---|---|---|---|---|---|---|
| 猫 | mau55/mɛu55 | mɛu45 | mɛu45 | mɛu45 | mɛu45 | miu55 | mɛu55 | mau55/miu55 | mau45 | miɛu53 |
| 貌 | mau22 | mau22 | mau22 | mau13 | mau22 | mau22 | mau22 | mau22 | mau22 | mau31 |
| 闹 | nau33/nɛu33 | lau22 | lau22 | nau13 | nau22 | lau22 | lau22 | lau22 | lau22 | lau31 |
| 罩 | tsau33/tsɛu33 | tsau33 | tsau33 | tsau33 | tsau33 | tsau33 | tsɛu33 | tsau33 | tsau33 | tsau53 |
| 爪 | tsau25/tsɛu25 | tsau25 | tsau25 | tsau25 | tsau25 | tsɛu24 | tsɛu25 | tsau25 | tsau25 | tsau31 |
| 抄 | tsʰau52/tsʰɛu52 | tsʰɛu52 | tsʰau52 | tsʰɛu45 | tsʰɛu45 | tsʰɛu22 | tsʰɛu52 | tsʰau52 | tsʰau52 | tsʰau34 |
| 炒 | tsʰau25/tsʰɛu25 | tsʰɛu25 | tsʰɛu25 | tsʰɛu25 | tsʰɛu25 | tsʰɛu24 | tsʰɛu25 | tsʰau25 | tsʰau25 | tsʰau31 |
| 交 | kau52/kɛu52 | kau52/kɛu52 | kau52/kɛu52 | kɛu45 | kɛu45 | kɛu22 | kɛu52 | kau52 | kau52 | kau34 |
| 咬 | ŋau13/ŋɛu13 | ŋɛu13 | ŋɛu13 | ŋɛu25 | ŋɛu13 | ŋɛu24 | ŋɛu25 | ŋau13 | ŋau13 | ŋau34 |
| 孝 | hau33 | hau33 | hau33 | hau33 | hau33 | hau33 | hau33 | hau33 | hau33 | hau53 |
| 效 | hau22 | hau22 | hau22 | hau13 | hau22 | hau22 | hau22 | hau22 | hau22 | hau31 |
| 标 | piu52 | piu52 | piu52 | piu45 | piu45 | piɛu55 | piu52 | piu52 | piu52 | piɛu34 |

(续上表)

| | 桂城 | 西樵 | 丹灶 | 九江 | 沙头 | 大㴦 | 狮北 | 大沥 | 里水 | 北洲 |
|---|---|---|---|---|---|---|---|---|---|---|
| 表 | piu25 | piu25 | piu25 | piu25 | piu25 | piu24 | piu25 | piu25 | piu25 | piɛu31 |
| 票 | pʰiu33 | pʰiu33 | pʰiu33 | pʰiu33 | pʰiu33 | pʰiu33 | pʰiu33 | pʰiu33 | pʰiu33 | pʰiɛu53 |
| 苗 | miu31/mɛu31 | mɛu31 | miu31 | miu31 | miu42 | miu21 | miu21 | miu21 | miu21 | miɛu22 |
| 秒 | miu13 | miu13 | miu13 | miu25 | miu13 | miu13 | miu13 | miu13 | miu13 | miɛu31 |
| 庙 | miu22/miu25 | miu25 | miu22 | miu13 | miu25 | miu215 | miu25 | miu25 | miu22 | miɛu31 |
| 疗 | liu31 | liu31 | liu31 | liu31 | [iu42 | liu21 | liu21 | liu21 | liu21 | liɛu22 |
| 椒 | tsiu52 | tsiu52 | tsiu52 | tsiu45 | tiu45 | tsiu55 | tsiu55 | tsiu52 | tsiu52 | tsiɛu34 |
| 消 | siu52 | siu52 | siu52 | siu45 | siu45 | siu55 | siu52 | siu52 | siu52 | siɛu34 |
| 小 | siu25 | siu25 | siu25 | siu25 | siu25 | siu24 | siu25 | siu25 | siu25 | siɛu31 |
| 笑 | siu33 | siu33 | siu33 | siu33 | siu33 | siu33 | siu33 | siu33 | siu33 | siɛu53 |
| 朝~晨 | tsiu52 | tsiu52 | tsiu52 | tsiu45 | tsiu45 | tsiu22 | tsiu52 | tsiu52 | tsiu52 | tsau34 |
| 超 | tsʰiu52 | tsʰiu52 | tsʰiu52 | tsʰiu45 | tsʰiu45 | tsʰiu22 | tsʰiu52 | tsʰiu52 | tsʰiu52 | tsʰau34 |
| 朝~代 | tsʰiu31 | tsʰiu31 | tsʰiu31 | tsiu31 | tsʰiu42 | tsʰiu21 | tsʰiu21 | tsʰiu21 | tsʰiu21 | tsʰau22 |
| 赵 | tsiu22 | tsiu22 | tsiu22 | tsiu13 | tsiu22 | tsiu22 | tsiu22 | tsiu22 | tsiu22 | tsʰau31 |
| 招 | tsiu52 | tsiu52 | tsiu52 | tsiu45 | tsiu45 | tsiu22 | tsiu52 | tsiu52 | tsiu52 | tsau34 |
| 照 | tsiu33 | tsiu33 | tsiu33 | tsiu33 | tsiu33 | tsiu33 | tsiu33 | tsiu33 | tsiu33 | tsau53 |

(续上表)

| | 桂城 | 西樵 | 丹灶 | 九江 | 沙头 | 大㘵 | 狮北 | 大沥 | 里水 | 北洲 |
|---|---|---|---|---|---|---|---|---|---|---|
| 烧 | siu52 | siu52 | siu52 | siu45 | siu45 | siu22 | siu52 | siu52 | siu52 | sau34 |
| 小 | siu33 | siu25 | siu25 | siu25 | siu25 | siu24 | siu25 | siu25 | siu25 | sau31 |
| 饶 | jiu31 | jiu31 | jiu31 | jiu31 | jiu42 | jiu21 | jiu21 | jiu21 | jiu21 | jau22 |
| 绕 | jiu13 | jiu25 | jiu25 | jiu45 | jiu25 | jiu24 | jiu13 | jiu13 | jiu25 | jau31 |
| 娇 | kiu52 | kiu52 | kiu45 | kiu45 | kiu45 | kiu55 | kiu55 | kiu52 | kiu52 | kiɛu34 |
| 桥 | kʰiu31 | kʰiu31 | kʰiu31 | kʰiu31 | kʰiu42 | kʰiu21 | kʰiu21 | kʰiu21 | kʰiu21 | kʰiɛu22 |
| 轿 | kʰiu25 | kʰiu25 | kʰiu25 | kiu33 | kʰiu25 | kʰiu13 | kʰiu25 | kʰiu25 | kʰiu25 | kʰiɛu31 |
| 要 | ʔiu33 | ʔiu33 | ʔiu33 | jiu33 | ʔiu33 | jiu33 | jiu33 | jiu33 | jiu33 | jau53 |
| 摇 | jiu31 | jiu31 | jiu31 | jiu31 | ʔiu42 | jiu21 | jiu21 | jiu21 | jiu21 | jau22 |
| 耀 | jiu22 | hiu22 | jiu22 | hiu13 | ʔiu22 | jiu22 | jiu22 | jiu22 | jiu22 | jau31 |
| 鸟 | niu13 | liu13 | liu13 | liu25 | liu13 | niu13 | liu13 | liu13 | liu13 | tiɛu34 |
| 吊 | tiu33 | tiu33 | tiu33 | tiu33 | tiu33 | teu33 | teu33 | tiu33 | tiu33 | tiɛu53 |
| 挑 | tʰiu52 | tʰiu52 | tʰiu52 | hiu45 | tʰiu45 | tʰɛu22 | tʰɛu52 | tʰiu52 | tʰiu52 | tʰiɛu34 |
| 跳 | tʰiu33 | tʰiu33 | tʰiu33 | hiu33 | tʰiu33 | tʰɛu33 | tʰɛu33 | tʰiu33 | tʰiu33 | tʰiɛu53 |
| 条 | tʰiu31 | tiu31 | tiu31 | hiu31 | tiu42 | tʰɛu21 | tʰɛu21 | tʰiu21 | tʰiu21 | tʰiɛu22 |
| 调 | tiu22 | tiu22 | tiu22 | tiu13 | tʰiu42 | tʰiu21 | tiu22 | tʰiu22 | tiu22 | tʰiɛu31 |
| 尿 | niu22 | liu22 | liu22 | niu13 | niu22 | neu22 | lɛu22 | liu22 | liu22 | ɲiɛu31 |

（续上表）

| | 桂城 | 西樵 | 丹灶 | 九江 | 沙头 | 大榄 | 狮北 | 大沥 | 里水 | 北洲 |
|---|---|---|---|---|---|---|---|---|---|---|
| 丁 | liu13 | liu13 | liu13 | liu25 | liu13 | liu13 | liu13 | liu13 | liu13 | liɛu22 |
| 料 | liu22 | liu25 | liu25 | liu13 | liu22 | liu215 | liu22 | liu25 | liu25 | liɛu31 |
| 叫 | kiu33 | kiu33 | kiu33 | kiu33 | kiu33 | kiu33 | kiu33 | kiu33 | kiu33 | kiɛu53 |
| 晓 | hiu25 | hiu25 | hiu25 | hiu25 | hiu25 | hiu24 | hiu25 | hiu25 | hiu25 | sau31 |
| 苗 | mau13 | mau13 | mau13 | mau25 | mau13 | mou13 | meu13 | mau13 | meu13 | meu34 |
| 母 | mou13/mu13 | mu13 | mu13 | mu25 | mou13 | mou13 | mou13 | mou13 | mou13 | mu34 |
| 贸 | meu22 | mau22 | mau22 | mau13 | mau22 | mou22 | mau22 | mau22 | mau22 | mau31 |
| 兜 | tau52 | tau52 | tau52 | tau45 | tau45 | tau22 | tau52 | tau52 | tau52 | teu34 |
| 斗～ | tau25 | tau25 | tau25 | tau25 | tau25 | tau24 | tau25 | tau25 | tau25 | teu31 |
| 斗 | teu33 | teu33 | teu33 | teu33 | teu33 | teu33 | teu33 | teu33 | teu33 | teu53 |
| 偷 | tʰau52/tʰau55 | tʰau52 | tʰau52 | tʰau45 | tʰau45 | tʰau22 | tʰau52 | tʰau52 | tʰau52 | tʰeu34 |
| 透 | tʰau33 | tʰau33 | tʰau33 | tʰau33 | tʰau33 | tʰau33 | tʰau33 | tʰau33 | tʰau33 | tʰeu53 |
| 头 | tʰeu31/teu31 | teu31 | teu31 | heu31 | teu31 | tʰau21 | teu21 | tʰau21 | tʰau21 | tʰeu22 |
| 豆 | teu25 | teu22 | teu22 | teu13 | teu22 | teu215 | tau13 | tau25 | tau22 | tʰeu31 |
| 楼 | leu31 | leu25 | leu25 | leu31 | leu42 | leu215 | lau21 | lau21 | lau21 | leu22 |

（续上表）

| | 桂城 | 西樵 | 丹灶 | 九江 | 沙头 | 大㘵 | 狮北 | 大沥 | 里水 | 北洲 |
|---|---|---|---|---|---|---|---|---|---|---|
| 漏 | lɐu22 | lɐu22 | lɐu22 | lɐu13 | lɐu22 | lɐu22 | lɐu22 | lɐu22 | lɐu22 | lɐu31 |
| 走 | tsɐu25 | tsɐu25 | tsɐu25 | tsɐu25 | tsɐu25 | tsɐu24 | tsɐu25 | tsɐu25 | tsɐu25 | tsɐu31 |
| 羑 | tsɐu33 | tsɐu33 | tsɐu33 | tsɐu33 | tɐu33 | tsɐu33 | tsɐu33 | tsɐu33 | tsɐu33 | tsɐu53 |
| 湊 | tsʰɐu33 | tsʰɐu33 | tsʰɐu33 | tsʰɐu33 | tsʰɐu33 | tsʰɐu33 | tsʰɐu33 | tsʰɐu33 | tsʰɐu33 | tsʰɐu53 |
| 鈎 | ŋaɐu55 | ŋaɐu45 | ŋaɐu45 | ŋaɐu45 | ŋaɐu45 | ŋaɐu22 | ŋaɐu55 | ŋaɐu55 | ŋaɐu45 | ŋaɐu34 |
| 狗 | kɐu25 | kɐu25 | kɐu25 | kɐu25 | kɐu25 | kɐu24 | kɐu25 | kɐu25 | kɐu25 | kɐu31 |
| 够 | kɐu33 | kɐu33 | kɐu33 | kɐu33 | kɐu33 | kɐu33 | kɐu33 | kɐu33 | kɐu33 | kɐu53 |
| 口 | hɐu25 | hɐu25 | hɐu25 | hɐu25 | hɐu25 | hɐu24 | hɐu25 | hɐu25 | hɐu25 | hɐu31 |
| 扣 | kʰɐu33 | kʰɐu33 | kʰɐu33 | kʰɐu33 | kʰɐu33 | kʰɐu33 | kʰɐu33 | kʰɐu33 | kʰɐu33 | kʰɐu53 |
| 藕 | ŋau13 | ŋau13 | ŋau13 | ŋau25 | ŋau13 | ŋau13 | ŋau13 | ŋau13 | ŋau13 | ŋau34 |
| 喉 | hɐu31 | hɐu31 | hɐu31 | hɐu31 | hɐu42 | hɐu21 | hɐu21 | hɐu21 | hɐu21 | hiɛu22 |
| 厚 | hɐu13 | hɐu13 | hɐu13 | hɐu25 | hɐu13 | hɐu13 | hɐu13 | hɐu13 | hɐu13 | hɐu34 |
| 后 | hɐu22 | hɐu22 | hɐu22 | hɐu13 | hɐu22 | hɐu22 | hɐu22 | hɐu22 | hɐu22 | hɐu31 |
| 欧 | ŋɐu52 | ɐu52 | ɐu52 | au45 | au45 | ŋɐu55 | ŋɐu52 | ŋɐu52 | ŋɐu52 | ŋɐu34 |
| 呕 | ɐu25 | ɐu25 | ɐu25 | au25 | au25 | ŋɐu24 | ŋɐu25 | ŋɐu25 | ŋɐu25 | ɐu31 |
| 沤 | ɐu33 | ɐu33 | ɐu33 | au33 | au33 | ŋɐu33 | ŋɐu33 | ŋɐu33 | ŋɐu33 | ŋɐu53 |
| 否 | fɐu25 | fɐu25 | fɐu25 | fɐu25 | pʰau25 | fou24 | fɐu25 | fɐu25 | fau25 | fɐu31 |

（续上表）

| | 桂城 | 西樵 | 丹灶 | 九江 | 沙头 | 大橄 | 狮北 | 大沥 | 里水 | 北洲 |
|---|---|---|---|---|---|---|---|---|---|---|
| 富 | fu33 | fu33 | fu33 | fu33 | fu33 | fu33 | fu33 | fu33 | fu33 | fu53 |
| 谋 | meu31 | meu31 | meu31 | meu31 | mau42 | mou21 | meu21 | meu21 | meu21 | meu22 |
| 纽 | neu25 | leu25 | leu25 | neu25 | neu25 | leu24 | leu25 | leu25 | leu25 | leu31 |
| 刘 | leu31 | leu31 | leu31 | leu31 | leu42 | leu21 | leu21 | leu21 | leu21 | liu22 |
| 柳 | leu13 | leu13 | leu13 | leu25 | leu13 | leu13 | leu13 | leu13 | leu13 | liu34 |
| 酒 | tsau25 | tsau25 | tsau25 | tsau25 | tsau25 | tsau24 | tsau25 | tsau25 | tsau25 | tsiu31 |
| 秋 | tsʰeu52 | tsʰeu52 | tsʰeu52 | tsʰeu45 | tʰau45 | tsʰau55 | tsʰau52 | tsʰau52 | tsʰau52 | tsʰiu34 |
| 就 | tsau22 | tsau22 | tsau22 | tsau13 | tau22 | tsau22 | tsau22 | tsau22 | tsau22 | tsʰiu31 |
| 修 | sau52 | sau52 | sau52 | sau45 | sau45 | sau22 | sau52 | sau52 | sau52 | siu34 |
| 秀 | sau33 | sau33 | sau33 | sau33 | sau33 | sau33 | sau33 | sau33 | sau33 | siu53 |
| 袖 | tsau22 | tsau22 | tsau22 | tsau13 | tau22 | tsau22 | tsau22 | tsau22 | tsau22 | tsʰiu31 |
| 昼 | tsau33 | tsau33 | tsau33 | tsau33 | tsau33 | tsau33 | tsau33 | tsau33 | tsau33 | tsiu53 |
| 抽 | tsʰeu52 | tsʰeu52 | tsʰeu52 | tsʰau45 | tsʰau45 | tsʰau22 | tsʰau52 | tsʰau52 | tsʰau52 | tsʰiu34 |
| 绸 | tsʰeu25 | tsʰeu25 | tsʰau31 | tsʰau31 | tau42 | tsau21 | tsau21 | tsau21 | tsau21 | tsʰiu22 |
| 苗 | tsau22 | tsau22 | tsau22 | tsau13 | tau22 | tsau22 | tsau22 | tsau22 | tsau22 | tsʰiu31 |
| 邹 | tsau52 | tsau52 | tsau52 | tsau45 | tau45 | tsau55 | tsau52 | tsau52 | tsau52 | tsau34 |
| 皱 | tsau33 | tsau33 | tsau33 | tsau33 | tau33 | tsau33 | tsau33 | tsau33 | tsau33 | tsiu53 |

（续上表）

| | 桂城 | 西樵 | 丹灶 | 九江 | 沙头 | 大㘵 | 狮北 | 大沥 | 里水 | 北洲 |
|---|---|---|---|---|---|---|---|---|---|---|
| 愁 | sɐu31 | sɐu31 | sɐu31 | sɐu31 | sɐu42 | sɐu21 | sɐu21 | sɐu21 | sɐu21 | seu22 |
| 搜 | sɐu25 | sɐu25 | sɐu25 | sɐu25 | sɐu25 | sɐu24 | sɐu25 | sɐu25 | sɐu25 | siu31 |
| 瘦 | sɐu33 | sɐu33 | sɐu33 | sɐu33 | sɐu33 | sɐu33 | sɐu33 | sɐu33 | sɐu33 | seu53 |
| 周 | tsɐu52 | tsɐu52 | tsɐu52 | tsɐu45 | tsɐu45 | tsɐu55 | tsɐu52 | tsɐu52 | tsɐu52 | tsiu34 |
| 丑 | tsʰɐu25 | tsʰɐu25 | tsʰɐu25 | tsʰɐu25 | tsʰɐu25 | tsʰɐu24 | tsʰɐu25 | tsʰɐu25 | tsʰɐu25 | tsʰiu31 |
| 臭 | tsʰɐu33 | tsʰɐu33 | tsʰɐu33 | tsʰɐu33 | tsʰɐu33 | tsʰɐu33 | tsʰɐu33 | tsʰɐu33 | tsʰɐu33 | tsʰiu53 |
| 收 | sɐu52 | sɐu52 | sɐu52 | sɐu45 | sɐu45 | sɐu22 | sɐu52 | sɐu52 | sɐu52 | siu34 |
| 手 | sɐu25 | sɐu25 | sɐu25 | sɐu25 | sɐu25 | sɐu24 | sɐu25 | sɐu25 | sɐu25 | siu31 |
| 兽 | sɐu33 | sɐu33 | sɐu33 | sɐu33 | sɐu33 | sɐu33 | sɐu33 | sɐu33 | sɐu33 | siu53 |
| 仇 | tsʰɐu31/sɐu31 | sɐu31 | sɐu31 | sɐu31 | sɐu42 | sɐu21 | sɐu21 | sɐu21 | sɐu21 | siu22 |
| 寿 | sɐu22 | sɐu22 | sɐu22 | sɐu13 | sɐu22 | sɐu22 | sɐu22 | sɐu22 | sɐu22 | siu31 |
| 九 | kɐu25 | kɐu25 | kɐu25 | kɐu25 | kɐu25 | kɐu24 | kɐu25 | kɐu25 | kɐu25 | kiu31 |
| 救 | kɐu33 | kɐu33 | kɐu33 | kɐu33 | kɐu33 | kɐu33 | kɐu33 | kɐu33 | kɐu33 | kiu53 |
| 求 | kʰɐu31 | kʰɐu31 | kʰɐu31 | kʰɐu31 | kʰɐu42 | kʰɐu21 | kʰɐu21 | kʰɐu21 | kʰɐu21 | kʰiu22 |
| 舅 | kʰɐu13 | kʰɐu13 | kʰɐu13 | kʰɐu25 | kʰɐu13 | kʰɐu13 | kʰɐu13 | kʰɐu13 | kʰɐu13 | kʰiu34 |
| 旧 | kɐu22 | kɐu22 | kɐu22 | sɐu13 | kɐu22 | kɐu22 | kɐu22 | kɐu22 | kɐu22 | kʰiu31 |
| 牛 | ŋɐu31 | ŋɐu31 | ŋɐu31 | ŋɐu31 | ŋɐu42 | ŋɐu21 | ŋɐu21 | ŋɐu21 | ŋɐu21 | ŋeu22 |

（续上表）

| | 桂城 | 西樵 | 丹灶 | 九江 | 沙头 | 大榄 | 狮北 | 大沥 | 里水 | 北洲 |
|---|---|---|---|---|---|---|---|---|---|---|
| 休 | jɐu52 | jɐu52 | jɐu52 | jɐu45 | jɐu45 | jɐu55 | jɐu52 | jɐu52 | jɐu52 | siu34 |
| 有 | jɐu13 | jɐu13 | jɐu13 | jɐu25 | jɐu13 | jɐu13 | jɐu13 | jɐu13 | jɐu13 | jiu34 |
| 右 | jɐu22 | jɐu22 | jɐu22 | jɐu13 | jɐu22 | jɐu22 | jɐu22 | jɐu22 | jɐu22 | jiu31 |
| 油 | jɐu31 | jɐu31 | jɐu31 | jɐu31 | jɐu42 | jɐu21 | jɐu21 | jɐu21 | jɐu21 | jiu22 |
| 丢 | tiu52 | tiu52 | tiu52 | tiu45 | tiu45 | tiu55 | tiu52 | tiu52 | tiu52 | tiu34 |
| 答 | tap3 | tap3 | tap3 | tap3 | tap3 | tap3 | tap3 | tap3 | tap3 | tap2 |
| 贪 | tʰam52 | tʰam52 | tʰam52 | ham45 | tʰam45 | tʰam22 | tʰam52 | tʰam52 | tʰam52 | tʰam34 |
| 探 | tʰam33 | tʰam33 | tʰam33 | ham33 | tʰam33 | tʰam33 | tʰam33 | tʰam33 | tʰam33 | tʰam53 |
| 南 | nam31 | lam31 | lam31 | nam31 | nam42 | lam21 | lam21 | lam21 | lam21 | lam22 |
| 纳 | nap2 | lap2 | lap2 | nap2 | nap2 | lap2 | lap2 | lap2 | lap2 | lap5 |
| 参 | tsʰam52 | tsʰam52 | tsʰam52 | tsʰam45 | tsʰam45 | tsʰam55 | tsʰam52 | tsʰam52 | tsʰam52 | tsʰam34 |
| 修 | tsʰam25 | tsʰam25 | tsʰam25 | tsʰam25 | tsʰam25 | tsʰam24 | tsʰam25 | tsʰam25 | tsʰam25 | tsʰam31 |
| 蚕 | tsʰam31 | tsʰam31 | tsʰam31 | tsʰam31 | tam42 | tsʰam21 | tsʰam21 | tsʰam21 | tsʰam21 | tsʰam22 |
| 杂 | tsap2 | tsap2 | tsap2 | tsap2 | tap2 | tsap2 | tsap2 | tsap2 | tsap2 | tsʰap5 |
| 鸽 | kɔp3 | kɔp3 | kɔp3 | kap3 | kɔp3 | kap3 | kap3 | kɔp25 | kop3 | kap2 |
| 含 | hɔm31 | hɔm31 | hɐm31 | hɐm31 | hɐm42 | hɐm21 | hɐm21 | hɐm21 | hɐm21 | ham22 |
| 合 | hɔp2 | hɔp2 | hop2 | hap2 | hop2 | hap2 | hap2 | hap2 | hap2 | hap5 |

（续上表）

| | 桂城 | 西樵 | 丹灶 | 九江 | 沙头 | 大榄 | 狮北 | 大沥 | 里水 | 北洲 |
|---|---|---|---|---|---|---|---|---|---|---|
| 庵 | ɐm55 | ɔm45 | ɐm45 | am45 | ɐm45 | ŋɐm55 | ŋɐm55 | ŋɐm55 | ŋɐm45 | ŋɐm34 |
| 揞 | ɐm25 | ɐm25 | ɐm25 | ɐm25 | ɐm25 | ŋɐm24 | ŋɐm25 | ŋɐm25 | ŋɐm25 | ŋɐm31 |
| 暗 | ɐm33/om33 | ɔm33 | ɐm33 | am33 | am33 | ŋɐm33 | ŋɐm33 | ŋɐm33 | ŋɐm33 | ŋɐm53 |
| 担[动] | tam52 | tam52 | tam52 | tam45 | tam45 | tam33 | tam52 | tam52 | tam52 | tam34 |
| 担[名] | tam33 | tam33 | tam33 | tam33 | tam33 | tam33 | tam33 | tam33 | tam33 | tam53 |
| 胆 | tam25 | tam25 | tam25 | tam25 | tam25 | tam24 | tam25 | tam25 | tam25 | tam31 |
| 塔 | tʰap3 | tʰap3 | tʰap3 | hap3 | tʰap3 | tʰap3 | tʰap3 | tʰap3 | tʰap3 | tʰap2 |
| 淡 | tʰam31 | tʰam31 | tʰam31 | ham31 | tʰam42 | tʰam21 | tʰam21 | tʰam21 | tʰam21 | tʰam22 |
| 淡 | tʰam13 | tʰam13 | tʰam13 | tam13 | tʰam13 | tʰam13 | tʰam13 | tʰam13 | tʰam13 | tʰam34 |
| 篮 | lam31 | lam31 | lam31 | lam31 | lam42 | lam21 | lam21 | lam21 | lam21 | lam22 |
| 槛 | lam25 | lam25 | lam25 | lam25 | lam25 | lam24 | lam25 | lam25 | lam25 | lam31 |
| 腊 | lap2 | lap2 | lap2 | lap2 | lap2 | lap2 | lap2 | lap2 | lap2 | lap5 |
| 暂 | tsam22 | tsam22 | tsam22 | tsam13 | tsam22 | tsam22 | tsam22 | tsam22 | tsam22 | tsʰam31 |
| 甘 | kom52 | kɔm52 | kom52 | kam45 | kom45 | kɐm55 | kɐm52 | kɐm52/kom52 | kom52 | kam34 |
| 敢 | kom25 | kɔm25 | kom25 | kam25 | kɐm25 | kam24 | kam25 | kɐm25/kom25 | kɐm25 | kam31 |

（续上表）

| | 桂城 | 西樵 | 丹灶 | 九江 | 沙头 | 大槐 | 狮北 | 大沥 | 里水 | 北洲 |
|---|---|---|---|---|---|---|---|---|---|---|
| 斩 | tsam25 | tsam25 | tsam25 | tsɛm25 | tsɛm25 | tsam24 | tsɛm25 | tsam25 | tsam25 | tsam31 |
| 插 | tsʰap3/tsʰɛp3 | tsʰɛp3 | tsʰap3 | tsʰɛp3 | tsʰɛp3 | tsʰɛp3 | tsʰɛp3 | tsʰap3 | tsʰap3 | tsʰap2 |
| 杉 | tsʰam33 | tsʰam33 | tsʰam33 | tsʰam33 | tsʰam33 | tsʰam33 | tsʰam33 | tsʰam33 | tsʰam33 | tsʰam34 |
| 夹 | kap3/kɛp3 | kɛp3/kʰɛp25 | kap3 | kɛp3 | kʰɛp25 | kɛp24 | kɛp2 | kap3/kɛp25 | kap3 | kap2 |
| 恰 | hɐp5 | hap5 | hap5 | hɐp5 | hɐp5 | hɐp5 | hɐp5 | hɐp5 | hɐp5 | hap5 |
| 咸 | ham31/hɛm31 | hɛm31 | hɛm31 | hɛm31 | hɛm42 | ham21 | hɛm21 | ham21 | ham21 | ham22 |
| 陷 | ham22 | ham22 | ham22 | ham13 | ham22 | ham22 | ham22 | ham22 | ham22 | ham22 |
| 衫 | sam55 | sam52 | sam52 | sam45 | sam45 | sam215 | sam55 | sam55 | sam45 | sam34 |
| 鉴 | kam33 | kam33 | kam33 | kam33 | kam33 | kam33 | kam33 | kam33 | kam33 | kam34 |
| 甲 | kap3 | kap3 | kap3 | kap3 | kɛp3 | kap3 | kap3 | kap3 | kap3 | kap2 |
| 岩 | ŋam31 | ŋam31 | ŋam31 | ŋam31 | ŋam42 | ŋam21 | ŋam21 | ŋam21 | ŋam21 | ŋam22 |
| 鸭 | ap3 | ap3 | ap3 | ap3 | ɐa | ŋap3 | ŋap3 | ŋap25 | ŋap3 | ap2 |
| 压 | at3 | at3 | at3 | at3 | ta | ŋat3 | ŋat3 | ŋat3 | ŋat3 | ŋat2 |
| 镰 | lim31 | lim31 | lim31 | lim31 | lim42 | lim13 | lim21 | lim21 | lim21 | liɛm22 |
| 猎 | lip2 | lip2 | lip2 | lit2 | lit2 | lip2 | lip2 | lip2 | lip2 | liɛp5 |

（续上表）

| | 桂城 | 西樵 | 丹灶 | 九江 | 沙头 | 大榄 | 狮北 | 大沥 | 里水 | 北洲 |
|---|---|---|---|---|---|---|---|---|---|---|
| 尖 | tsim52 | tsim52 | tsim52 | tsim45 | tim45 | tsim22 | tsim52 | tsim52 | tsim52 | tsiɛm34 |
| 接 | tsip3 | tsip3 | tsip3 | tsip3 | tip3 | tsip3 | tsip3 | tsip3 | tsip3 | tsiɛp2 |
| 签 | tsʰim52 | sim52 | tsʰim52 | tsʰim45 | tsʰim45 | tsʰim22 | tsʰim52 | tsʰim52 | tsʰim45 | tsʰiɛm34 |
| 潜 | tsʰim31 | tsʰim31 | tsʰim31 | tsʰim31 | tsʰim42 | tsʰim21 | tsʰim21 | tsʰim21 | tsʰim21 | tsʰiɛm22 |
| 渐 | tsim22 | tsim22 | tsim22 | tsim13 | tim22 | tsim22 | tsim22 | tsim22 | tsim22 | tsiɛm31 |
| 沾 | tsim52 | tim52 | tim52 | tsim45 | tsim45 | tsim55 | tsim52 | tsim52 | tsim52 | tsiɛm34 |
| 占 | tsim33 | tsim33 | tsim33 | tsim33 | tsim33 | tsim33 | tsim33 | tsim33 | tsim33 | tsiɛm53 |
| 折 | tsip3 | tsip3 | tsip3 | tsip3 | tsit3 | tsip3 | tsip3 | tsit3 | tsit3 | tsap2 |
| 闪 | sim25 | sim25 | sim25 | sim25 | sim25 | sim24 | sim25 | sim25 | sim25 | sam31 |
| 涉 | sip3 | sit3 | sip3 | sit3 | sip3 | sip3 | sip3 | sip3 | sip3 | siɛp2 |
| 染 | jim13 | jim13 | jim13 | jim25 | jim13 | jim13 | jim13 | jim13 | jim13 | jam34 |
| 检 | kʰim25 | kʰim25 | kʰim25 | kʰim25 | kʰim25 | kʰim24 | kʰim25 | kʰim25 | kim25 | kiɛm31 |
| 钳 | kʰim31 | kʰim31 | kʰim31 | kʰim31 | kʰim42 | kʰim215 | kʰim21 | kʰim21 | kʰim21 | kʰiɛm22 |
| 险 | him25 | him25 | him25 | him25 | him25 | him24 | him25 | him25 | him25 | sam31 |
| 掩 | jim25 | 2im25 | jim25 | jim25 | jim25 | jim24 | jim25 | jim25 | jim25 | jam31 |
| 厌 | jim33 | 2im33 | 2im33 | jim33 | 2im33 | jim33 | jim33 | jim33 | jim33 | jam53 |
| 盐 | jim31 | him31 | him31 | him31 | him42 | jim21 | jim21 | jim21 | jim21 | jam22 |

（续上表）

| | 桂城 | 西樵 | 丹灶 | 九江 | 沙头 | 大概 | 狮北 | 大沥 | 里水 | 北洲 |
|---|---|---|---|---|---|---|---|---|---|---|
| 叶 | jip2 | hip2 | hip2/jip2 | hip2 | hip2 | jip2 | jip2 | jip2 | jip2 | jap5 |
| 剑 | kim33 | kim33 | kim33 | kim33 | kim33 | kim33 | kim33 | kim33 | kim33 | kiɛm53 |
| 劫 | kip3 | kip3 | kip3 | kip3 | kip3 | kip3 | kip3 | kip3 | kip3 | kiɛp2 |
| 欠 | him33 | him33 | him33 | him33 | him33 | him33 | him33 | him33 | him33 | kʰiɛm53 |
| 严 | jim31 | jim31 | jim31 | jim31 | jim42 | jim21 | jim21 | jim21 | jim21 | jam22 |
| 业 | jip2 | hip2 | jip2 | hip2 | jip2 | jip2 | jip2 | jip2 | jip2 | ɲiɛp5 |
| 腌 | jip3 | ʔip3 | ʔip3 | jip3 | jip3 | jip3 | jip3 | jip3 | jip3 | jap2 |
| 点 | tim25 | tim25 | tim25 | tim25 | tim25 | tɛm24 | tim25 | tim25 | tim25 | tiɛm31 |
| 店 | tim33 | tim33 | tim33 | tim33 | tim33 | tim33 | tim33 | tim33 | tim33 | tiɛm53 |
| 跌 | tit3 | tit3 | tit3 | tit3 | tit3 | tɛt3 | tɛt3 | tit3 | tit3 | tit2 |
| 添 | tʰim52 | tʰim52 | tʰim52 | him45 | tʰim45 | tʰɛm22 | tʰim52 | tʰim52 | tʰim52 | tʰiɛm34 |
| 贴 | tʰip3 | tʰip3 | tʰip3 | hip3 | tʰip3 | tʰɛp3 | tʰɛp3 | tʰip3 | tʰip3 | tʰiɛp2 |
| 甜 | tʰim31/tim31 | tim31 | tim31 | him31 | tim42 | tʰɛm21 | tʰɛm21 | tʰim21 | tʰim21 | tʰiɛm22 |
| 碟 | tip2 | tip2 | tip2 | tip2 | tip2 | tɛp2 | tɛp2 | tip2 | tip2 | tʰiɛp5 |
| 念 | nim22 | lim22 | lim22 | lim13 | nim22 | nɛm22 | lɛm22 | nim22 | lim22 | ɲiɛm31 |
| 兼 | kim52 | kim52 | kim52 | kim45 | kim45 | kim22 | kim52 | kim52 | kim52 | kiɛm34 |

（续上表）

| | 桂城 | 西樵 | 丹灶 | 九江 | 沙头 | 大榄 | 狮北 | 大沥 | 里水 | 北洲 |
|---|---|---|---|---|---|---|---|---|---|---|
| 谦 | him52 | him52 | him52 | him45 | him45 | him55 | him52 | him52 | him52 | hiɛm34 |
| 嫌 | jim31 | hɛm31 | him31 | him31 | him42 | hɛm21 | hɛm21 | jim21 | jim21 | sam22 |
| 协 | jip2 | hip3 | hip3 | hip3 | hip3 | hip3 | hip3 | hip3 | hip3 | hiɛp2 |
| 法 | fat3 | fat3 | fat3 | fat3 | pʰat3 | fat3 | fat3 | fat3 | fat3 | fat2 |
| 凡 | tan31 | fan31 | fan31 | fan31 | pʰaŋ42 | fan21 | fan21 | fan21 | fan21 | fan22 |
| 犯 | fan22 | fan22 | fan22 | fan13 | pʰaŋ22 | fan22 | fan22 | fan22 | fan22 | fan31 |
| 品 | pen25 | pen25 | pen25 | pen25 | pan25 | pan24 | pan25 | pan25 | pen25 | pin31 |
| 林 | lam31 | lam31 | lam31 | lam31 | lɐm42 | lɐm21 | lɐm21 | lɐm21 | lɐm21 | lim22 |
| 立 | lap2 | lap2 | lap2 | lap2 | lap2 | lap2 | lap2 | lap2 | lap2 | lip5 |
| 粒 | ŋɐp5 | lɐp5 | lɐp5 | lɐp5 | nɐp5 | lɐp5 | lɐp5 | lɐp5 | lɐp5 | lep2 |
| 浸 | tsam33 | tsam33 | tsam33 | tsɛm33 | tsɐm33 | tsɐm33 | tsɐm33 | tsɐm33 | tsam33 | tsim53 |
| 集 | tsap2 | tsap2 | tsap2 | tsap2 | tsɐp2 | tsɐp2 | tsɐp2 | tsɐp2 | tsɐp2 | tsʰap5 |
| 心 | sam52 | sam52 | sam52 | sam45 | sam45 | sam22 | sɐm55 | sɐm52 | sɐm52 | sim34 |
| 寻 | tsʰɐm31 | tsʰɐm31 | tsʰɐm31 | tsʰɐm31 | tsʰɐm42 | tsʰɐm22 | tsʰɐm21 | tsʰɐm21 | tsʰɐm21 | tsʰim22 |
| 沉 | tsʰɐm31 | tsʰɐm31 | tsʰɐm31 | tsʰɐm31 | tsʰɐm42 | tsʰɐm21 | tsʰɐm21 | tsʰɐm21 | tsʰɐm21 | tsʰim22 |
| 针 | tsɐm52 | tsɐm52 | tsɐm52 | tsɐm45 | tsɐm45 | tsɐm22 | sɐm52 | tsɐm52 | tsɐm52 | sim34 |
| 枕 | tsɐm25 | tsɐm25 | tsɐm25 | tsɐm25 | tsɐm25 | tsɐm24 | tsɐm25 | tsɐm25 | tsɐm25 | tsim31 |

（续上表）

| | 桂城 | 西樵 | 丹灶 | 九江 | 沙头 | 大榄 | 狮北 | 大沥 | 里水 | 北洲 |
|---|---|---|---|---|---|---|---|---|---|---|
| 汁 | tsɐp5 | tsɐp5 | tsɐp5 | tsɐp5 | tsɐp5 | tsɐp5 | tsɐp5 | tsɐp5 | tsɐp5 | tsip2 |
| 深 | sɐm52 | sɐm52 | sɐm52 | sɐm45 | sɐm45 | sɐm22 | sɐm52 | sɐm52 | sɐm52 | tsʰim34 |
| 沈 | sɐm25 | sɐm25 | sɐm25 | sɐm25 | sɐm25 | sɐm24 | sɐm25 | sɐm25 | sɐm25 | sim31 |
| 湿 | sɐp5 | sɐp5 | sɐp5 | sɐp5 | sɐp5 | sɐp5 | sɐp5 | sɐp5 | sɐp5 | sip2 |
| 十 | sɐp2 | sɐp2 | sɐp2 | sɐp2 | sɐp2 | sɐp2 | sɐp2 | sɐp2 | sɐp2 | ɕip5 |
| 任 | jɐm22 | jɐm22 | jɐm22 | jɐm13 | jɐm22 | jɐm22 | jɐm22 | jɐm22 | jɐm22 | jim53 |
| 人 | jɐp2 | jɐp2 | jɐp2 | jɐp2 | jɐp2 | jɐp2 | jɐp2 | jɐp2 | jɐp2 | ɕɐp5 |
| 金 | kɐm52 | kɐm45 | kɐm52 | kɐm45 | kɐm45 | kɐm55 | kɐm55 | kɐm52 | kɐm52 | kim34 |
| 锦 | kɐm25 | kɐm25 | kɐm25 | kɐm25 | kɐm25 | kɐm24 | kɐm25 | kɐm25 | kɐm25 | kim31 |
| 紧 | kɐm33 | kɐm33 | kɐm33 | kɐm33 | kɐm33 | kɐm33 | kɐm33 | kɐm33 | kɐm33 | kim53 |
| 急 | kɐp5 | kɐp5 | kɐp5 | kɐp5 | kɐp5 | kɐp5 | kɐp5 | kɐp5 | kɐp5 | kip2 |
| 级 | kʰɐp5 | kʰɐp5 | kʰɐp5 | kʰɐp5 | kʰɐp5 | kʰɐp5 | kʰɐp5 | kʰɐp5 | kʰɐp5 | kʰɐp2 |
| 琴 | kʰɐm31 | kʰɐm31 | kʰɐm31 | kʰɐm31 | kʰɐm42 | kʰɐm21 | kʰɐm21 | kʰɐm21 | kʰɐm21 | kʰim22 |
| 吸 | ɕɐp5 | ɕɐp5 | ɕɐp5 | ɕɐp5 | ɕɐp5 | ɕɐp5 | ɕɐp5 | ɕɐp5 | ɕɐp5 | kʰɐp2 |
| 阴 | jɐm52 | jɐm52 | jɐm52 | jɐm45 | jɐm45 | jɐm55 | jɐm52 | jɐm52 | jɐm52 | jim34 |
| 饮 | jɐm25 | jɐm25 | jɐm25 | jɐm25 | jɐm25 | jɐm24 | jɐm25 | jɐm25 | jɐm25 | jim31 |
| 单 | tan52 | tan52 | tan45 | tan45 | tan45 | tan55 | tan52 | tan52 | tan45 | tan34 |

（续上表）

| | 桂城 | 西樵 | 丹灶 | 九江 | 沙头 | 大㘵 | 狮北 | 大沥 | 里水 | 北洲 |
|---|---|---|---|---|---|---|---|---|---|---|
| 旦 | tan33/tan25 | tan33 | tan33 | tan33 | taŋ33 | tan33 | tan33 | tan33 | tan33 | tan53 |
| 摊 | tʰan52 | tʰan52 | tʰan52 | han45 | tʰaŋ45 | tʰan22 | tʰan52 | tʰan52 | tʰan52 | tʰan34 |
| 炭 | tʰan33 | tʰan33 | tʰan33 | han33 | tʰaŋ33 | tʰan33 | tʰan33 | tʰan33 | tʰan33 | tʰan53 |
| 弹～琴 | tʰan31 | tʰan31 | tʰan31 | han31 | taŋ42 | tʰan21 | tʰan21 | tʰan21 | tʰan21 | tʰan22 |
| 达 | tat2 | tat2 | tat2 | tɐt2 | tɐt2 | tat2 | tat2 | tat2 | tat2 | tʰat5 |
| 难 | nan31 | lan31 | lan31 | nan31 | naŋ42 | lan21 | lan21 | lan21 | lan21 | lan22 |
| 兰 | lan31 | lan31 | lan31 | lan31 | laŋ42 | lan21 | lan21 | lan21 | lan21 | lan22 |
| 懒 | lan13 | lan13 | lan13 | lan25 | laŋ13 | lan13 | lan13 | lan13 | lan13 | lan34 |
| 烂 | lan22 | lan22 | lan22 | lan13 | laŋ22 | lan22 | lan22 | lan22 | lan22 | lan31 |
| 辣 | lat2 | lat2 | lat2 | lɐt2 | lɐt2 | lat2 | lat2 | lat2 | lat2 | lat5 |
| 赞 | tsan33 | tsan33 | tsan33 | tsan33 | tsaŋ33 | tsan33 | tsan33 | tsan33 | tsan33 | tsan53 |
| 餐 | tsʰan52 | tsʰan52 | tsʰan52 | tsʰan45 | tsʰaŋ45 | tsʰan55 | tsʰan55 | tsʰan55 | tsʰan45 | tsʰan34 |
| 残 | tsʰan31 | tsʰan31 | tsʰan31 | tsʰan31 | tsʰaŋ42 | tsʰan21 | tsʰan21 | tsʰan21 | tsʰan21 | tsʰan22 |
| 散 | san33 | san33 | san33 | san33 | saŋ33 | san24 | san25 | san33 | san25 | san31 |
| 干 | kon52 | kon52 | kon52 | kam45 | kɔŋ45 | kɔn22 | kɔn52 | kɔn52 | kɔn52 | kɔn34 |
| 赶 | kon25 | kon25 | kon25 | kam25 | kɔŋ25 | kɔn24 | kɔn25 | kɔn25 | kɔn25 | kɔn31 |
| 干～部 | kon33 | kon33 | kon33 | kam33 | kɔŋ33 | kɔn33 | kɔn33 | kɔn33 | kɔn33 | kɔn53 |

（续上表）

| | 桂城 | 西樵 | 丹灶 | 九江 | 沙头 | 大榄 | 狮北 | 大沥 | 里水 | 北洲 |
|---|---|---|---|---|---|---|---|---|---|---|
| 割 | kɔt3 | kɔt3 | kɔt3 | kat3 | kok3 | kɔt3 | kɔt3 | kɔt3 | kɔt3 | kɔt2 |
| 看 | hɔn33 | hɔn33 | hɔn33 | han33 | hɔŋ33 | hɔn33 | hɔn33 | hɔn33 | hɔn33 | hɔn53 |
| 渴 | hɔt3 | hɔt3 | hɔt3 | hat3 | hok3 | hɔt3 | hɔt3 | hɔt3 | hɔt3 | hɔt2 |
| 岸 | hɔn22/ŋɔn22 | ŋɔn22 | ŋɔn22 | ŋan13 | ŋɔŋ22 | hɔn13 | ŋɔn22 | ŋɔn22 | ŋɔn22 | ŋɔn31 |
| 寒 | hɔn31 | hɔn31 | hɔn31 | han31 | hɔŋ42 | hɔn21 | hɔn21 | hɔn21 | hɔn21 | hɔn22 |
| 汗 | hɔn22 | hɔn22 | hɔn22 | han13 | hɔŋ22 | hɔn22 | hɔn22 | hɔn22 | hɔn22 | hɔn31 |
| 安 | ɔn52 | ɔn52 | ɔn52 | an45 | ɔŋ45 | ŋɔn22 | ŋɔn52 | ŋɔn52 | ŋɔn52 | ŋɔn34 |
| 案 | ɔn33 | ɔn33 | ɔn33 | an33 | ɔŋ33 | ŋɔn33 | ŋɔn33 | ŋɔn33 | ŋɔn33 | ŋɔn53 |
| 扮 | pan22 | pan22 | pan22 | pʰan13 | paŋ22 | pan22 | pan22 | pan22 | pan22 | pʰan53 |
| 八 | pat3/pɛt3 | pɛt3 | pɛt3 | pɛt3 | pɛt3 | pɛt3 | pɛt3 | pat3 | pat3 | pat2 |
| 办 | pan22 | pan22 | pan22 | pan13 | paŋ22 | pan22 | pan22 | pan22 | pan22 | pʰan53 |
| 拔 | pɛt2 | pad2 | pad2 | pat2 | pat2 | pad2 | pat2 | pat2 | pat2 | pat2 |
| 盏 | tsan25/tsɛn25 | tsɛn25 | tsan25 | tsɛn25 | tsan25 | tsɛn24 | tsan25 | tsan25 | tsan25 | tsan31 |
| 扎 | tsat3 | tsat3 | tsat3 | tsat3 | tsat3 | tsat3 | tsat3 | tsat3 | tsat3 | tsat2 |

（续上表）

| | 桂城 | 西樵 | 丹灶 | 九江 | 沙头 | 大榄 | 狮北 | 大沥 | 里水 | 北洲 |
|---|---|---|---|---|---|---|---|---|---|---|
| 铲 | tsʰan25/ tsʰœn25 | tsʰan25 | tsʰan25 | tsʰan25/ tsʰɛn25 | tsʰaŋ25 | tsʰɛn24 | tsʰan25 | tsʰan25 | tsʰan25 | tsʰan31 |
| 察 | tsʰat3 | tsʰat3 | tsʰat3 | tsʰat3 | tsʰat3 | tsʰat3 | tsʰat3 | tsʰat3 | tsʰat3 | tsʰat2 |
| 山 | san52/ sɛn52 | san52 | sɛn52 | sɛn45 | saŋ45 | sɛn22 | san52 | san52 | san52 | san34 |
| 产 | tsʰan25 | tsʰan25 | tsʰan25 | tsʰan25 | tsʰaŋ25 | tsʰan24 | tsʰan25 | tsʰan25 | tsʰan25 | tsʰan31 |
| 杀 | sat3 | sat3 | sat3 | sat3 | sat3 | sat3 | sat3 | sat3 | sat3 | sat2 |
| 间 | kan52/ kɛn52 | kɛn52/ kan45 | kɛn52/ kan52 | kɛn45 | kaŋ45 | kɛn22 | kɛn52 | kan55 | kan45 | kan34 |
| 拣 | kan25/ kɛn25 | kɛn25 | kɛn25 | kɛn25 | kaŋ25 | kɛn24 | kɛn25 | kan25 | kan25 | kan31 |
| 眼 | ŋan13/ ŋɛn13 | ŋɛn13 | ŋɛn13 | ŋɛn25 | ŋɛŋ13 | ŋɛn24 | ŋɛn25 | ŋan13/ ŋɛn13 | ŋan13 | ŋan31 |
| 闲 | han31/ hɛn31 | hɛn31 | hɛn31 | han31 | haŋ42 | hɛn21 | hɛn21 | han21 | han21 | han22 |
| 限 | han22 | han22 | han22 | han13 | han22 | han22 | han22 | han22 | han22 | han31 |
| 班 | pan55 | pan45 | pan45 | pan45 | paŋ45 | pan55 | pan55 | pan55 | pan45 | pan34 |
| 板 | pan25 | pan25 | pan25 | pan25 | paŋ25 | pan24 | pan25 | pan25 | pan25 | pan31 |

（续上表）

|  | 桂城 | 西樵 | 丹灶 | 九江 | 沙头 | 大概 | 狮北 | 大沥 | 里水 | 北洲 |
|---|---|---|---|---|---|---|---|---|---|---|
| 蛮 | man31 | man31 | man31 | man31 | maŋ42 | man21 | man21 | man21 | man21 | man22 |
| 慢 | man22 | man22 | man22 | man13 | maŋ22 | man22 | man22 | man22 | man22 | man31 |
| 颜 | ŋan31 | ŋan31/ŋɛn31 | ŋan31 | ŋan31 | ŋaŋ42 | ŋan21 | ŋan21 | ŋan21 | ŋan21 | ŋan22 |
| 雁 | ŋan22 | ŋan22 | ŋan22 | ŋan13 | ŋaŋ22 | ŋan22 | ŋan22 | ŋan22 | ŋan22 | ŋan31 |
| 变 | pin33 | pin33 | pin33 | pin33 | pin33 | pin33 | pin33 | pin33 | pin33 | piɛn53 |
| 辩 | pin22 | pin22 | pin22 | pin13 | pin22 | pin22 | pin22 | pin22 | pin22 | pʰiɛn31 |
| 便 | pin22 | pin22 | pin22 | pin13 | pin22 | pin22 | pin22 | pin22 | pin22 | pʰiɛn31 |
| 别 | pit2 | pit2 | pit2 | pit2 | pit2 | pit2 | pit2 | pit2 | pit2 | pʰiet5 |
| 棉 | min31 | min31 | min31 | min31 | min42 | min21 | min21 | min21 | min21 | miɛn22 |
| 免 | min13 | min13 | min13 | min25 | min13 | min13 | min13 | min13 | min13 | miɛn34 |
| 面 | min22 | min22 | min22 | min13 | min22 | min22 | min22 | min22 | min22 | miɛn53 |
| 灭 | mit2 | mit2 | mit2 | mit2 | mit2 | mit2 | mit2 | mit2 | mit2 | miet5 |
| 联 | lyn31 | lyn31 | lyn31 | lyn31 | lyn42 | lyn21 | lyn21 | lyn21 | lyn21 | liɛn22 |
| 烈 | lit2 | lit2 | lit2 | lit2 | lit2 | lit2 | lit2 | lit2 | lit2 | liet5 |
| 煎 | tsin33/tsin52 | tsin52 | tsin52 | tsin45/tsin33 | tin33 | tsin22 | tsin52/tsin33 | tsin52/tsin33 | tsin52 | tsiɛn34 |
| 剪 | tsin25 | tsin25 | tsin25 | tsin25 | tin25 | tsin24 | tsin25 | tsin25 | tsin25 | tsiɛn31 |

（续上表）

| | 桂城 | 西樵 | 丹灶 | 九江 | 沙头 | 大榄 | 狮北 | 大沥 | 里水 | 北洲 |
|---|---|---|---|---|---|---|---|---|---|---|
| 箭 | tsin33 | tsin33 | tsin33 | tsin33 | tin33 | tsin33 | tsin33 | tsin33 | tsin33 | tsiɛn53 |
| 浅 | tsʰin25 | tsʰin25 | tsʰin25 | tsʰin25 | tsʰin25 | tsʰin24 | tsʰin25 | tsʰin25 | tsʰin25 | tsʰiɛn31 |
| 钱 | tsʰin31 | tsʰin31 | tsʰin31 | tsʰin31 | tsʰin42 | tsʰin21 | tsʰin25 | tsʰin25 | tsʰin25 | tsʰiɛn22 |
| 贱 | tsin22 | tsin22 | tsin22 | tsin13 | tin22 | tsin22 | tsin22 | tsin22 | tsin22 | tsiɛn31 |
| 仙 | sin55 | sin52 | sin52 | sin45 | sin45 | sin55 | sin55 | sin55 | sin45 | siɛn34 |
| 癣 | sin25 | sin25 | sin25 | sin25 | sin25 | sin24 | sin25 | sin25 | sin25 | siɛn31 |
| 线 | sin33 | sin33 | sin33 | sin33 | sin33 | sin33 | sin33 | sin33 | sin33 | siɛn53 |
| 撤 | tsʰin25 | tsʰin25 | tsʰin25 | tsʰin25 | tsʰin25 | tsʰin24 | tsʰin25 | tsʰin25 | tsʰin25 | tsʰiɛn31 |
| 缠 | tsʰit3 | tsʰit3 | tsʰit3 | tsʰit3 | tsʰit3 | tsʰit3 | tsʰit3 | tsʰit3 | tsʰit3 | tsʰiet2 |
| 战 | tsʰin31 | tsʰin31 | tsʰin31 | tsʰin31 | tsʰin42 | tsʰin21 | tsʰin21 | tsʰym21 | tsʰin21 | tsʰiɛn22 |
| 折 | tsin33 | tsin33 | tsin33 | tsin33 | tsin33 | tsin33 | tsin33 | tsin33 | tsin33 | tsiɛn53 |
| 舌 | tsit3 | tsit3 | tsit3 | tsit3 | tsit3 | tsit3 | tsit3 | tsit3 | tsit3 | tsiet2 |
| 设 | sit2 | sit2 | sit2 | sit2 | sit2 | sit2 | sit2 | sit2 | sit2 | siet5 |
| 善 | tsʰit3 | tsʰit3 | tsʰit3 | tsʰit3 | tsʰit3 | tsʰit3 | tsʰit3 | tsʰit3 | tsʰit3 | tsʰiet2 |
| 然 | sim22 | sim22 | sim22 | sin13 | sim22 | sim22 | sim22 | sim22 | sim22 | siɛn53 |
| 热 | jin31 | jin31 | jin31 | jin31 | jin42 | jin21 | jin21 | jin21 | jin21 | jɛn22 |
| | jit2 | jit2 | jit2 | jit2 | jit2 | jit2 | jit2 | jit2 | jit2 | ŋiet5 |

(续上表)

| | 桂城 | 西樵 | 丹灶 | 九江 | 沙头 | 大概 | 狮北 | 大沥 | 里水 | 北洲 |
|---|---|---|---|---|---|---|---|---|---|---|
| 乾 | kʰin31 | kʰin31 | kʰin31 | kʰin31 | kʰin42 | kʰin21 | kʰin21 | kʰin21 | kʰin21 | kʰiɛn22 |
| 件 | kin22 | kʰin22 | kin22 | kin13 | kin22 | kin22 | kin22 | kin22 | kin22 | kʰiɛn31 |
| 杰 | kit2 | kit2 | kit2 | kit2 | kit2 | kit2 | kit2 | kit2 | kit2 | kiet2 |
| 延 | jin31 | hin31/jin31 | jin31 | hin31 | hin42 | jin21 | jin21 | jin21 | jin21 | jɛn22 |
| 演 | jin25 | jin25 | jin25 | jin25 | jin25 | jin24 | jin25 | jin25 | jin25 | jɛn31 |
| 建 | kin33 | kin33 | kin33 | kin33 | kin33 | kin33 | kin33 | kin33 | kin33 | kiɛn53 |
| 揭 | kʰit3 | kʰit3 | kʰit3 | kʰit3 | kʰit3 | kʰit3 | kʰit3 | kʰit3 | kʰit3 | kʰiet2 |
| 言 | jin31 | jin31 | jin31 | jin31 | jin42 | jin21 | jin21 | jin21 | jin21 | jɛn22 |
| 献 | hin33 | hin33 | hin33 | hin33 | hin33 | hin33 | hin33 | hin33 | hin33 | hiɛn53 |
| 歇 | hit3 | hit3 | hit3 | hit3 | hit3 | hit3 | hit3 | hit3 | hit3 | hiet2 |
| 边 | pin55 | pin52/pɛn45 | pin52/pɛn52 | pin45 | pin45 | pɛn22 | pin55 | pɛn52 | pin52 | piɛn34 |
| 扁 | pin25/pɛn25 | pɛn25 | pɛn25 | pɛn25 | pɛn25 | pɛn24 | pɛn25 | pɛn25/pin25 | pin25 | piɛn31 |
| 片 | pʰin33 | pʰin33 | pʰin33 | pʰin33 | pʰin33 | pʰin33 | pʰin33 | pʰin33 | pʰin33 | piɛn31 |
| 辫 | pin55 | pin45 | pin45 | pin45 | pin45 | pin24 | pin55 | pin55 | pin45 | piɛn34 |
| 颠 | tin52 | tin52 | tin52 | tin45 | tin45 | tin55 | tɛn52 | tin52 | tin52 | tien34 |

(续上表)

| | 桂城 | 西樵 | 丹灶 | 九江 | 沙头 | 大榄 | 狮北 | 大沥 | 里水 | 北洲 |
|---|---|---|---|---|---|---|---|---|---|---|
| 典 | tin25 | tin25 | tin25 | tin25 | tin25 | tin24 | tin25 | tin25 | tin25 | tien31 |
| 天 | tʰin52 | tʰin52 | tʰin52 | tʰin45 | tʰin45 | tʰɛn22 | tʰɛn52 | tʰin52 | tʰin52 | tʰiɛn34 |
| 铁 | tʰit3 | tʰit3 | tʰit3 | hit3 | tʰit3 | tʰɛt3 | tʰɛt3 | tʰit3 | tʰit3 | tʰiet2 |
| 田 | tʰin31/tin31 | tin31 | tin31 | hin31 | tin42 | tʰɛn21 | tʰɛn21 | tʰin21 | tʰin21 | tʰiɛn22 |
| 电 | tin22 | tin22 | tin22 | tin13 | tin22 | tin22 | tin22 | tin22 | tin22 | tʰiɛn31 |
| 垫 | tin33 | tin33 | tin33 | tin33 | tin33 | tin33 | tin33 | tin33 | tsin33 | tien53 |
| 年 | nin31 | lin31 | lin31 | nin31 | nin42 | nɛn21 | lɛn21 | nin21 | lin21 | ŋiɛn22 |
| 练 | lin22 | lin22 | lin22 | lin13 | lin22 | lin22 | lin22 | lin22 | lin22 | liɛn31 |
| 节 | tsit3 | tsit3 | tsit3 | tsit3 | tit3 | tsit3 | tsit3 | tsit3 | tsit3 | tsiet2 |
| 千 | tsʰin52 | tsʰin52 | tsʰin52 | tsʰin45 | tsʰin45 | tsʰin22 | tsʰin52 | tsʰin52 | tsʰin52 | tsʰiɛn34 |
| 切 | tsʰit3 | tsʰit3 | tsʰit3 | tsʰit3 | tsʰit3 | tsʰit3 | tsʰit3 | tsʰit3 | tsʰit3 | tsʰiet2 |
| 截 | tsit2 | tsit2 | tsit3 | tsit3 | tit2 | tsit2 | tsit2 | tsit2 | tsit2 | tsiet2 |
| 先 | sin52 | sin52 | sin52 | sin45 | sin45 | sin22 | sin52 | sin52 | sin45 | siɛn34 |
| 见 | kin33/kɛn33 | kɛn33 | kɛn33 | kɛn33 | kin33 | kin33 | kin33 | kin33/kɛn33 | kin33 | kiɛn53 |
| 洁 | kit3 | kit3 | kit3 | kit3 | kit3 | kit3 | kit3 | kit3 | kit3 | kiet2 |
| 牵 | hin52 | hin52 | hin52 | hin45 | hin45 | hɛn22 | hɛn52 | hin52 | hin52 | kʰiɛn34 |

（续上表）

| | 桂城 | 西樵 | 丹灶 | 九江 | 沙头 | 大概 | 狮北 | 大沥 | 里水 | 北洲 |
|---|---|---|---|---|---|---|---|---|---|---|
| 研 | jin31 | jin31 | jin31 | jin31 | jin42 | jin21 | jin21 | jin21 | jin21 | jɛn22 |
| 显 | hin25 | hin25 | hin25 | hin25 | hin25 | hin24 | hin25 | hin25 | hin25 | siɛn31 |
| 贤 | jin31 | hin31 | hin31 | hin31 | hin42 | jin21 | jin21 | jin21 | jin21 | jɛn22 |
| 现 | jin22 | hin22 | jin22 | jin13 | jin22 | jin22 | jin22 | jin22 | jin22 | siɛn53 |
| 烟 | jin52/ɛn52 | ɛn52 | ʔin52 | jin45/ɛn45 | jin45/ɛŋ45 | jin22/ŋɛn22 | ŋɛn52/jin55 | jin52 | jin52 | jɛn34 |
| 燕 | jin33 | ʔin33 | ʔin33 | jin33 | jin33 | jin33 | jin33 | jin33 | jin33 | ɛn53 |
| 搬 | pun52/pɔn52 | pɔn52 | pun52 | pun45 | pyn45 | pun22 | pun52 | pun52 | pun52 | pan34 |
| 半 | pun33/pɔn33 | pɔn33 | pun33 | pun33 | pyn33 | pun33 | pun33 | pun33 | pun33 | pan53 |
| 潘 | pʰun52/pʰɔn52 | pʰɔn52 | pʰun52 | pʰun45 | pʰyn45 | pʰun55 | pʰun52 | pʰun52 | pʰun52 | pʰan34 |
| 判 | pʰun33 | pʰun33 | pʰun33 | pʰun33 | pʰyn33 | pʰun33 | pʰun33 | pʰun33 | pʰun33 | pʰan53 |
| 泼 | pʰut3/pʰɔt3 | pʰɔt3 | pʰut3 | pʰut3 | pʰyt3 | pʰut3 | pʰut3 | pʰut3 | pʰut3 | pʰat2 |
| 盘 | pʰun31 | pun31 | pun31 | pʰun31 | pyn42 | pʰun21 | pun21 | pʰun21 | pʰun21 | pʰan22 |
| 叛 | pun22 | pun22 | pun22 | pun13 | pyn22 | pun22 | pun22 | pun22 | pun22 | pʰan53 |

（续上表）

| | 桂城 | 西樵 | 丹灶 | 九江 | 沙头 | 大榄 | 狮北 | 大沥 | 里水 | 北洲 |
|---|---|---|---|---|---|---|---|---|---|---|
| 满 | mun13/mɔn13 | mɔn13 | mun13 | mun25 | mɔŋ13 | mun13 | mun13 | mun13 | mun13 | man34 |
| 末 | mut2 | mut2 | mut2 | mut2 | myt2 | mut3 | mut2 | mut2 | mut2 | mut5 |
| 短 | tyn25 | tyn25 | tyn25 | tyn25 | tyn25 | tyn24 | tyn25 | tyn25 | tyn25 | tɔn31 |
| 脱 | tʰyt3 | tʰyt3 | tʰyt3 | hyt3 | tʰyt3 | tʰyt3 | tʰyt3 | tʰyt3 | tʰyt3 | tʰɔt2 |
| 团 | tʰyn31 | tʰyn31 | tʰyn31 | hyn31 | tʰyn42 | tʰyn21 | tʰyn21 | tʰyn21 | tʰyn21 | tʰɔn22 |
| 断 | tʰyn13 | tyn13 | tyn13 | hyn25 | tyn13 | tʰyn13 | tʰyn13 | tʰyn13 | tʰyn13 | tʰɔn34 |
| 段 | tyn22 | tyn22 | tyn22 | tyn13 | tyn22 | tyn22 | tyn22 | tyn22 | tyn22 | tʰɔn31 |
| 夺 | tyt2 | tyt2 | tyt2 | tyt2 | tyt2 | tyt2 | tyt2 | tyt2 | tyt2 | tʰɔt2 |
| 暖 | nyn13 | lyn13 | lyn13 | nyn25 | nyn13 | lyn13 | lyn13 | nyn13 | lyn13 | lɔn34 |
| 卵 | løn25 | løn25 | løn25 | løn25 | løn25 | løn24 | løn25 | løn25 | løn25 | løn34 |
| 乱 | lyn22 | lyn22 | lyn22 | lyn13 | lyn22 | lyn22 | lyn22 | lyn22 | lyn22 | lɔn31 |
| 捋 | lyt2 | lyt2 | lyt2 | lyt3 | lyt2 | lyt3 | lyt3 | lyt3 | lyt3 | lɔt5 |
| 钻 | tsyn33 | tsyn33 | tsyn33 | tsyn45 | tsyn33 | tsyn33 | tsyn33 | tsyn33 | tsyn33 | tsɔn53 |
| 酸 | syn52 | syn52 | syn52 | syn45 | syn45 | syn22 | syn52 | syn52 | syn52 | sɔn34 |
| 蒜 | syn33 | syn33 | syn33 | syn33 | syn33 | syn24 | syn25 | syn33 | syn33 | sɔn53 |
| 官 | kun52 | kun52 | kun52 | kun45 | kun45 | kun22 | kun52 | kun52 | kun52 | kɔn34 |
| 管 | kun25 | kun25 | kun25 | kun25 | kun25 | kun24 | kun25 | kun25 | kun25 | kɔn31 |

（续上表）

| | 桂城 | 西樵 | 丹灶 | 九江 | 沙头 | 大槐 | 狮北 | 大沥 | 里水 | 北洲 |
|---|---|---|---|---|---|---|---|---|---|---|
| 灌 | kun33 | kun33 | kun33 | kun33 | kun33 | kun33 | kun33 | kun33 | kun33 | kɔn53 |
| 括 | kʰut3 | kʰut3 | kʰut3 | kʰut3 | kʰut3 | kʰut3 | kʰut3 | kʰut3 | kʰut3 | kʰɔt2 |
| 宽 | fun52 | fun52/hun52 | fun52 | fun45 | fun45 | fun22 | fun52 | fun52 | fun52 | fɔn34 |
| 款 | fun25 | fun25 | fun25 | fun25 | fun25 | fun24 | fun25 | fun25 | fun25 | fɔn31 |
| 阔 | fut3 | fut3 | fut3 | fut3 | fut3 | fut3 | fut3 | fut3 | fut3 | fat2 |
| 玩 | wan25 | wan25/fan25 | wan25 | wan25 | waŋ25 | wan24 | fan25 | wan25 | wun25 | van31 |
| 欢 | fun52 | fun52 | fun52 | fun45 | fun45 | fun22 | fun52 | fun52 | fun52 | fɔn34 |
| 丸 | jyn25 | hyn25 | jyn25 | hyn31 | jyn25 | jyn215 | jyn25 | jyn25 | jyn25 | jɛn22 |
| 换 | wun22 | hun22 | ʔun22 | hun13 | fun22 | wun22 | wun22 | wun22 | wun22 | vɔn31 |
| 活 | wut2 | hut2 | ʔut2 | fut2 | fut2 | wut2 | wut2 | wut2 | wut2 | fat5 |
| 碗 | wun25 | ʔun25 | ʔun25 | wun25 | fun25 | wun24 | wun25 | wun25 | wun25 | vɔn31 |
| 顽 | wan31 | wan31 | wan31 | wan31 | waŋ42 | wan21 | wan21 | wan21 | wan21 | van22 |
| 滑 | wat2/wɛt2 | wɛt2 | wɛt2 | wɛt2 | wɛt2/wɛt2 | wɛt2 | wɛt2 | wat2 | wat2 | vat5 |
| 挖 | wat3/wɛt3 | wɛt3 | wɛt3 | wɛt3 | wɛt3 | wɛt3 | wɛt3 | wat3 | wat3 | vat2 |

（续上表）

| | 桂城 | 西樵 | 丹灶 | 九江 | 沙头 | 大榄 | 狮北 | 大沥 | 里水 | 北洲 |
|---|---|---|---|---|---|---|---|---|---|---|
| 关 | kwɛn52 | kwan52 | kwan52 | kwan45 | kwaŋ45 | kwan53 | kwan52 | kwan52 | kwan52 | kuan34 |
| 刮 | kwet3 | kwet3 | kwet3 | kwet3 | kwet3/kwɛt3 | kwɛt3 | kwɛt3 | kwat3 | kwat3 | kuat2 |
| 还 | wan31/wɛn31 | wɛn31 | wɛn31 | wan31 | wɛŋ42 | wɛn21 | wɛn21 | wan21 | wan21 | van22 |
| 环 | wan31 | wan31 | wan31 | wan31 | waŋ42 | wan21 | wan21 | wan21 | wan21 | van22 |
| 弯 | wan52/wan55 | wan45/wɛn45 | wan45 | wan45 | waŋ45 | wan55 | wan55 | wan55 | wan45 | van34 |
| 恋 | lyn25 | lyn25 | lyn25 | lyn25 | lyn25 | lyn24 | lyn25 | lyn25 | lyn25 | lɔn31 |
| 劣 | lyt3 | lyt2 | lyt3 | lyt3 | lyt3 | lyt3 | lyt3 | lyt3 | lyt3 | liet2 |
| 全 | tsʰyn31 | tsʰyn31 | tsʰyn31 | tsʰyn31 | tsʰyn42 | tsʰyn21 | tsʰyn21 | tsʰyn21 | tsʰyn21 | tsʰɔn22 |
| 绝 | tsyt2 | tsyt2 | tsyt2 | tsyt2 | tyt2 | tsyt2 | tsyt2 | tsyt2 | tsyt2 | tsʰiet5 |
| 宣 | syn52 | syn52 | syn52 | syn45 | syn45 | syn55 | syn52 | syn52 | syn52 | sɔn34 |
| 选 | syn25 | syn25 | syn25 | syn25 | syn25 | syn24 | syn25 | syn25 | syn25 | sɔn31 |
| 雪 | syt3 | syt3 | syt3 | syt3 | syt3 | syt3 | syt3 | syt3 | syt3 | siet2 |
| 旋 | syn31 | syn31 | syn31 | syn31 | syn42 | syn21 | syn21 | syn21 | syn21 | sɔn22 |
| 转 | tsyn25 | tsyn25 | tsyn25 | tsyn25 | tsyn25 | tsyn24 | tsyn25 | tsyn25 | tsyn25 | tsɔn31 |
| 传 | tsʰyn31 | tsʰyn31 | tsʰyn31 | tsʰyn31 | tsʰyn42 | tsʰyn21 | tsʰyn21 | tsʰyn21 | tsʰyn21 | tsʰɔn22 |

（续上表）

| | 桂城 | 西樵 | 丹灶 | 九江 | 沙头 | 大瓱 | 狮北 | 大沥 | 里水 | 北洲 |
|---|---|---|---|---|---|---|---|---|---|---|
| 专 | tsyn52 | tsyn52 | tsyn52 | tsyn45 | tyn45 | tsyn22 | tsyn52 | tsyn52 | tsyn52 | tsɔn34 |
| 穿 | tsʰyn52 | tsʰyn52 | tsʰyn52 | tsʰyn45 | tsʰyn45 | tsʰyn22 | tsʰyn52 | tsʰyn52 | tsʰyn52 | tsʰɔn34 |
| 串 | tsʰyn33 | tsʰyn33 | tsʰyn33 | tsʰyn33 | tsʰyn33 | tsʰyn33 | tsʰyn33 | tsʰyn33 | tsʰyn33 | tsʰɔn53 |
| 船 | syn31 | syn31 | syn31 | tsʰyn31 | tsyn42 | syn21 | syn21 | syn21 | syn21 | sɔn22 |
| 说 | syt3 | syt3 | syt3 | syt3 | syt3 | syt3 | syt3 | syt3 | syt3 | sɔt2 |
| 软 | jyn13 | jyn13 | jyn13 | jyn25 | jyn13 | jyn13 | jyn13 | jyn13 | jyn13 | jɔn34 |
| 卷 | kyn25 | kyn25 | kyn25 | kyn25 | kyn25 | kʰyn24 | kyn25 | kyn25 | kyn25 | kien31 |
| 圈 | hyn55 | hyn45 | hyn45 | hyn45 | hyn45 | hyn55 | hyn55 | hyn55 | hyn45 | kʰien34 |
| 拳 | kʰyn31 | kʰyn31 | kʰyn31 | kʰyn31 | kʰyn42 | kʰyn21 | kʰyn21 | kʰyn21 | kʰyn21 | kʰien22 |
| 圆 | jyn31 | hyn31 | hyn31 | hyn31 | hyn42 | jyn21 | jyn21 | jyn21 | jyn21 | jen22 |
| 院 | jyn25 | hyn25 | hyn25 | jyn13 | jyn25 | jyn24 | jyn25 | jyn25 | jyn25 | jen31 |
| 阅 | jyt2 | jyt2 | jyt2 | jyt3 | jyt2 | jyt2 | jyt2 | jyt2 | jyt2 | jet5 |
| 反 | fan25 | fan25 | fan25 | fan25 | pʰaŋ25 | faŋ24 | fan25 | fan25 | fan25 | fan31 |
| 发 | fat3 | fat3 | fat3 | fat3 | pʰɐt3 | fɐt3 | fat3 | fat3 | fat3 | fat2 |
| 翻 | fan52 | fan52 | fan52 | fan45 | faŋ45 | fan22 | fan52 | fan52 | fan52 | fan34 |
| 烦 | fan31 | fan31 | fan31 | fan31 | faŋ42 | fan21 | fan21 | fan21 | fan21 | fan22 |
| 饭 | fan22 | fan22 | fan22 | fan13 | pʰaŋ22 | fan22 | fan22 | fan22 | fan22 | fan31 |

（续上表）

| | 桂城 | 西樵 | 丹灶 | 九江 | 沙头 | 大㴍 | 狮北 | 大沥 | 里水 | 北洲 |
|---|---|---|---|---|---|---|---|---|---|---|
| 罚 | fɐt2 | fɐt2 | fɐt2 | fɐt2 | pʰɐt2 | fɐt2 | fat2 | fɐt2 | fɐt2 | fat5 |
| 晚 | man13 | man13 | man13 | man25 | maŋ13 | man13 | man13 | man13 | man13 | man34 |
| 万 | man22 | man22 | man22 | man13 | maŋ22 | man22 | man22 | man22 | man22 | man31 |
| 袜 | mɐt2 | mɐt2 | mɐt2 | mɐt2 | mɐt2 | mɐt2 | mɐt2 | mɐt2 | mɐt2 | mat2 |
| 劝 | hyn33 | hyn33 | hyn33 | hyn33 | hyn33 | hyn33 | hyn33 | hyn33 | hyn33 | kʰien53 |
| 原 | jyn31 | jyn31 | jyn31 | jyn31 | jyn42 | jyn21 | jyn21 | jyn21 | jyn21 | jen22 |
| 愿 | jyn22 | jyn22 | jyn22 | jyn13 | jyn22 | jyn22 | jyn22 | jyn22 | jyn22 | jen31 |
| 怨 | ʔyn33 | ʔyn33 | ʔyn33 | jyn33 | ʔyn33 | jyn33 | jyn13 | jyn33 | jyn33 | jen53 |
| 远 | jyn13 | hyn13 | hyn13 | hyn25 | hyn13 | jyn24 | jyn25 | jyn13 | jyn13 | jen31 |
| 粤 | jyt2 | hyt2 | jyt2 | jyt2/hœt2 | jyt3 | jyt2 | jyt2 | jyt2 | jyt2 | ŋiet5 |
| 缺 | kʰyt3 | kʰyt3 | kʰyt3 | kʰyt3 | kʰyt3 | kʰyt3 | kʰyt3 | kʰyt3 | kʰyt3 | kʰiet2 |
| 犬 | jyn25/hyn25 | hyn25 | hyn25 | hyn25 | ʔyn25 | hyn24 | hyn25 | hyn25 | hyn25 | hien31 |
| 血 | hyt3 | hyt3 | hyt3 | hyt3 | hyt3 | hyt3 | hyt3 | hyt3 | hyt3 | siɛt2 |
| 县 | jyn25 | hyn25 | hyn25 | jyn13 | hyn22/jyn25 | jyn24 | jyn25 | jyn25 | jyn25 | jen31 |
| 穴 | jyt2 | hœt2 | jyt2 | hœt3 | hœt3 | jyt2 | jyt2 | jyt2 | jyt2 | ŋiet5 |

（续上表）

| | 桂城 | 西樵 | 丹灶 | 九江 | 沙头 | 大槐 | 狮北 | 大沥 | 里水 | 北洲 |
|---|---|---|---|---|---|---|---|---|---|---|
| 吞 | tʰɵn52 | tʰɵn52 | tʰɵn52 | hen45 | tʰɵn45 | tʰɵn22 | tʰɵn52 | tʰɵn52 | tʰɵn52 | tʰɵn34 |
| 跟 | kɵn52 | kɵn52 | kɵn52 | kɵn45 | kɵn45 | kɵn22 | kɵn52 | kɵn52 | kɵn52 | kiɛn34 |
| 恩 | jɵn52 | jɵn52 | jɵn52 | jɵn45 | jɵn45 | jɵn55 | jɵn52 | ɵn52 | jɵn52 | jin34 |
| 宾 | pɵn52 | pɵn52 | pɵn52 | pɵn45 | pɵn45 | pɵn55 | pɵn52 | pɵn52 | pɵn52 | pin34 |
| 笔 | pɐt5 | pɐt5 | pɐt5 | pɐt5 | pɐt5 | pɐt5 | pɐt5 | pɐt5 | pɐt5 | pit2 |
| 匹 | pʰɐt5 | pʰɐt5 | pʰɐt5 | pʰɐt5 | pʰɐt5 | pʰɐt5 | pʰɐt5 | pʰɐt5 | pʰɐt5 | pʰit2 |
| 贫 | pʰɵn31 | pʰɵna31 | pʰɵna31 | pʰɵna31 | pʰɵna42 | pʰɵn21 | pʰɵn21 | pʰɵna21 | pʰɵn21 | pʰin22 |
| 民 | mɐn31 | mɐn31 | mɐn31 | mɐn31 | mɐn42 | mɐn21 | mɐn21 | mɐn21 | mɐn21 | min22 |
| 敏 | mɐn13 | mɐn13 | mɐn13 | mɐn25 | mɐn13 | mɐn13 | mɐn13 | mɐn13 | mɐn13 | min34 |
| 密 | mɐt2 | mɐu | mɐu | mɐt2 | mɐt2 | mɐu | mɐu | mɐu | mɐu | mit5 |
| 邻 | lɵn31 | lɵn31 | lɵn31 | lɵn31 | lɵn42 | lɵn21 | lɵn21 | lɵn21 | lɵn21 | lɵn22 |
| 鳞 | lɵn31 | lɵn31 | lɵn31 | lɵn31 | lɵn42 | lɵn21 | lɵn21 | lɵn21 | lɵn21 | lɵn22 |
| 栗 | lɵt2 | lɵt25 | lɵt2 | lɵɐt2 | lɵt2 | lɵt2 | lɵt2 | lɵt2 | lɵt2 | lɵt5 |
| 进 | tsɵn33 | tsɵn33 | tsɵn33 | tsɵn33 | tɵn33 | tsɵn33 | tsɵn33 | tsɵn33 | tsɵn33 | tsɵn34 |
| 柰 | tsʰɵn52 | tsʰɵn52 | tsʰɐa52 | tsʰɐɐ45 | tʰɵn45 | tsʰɵn22 | tsʰɵn52 | tsʰɐɐ52 | tsʰɐsɐ | tsʰin34 |
| 七 | tsʰɐt5 | tsʰɐt5 | tsʰɐɐt5 | tsʰɐt5 | tʰɐt5 | tsʰɐt5 | tsʰɐt5 | tsʰɐt5 | ɕɐt5 | tsʰit2 |
| 桑 | tsʰɵn31 | tsʰɵn31 | tsʰɵn31 | tsʰɵn31 | tsʰɵn42 | tsʰɵn21 | tsʰɵn21 | tsʰɵn21 | tsʰɵn21 | tsʰɵn22 |

（续上表）

|   | 桂城 | 西樵 | 丹灶 | 九江 | 沙头 | 大㘵 | 狮北 | 大沥 | 里水 | 北洲 |
|---|---|---|---|---|---|---|---|---|---|---|
| 尽 | tsøn22 | tsøn22 | tsøn22 | tsɐn13 | tɵn22 | tsøn22 | tsøn22 | tsøn22 | tsøn22 | tsʰøn31 |
| 疾 | tsɐt2 | tsɐt2 | tsɐt2 | tsɐt2 | tsɐt2 | tsɐt2 | tsɐt2 | tsɐt2 | tsɐt2 | tsit2 |
| 新 | sɐn52 | sɐn52 | sɐn52 | sɐn45 | sɐn45 | sɐn22 | sɐn52 | sɐn52 | sɐn52 | sin34 |
| 信 | søn33 | søn33 | søn33 | søn33 | søn33 | søn33 | søn33 | søn33 | søn33 | sin53 |
| 滕 | sɐt5/ tsʰɐt5 | sɐt5 | tsʰɐt5 | tsʰɐt5 | tsʰɐt5 | ɕɐs | ɕɐs | tsʰɐt5 | ɕɐs | tsʰit5 |
| 珍 | tsɐn52 | tsɐt52 | tsɐn45 | tsɐn45 | tsɐn45 | tsɐt55 | tsɐn52 | tsɐn52 | tsɐn45 | tsin34 |
| 镇 | tsɐn33 | tsɐt33 | tsɐt33 | tsɐt33 | tsɐt33 | tsɐn33 | tsɐn33 | tsɐn33 | tsɐn33 | tsin53 |
| 陈 | tsʰɐn31 | tsʰɐn31 | tsʰɐn31 | tsʰɐn31 | tsʰɐn42 | tsʰɐn21 | tsʰɐn21 | tsʰɐn21 | tsʰɐn21 | tsʰin22 |
| 阵 | tsɐn22 | tsɐn22 | tsɐn22 | tsɐn13 | tsɐn22 | tsɐn22 | tsɐn22 | tsɐn22 | tsɐn22 | tsʰin31 |
| 任 | tsɐn25 | tsɐt25 | tsɐt2 | tsɐt2 | tsɐt2 | tsɐt215 | tsɐn25 | tsɐt2 | ɕɐs | tsʰit5 |
| 氤 | ɕɐs | ɕɐs | ɕɐs | ɕɐs | ɕɐs | ɕɐs | ɕɐs | ɕɐs | ɕɐs | sit2 |
| 真 | tsɐn52 | tsɐn52 | tsɐn52 | tsɐn45 | tsɐn45 | tsɐn22 | tsɐn52 | tsɐn52 | tsɐn45 | tsin34 |
| 振 | tsɐn33 | tsɐt33 | tsɐn33 | tsɐn33 | tsɐn33 | tsɐn33 | tsɐn33 | tsɐn33 | tsɐn33 | tsin53 |
| 质 | ɕɐs | ɕɐs | ɕɐs | ɕɐs | ɕɐs | ɕɐs | ɕɐs | ɕɐs | ɕɐs | tsit2 |
| 神 | sɐn31 | sɐn31 | sɐn31 | sɐn31 | sɐn31 | sɐn21 | sɐn21 | sɐn21 | sɐn21 | sin22 |
| 实 | sɐt2 | sɐt2 | sɐt2 | sɐt2 | sɐt2 | sɐt2 | sɐt2 | sɐt2 | sɐt2 | ɕit5 |
| 身 | sɐn52 | ɕɐn52 | sɐn52 | sɐn45 | sɐn45 | sɐn22 | sɐn52 | sɐn52 | sɐn52 | sin34 |

（续上表）

| | 桂城 | 西樵 | 丹灶 | 九江 | 沙头 | 大谹 | 狮北 | 大沥 | 里水 | 北洲 |
|---|---|---|---|---|---|---|---|---|---|---|
| 失 | sɐt5 | sɐt5 | sɐt5 | sɐt5 | sɐt5 | sɐt5 | sɐt5 | sɐt5 | sɐt5 | sit2 |
| 晨 | sɐn31 | sɐn31 | sɐn31 | sɐn31 | sɐn42 | sɐn21 | sɐn21 | sɐn21 | sɐn21 | sin22 |
| 肾 | sɐn22 | sɐn22 | sɐn22 | sɐn13 | sɐn22 | sɐn22 | sɐn22 | sɐn22 | sɐn22 | sin31 |
| 人 | jɐn31 | jɐn31 | jɐn31 | jɐn31 | jɐn42 | jɐn21 | jɐn21 | jɐn21 | jɐn21 | ŋin22 |
| 仁 | jɐn31 | jɐn31 | jɐn31 | jɐn31 | jɐn42 | jɐn21 | jɐn21 | jɐn21 | jɐn21 | ŋin22 |
| 忍 | jɐn25 | jɐn25 | jɐn25 | jɐn25 | jɐn25 | jɐn24 | jɐn25 | jɐn13 | jɐn25 | jin31 |
| 认 | jɐŋ22 | jɐŋ22 | jɐŋ22 | jɐŋ13 | jɐŋ22 | jɐŋ22 | jɐŋ22 | jɐŋ22 | jɐŋ22 | ŋin31 |
| 韧 | ŋɐn22/ jɐn22 | ŋuɐn22 | ŋuɐn22 | jɐn13 | ŋuɐn22/ jɐn22 | juɐn22 | ŋɐn33 | juɐn22 | juɐn22 | jin31/ ŋun31 |
| 日 | jɐt2 | jɐt2 | jɐt2 | jɐt2 | jɐt2 | jɐt2 | jɐt2 | jɐt2 | jɐt2 | ŋit2 |
| 紧 | kɐn25 | kɐn25 | kɐn25 | tsɐn25 | kɐn25 | kɐn24 | kɐn25 | kɐn25 | kɐn25 | kin31 |
| 吉 | kɐt5 | kɐt5 | kɐt5 | kɐt5 | kɐt5 | kɐt5 | kɐt5 | kɐt5 | kɐt5 | kit2 |
| 银 | ŋɐn31 | ŋɐn31 | ŋuɐn31 | ŋuɐn31 | ŋuɐn42 | ŋuɐn21 | ŋuɐn25 | ŋuɐn21 | ŋuɐn21 | ŋin34 |
| 因 | jɐn52 | jɐn52 | jɐn52 | juɐn45 | juɐn45 | juɐn55 | juɐn52 | juɐn52 | juɐn52 | jin34 |
| 印 | jɐn33 | jɐn33 | jɐn33 | jɐn33 | jɐn33 | jɐn33 | jɐn33 | jɐn33 | jɐn33 | jin53 |
| 乙 | jyt3 | ʔyt3 | ʔyt3 | jyt3 | ʔyt3 | jyt3 | jyt2 | jyt3 | jyt3 | ŋiet5 |
| 一 | jɐt5 | jɐt5 | jɐt5 | jɐt5 | jɐt5 | jɐt5 | jɐt5 | jɐt5 | jɐt5 | ŋit2 |
| 引 | jɐn13 | jɐn13 | jɐn13 | jɐn25 | jɐn13 | jɐn13 | jɐn13 | jɐn13 | jɐn13 | jin31 |

(续上表)

| | 桂城 | 西樵 | 丹灶 | 九江 | 沙头 | 大榄 | 狮北 | 大沥 | 里水 | 北洲 |
|---|---|---|---|---|---|---|---|---|---|---|
| 斤 | kɐn52 | kɐn52 | kɐn52 | tsɐn45 | kɐn45 | kɐn22 | kɐn52 | kɐn52 | kɐn52 | kin34 |
| 勤 | kʰɐn31 | kʰɐn31 | kʰɐn31 | kʰɐn31 | kʰɐn42 | kʰɐn21 | kʰɐn21 | kʰɐn21 | kʰɐn21 | kʰin22 |
| 近 | kɐn22/kʰɐn13 | kɐn22 | kɐn22 | tsɐn13 | kɐn22/kʰɐn13 | kʰɐn13 | kʰɐn13 | kɐn22 | kɐn22 | kʰun31 |
| 欣 | jɐn52 | jɐn52 | jɐn52 | jɐn45 | jɐn45 | jɐn55 | jɐn52 | jɐn52 | jɐn52 | jin34 |
| 隐 | jɐn25 | jɐn25 | jɐn25 | jɐn25 | jɐn25 | jɐn24 | jɐn25 | jɐn25 | jɐn25 | jin31 |
| 本 | pun25/pɔn25 | pun25 | pun25 | pun25 | pyn25 | pun24 | pun25 | pun25 | pun25 | pun31 |
| 不 | pɐt5 | pɐt5 | pɐt5 | pɐt5 | pɐt5 | pɐt5 | pɐt5 | pɐt5 | pɐt5 | put2 |
| 盆 | pʰun31/pʰɔn31 | pun31 | pun31 | pʰun31 | pyn42 | pʰun21 | pʰun21 | pʰun21 | pʰun21 | pʰun22 |
| 笨 | pɐn22 | pɐn22 | pɐn22 | pɐn22 | pɐn22 | pɐn22 | pɐn22 | pɐn22 | pɐn22 | mun31 |
| 门 | mun31 | mun31 | mun31 | mun31 | myn42 | mun21 | mun21 | mun21 | mun21 | mun22 |
| 墩 | tɐn25 | tɐn25 | tɐn25 | tɐn25 | tɐn1 | tɐn24 | tɐn25 | tɐn25 | tɐn25 | tøn34 |
| 顿 | tøn22 | tøn22 | tøn22 | tøn13 | tøn22 | tøn22 | tøn22 | tøn22 | tøn22 | tøn31 |
| 盾 | tʰøn13 | tʰøn13 | tʰøn13 | tsʰøn25 | tʰøn13 | tʰøn13 | tʰøn13 | tʰøn13 | tʰøn13 | tʰøn34 |
| 突 | tɐt2 | tɐt2 | tɐt2 | tɐt2 | tɐt2 | tɐt2 | tɐt2 | tɐt2 | tɐt2 | tʰøt5 |
| 嫩 | nyn22 | lyn22 | lyn22 | nyn13 | nyn22 | lyn22 | lyn22 | lyn22 | lyn22 | løn31 |

(续上表)

| | 桂城 | 西樵 | 丹灶 | 九江 | 沙头 | 大榄 | 狮北 | 大沥 | 里水 | 北洲 |
|---|---|---|---|---|---|---|---|---|---|---|
| 论 | løn22 | løn22 | løn22 | løn13 | løn22 | løn22 | løn22 | løn22 | løn22 | løn31 |
| 尊 | tsyn52 | tsyn52 | tsyn52 | tsyn45 | tyn45 | tsyn55 | tsyn52 | tsyn52 | tsyn52 | tsɔn34 |
| 村 | tsʰyn55 | tsʰyn45 | tsʰyn45 | tsʰyn45 | tsʰyn45 | tsʰyn55 | tsʰyn55 | tsʰyn55 | tsʰyn45 | tsʰɵn34 |
| 寸 | tsyn33 | syn33 | tsʰyn33 | tsʰyn33 | tsʰyn33 | tsʰyn33 | tsʰyn33 | tsʰyn33 | tsʰyn33 | tsʰɵn53 |
| 存 | tsʰyn31 | tsʰyn31 | tsʰyn31 | tsʰyn31 | tsʰyn42 | tsʰyn21 | tsʰyn21 | tsʰyn21 | tsʰyn21 | tsʰɔn22 |
| 孙 | syn55 | syn45 | syn45 | syn45 | syn45 | syn22 | syn55 | syn55 | syn45 | sɔn34 |
| 损 | syn25 | syn25 | syn25 | syn25 | syn25 | syn24 | syn25 | syn25 | syn25 | sɔn31 |
| 滚 | kwan25 | kwʰuan25 | kwan25 | kwan25 | kwan25 | kwʰan24 | kwan25 | kwan25 | kwan25 | kun31 |
| 棍 | kwan33 | kwan33 | kwan33 | kwan33 | kwan33 | kwan215 | kwan33 | kwan33 | kwan33 | kun53 |
| 骨 | kwɐt5 | kwɐt5 | kwɐt5 | kwɐt5 | kwɐt5 | kwɐt5 | kwɐt5 | kwɐt5 | kwɐt5 | kut2 |
| 坤 | kwʰan52 | kwʰan52 | kwʰan52 | kwʰan45 | kwʰan45 | kwʰan55 | kwʰan52 | kwʰan52 | kwʰan52 | kʰun34 |
| 困 | kwʰan33 | kwʰan33 | kwʰan33 | kwʰan33 | kwʰan33 | kwʰan33 | kwʰan33 | kwʰan33 | kwʰan33 | kʰun53 |
| 婚 | wan52/ fan52 | fan52 | fan52 | fan45 | fan45 | fan55 | fan52 | fan52 | fan52 | fun34 |
| 忽 | fɐt5 | fɐt5 | fɐt5 | fɐt5 | fɐt5 | fɐt5 | fɐt5 | fɐt5 | fɐt5 | fut2 |
| 温 | wan52 | wan52 | wan52 | wan45 | wan45 | wan55 | wan52 | wan52 | wan52 | vun34 |
| 稳 | wan25 | wan25 | wan25 | wan25 | wan25 | wan24 | wan25 | wan25 | wan25 | vun31 |
| 轮 | lɵn31 | lɵn31 | lɵn31 | lɵn31 | lɵn42 | lɵn21 | lɵn21 | lɵn21 | lɵn25 | lɔn22 |

（续上表）

| | 桂城 | 西樵 | 丹灶 | 九江 | 沙头 | 大榄 | 狮北 | 大沥 | 里水 | 北洲 |
|---|---|---|---|---|---|---|---|---|---|---|
| 律 | løt2/løet2 | løt2 | løt2 | løet2 | løt2 | løt2 | løt2 | løt2 | løt2 | løt2 |
| 俊 | tsøn33 | tsøn33 | tsøn33 | tsøn33 | tøn33 | tsøn33 | tsøn33 | tsøn33 | tsøn33 | tsøn53 |
| 迅 | søn33 | søn33 | søn33 | søn33 | søn33 | søn33 | søn33 | søn33 | søn33 | søn53 |
| 准 | tsøn25 | tsøn25 | tsøn25 | tsøn25 | tsøn25 | tsøn24 | tsøn25 | tsøn25 | tsøn25 | tsøn31 |
| 春 | tsʰøn52 | tsʰøn52 | tsʰøn52 | tsʰøn45 | tsʰøn45 | tsʰøn55 | tsøn52 | tsʰøn52 | tsʰøn52 | tsʰøn34 |
| 蠢 | tsʰøn25 | tsʰøn25 | tsʰøn25 | tsʰøn25 | tsʰøn25 | tsʰøn24 | tsʰøn25 | tsʰøn25 | tsʰøn25 | tsʰøn31 |
| 出 | tsʰøt5 | tsʰøt5 | tsʰøt5 | tsʰøt5 | tsyt5 | tsʰøt5 | tsʰøt5 | tsʰøt5 | tsʰøt5 | tsʰøt2 |
| 术 | søt2/søet2 | søt2 | søt2 | søet2 | søt2 | søt2 | søt2 | søt2 | søt2 | søt2 |
| 纯 | søn31 | søn31 | søn31 | søn31 | søn42 | søn21 | søn21 | søn21 | søn21 | søn22 |
| 润 | jøn22 | jøn22 | jøn22 | jøn13 | jøn22 | jøn22 | jøn22 | jøn22 | jøn22 | jøn31 |
| 均 | kwɐn52 | kwɐn52 | kwɐn52 | kwɐn45 | kwɐn45 | kwɐn55 | kwɐn52 | kwɐn52 | kwɐn52 | kun34 |
| 菌 | kwʰɐn25 | kwʰɐn25 | kwʰɐn25 | kwʰɐn25 | kwʰɐn25 | kwʰɐn24 | kwʰɐn25 | kwʰɐn25 | kwʰɐn25 | kʰun31 |
| 允 | waan13 | waan13 | waan13 | waam25 | waan13 | ɛuam13 | ɛuam13 | ɛuam13 | ɛuam13 | unʌ31 |
| 分 | fɐn52 | fɐn52 | fɐn52 | fɐn45 | pʰɐn45 | fɐn22 | fɐn52 | fɐn52 | fɐn52 | fun34/pin34 |
| 粉 | fɐn25 | fɐn25 | fɐn25 | fɐn25 | pʰɐn25 | fɐn24 | fɐn25 | fɐn25 | fɐn25 | fun31 |

（续上表）

| | 桂城 | 西樵 | 丹灶 | 九江 | 沙头 | 大榄 | 狮北 | 大沥 | 里水 | 北洲 |
|---|---|---|---|---|---|---|---|---|---|---|
| 粪 | pʰɐn33/ fɐn33 | pʰɐn33 | pan33 | pʰan33 | pʰɐn33 | pan33 | pan33 | fɐn33 | fɐn33 | pun53 |
| 坟 | fɐn31 | fɐn31 | fɐn31 | fɐn31 | pʰɐn42 | fɐn21 | fɐn21 | fɐn21 | fɐn21 | fun22 |
| 份 | fɐn22 | fɐn22 | fɐn22 | fɐn13 | pʰɐn22 | fɐn22 | fɐn22 | fɐn22 | fɐn22 | fun31 |
| 佛 | fɐt2/ pɐt2 | fɐt2 | fɐt2 | fɐt2 | pʰɐt2 | fɐt2 | fɐt2 | fɐt2 | fɐt2 | fut5 |
| 文 | mɐn31 | mɐn31 | man31 | man31 | man42 | maan21 | man21 | man21 | man21 | mun22 |
| 蚊 | mɐn55 | mɐn45 | man45 | man45 | man42 | maan55 | man55 | man55 | man45 | mun34 |
| 问 | mɐn22 | mɐn22 | man22 | man13 | man22 | man22 | man22 | man22 | man22 | mun53 |
| 物 | mɐu2 | mɐu2 | mau2 | mau2 | mau2 | mau2 | mau2 | mau2 | mau2 | mun5 |
| 羊 | kwɐn52 | kwɐn52 | kwan52 | kwan45 | kwan45 | kwan55 | kwan52 | kwan52 | kwan45 | kun34 |
| 屈 | wɐt5 | wɐt5 | wɐt5 | wɐt5 | wɐt5 | wɐt5 | wɐt5 | wɐt5 | wɐt5 | wut2 |
| 裙 | kwʰɐn31 | kwʰɐn31 | kwʰɐn31 | kwʰɐn31 | kwʰɐn42 | kwʰɐn21 | kwʰɐn21 | kwʰɐn21 | kwʰɐn21 | kʰun22 |
| 训 | fɐn33 | fɐn33 | fɐn33 | fɐn33 | fɐn33 | fɐn33 | fɐn33 | fɐn33 | fɐn33 | fun53 |
| 云 | wɐn31 | wɐn31 | wɐn31 | wɐn31 | wɐn42 | wɐn21 | wɐn21 | wɐn21 | wɐn21 | wun31 |
| 运 | wɐn22 | wɐn22 | wɐn22 | wɐn13 | wɐn22 | wɐn22 | wɐn22 | wɐn22 | wɐn22 | wun31 |
| 帮 | pɔŋ52 | pɔŋ52 | pɔŋ52 | pɔŋ45 | pɔŋ45 | pɔŋ22 | pɔŋ52 | pɔŋ52 | pɔŋ52 | pɔŋ34 |
| 博 | pok2 | pok3 | pok3 | pok3 | pɔʔ3 | pok3 | pok3 | pok3 | pok3 | pok2 |

（续上表）

| | 桂城 | 西樵 | 丹灶 | 九江 | 沙头 | 大榄 | 狮北 | 大沥 | 里水 | 北洲 |
|---|---|---|---|---|---|---|---|---|---|---|
| 旁 | pʰɔŋ31 | pʰɔŋ31 | pɔŋ31 | pʰɔŋ31 | pʰɔŋ42 | pʰɔŋ21 | pʰɔŋ21 | pʰɔŋ21 | pʰɔŋ21 | pʰɔŋ22 |
| 薄 | pɔk2 | pɔk2 | pɔk2 | pɔk2 | pɔʔ2 | pɔk2 | pɔk2 | pɔk2 | pɔk2 | pʰɔk5 |
| 忙 | mɔŋ31 | mɔŋ31 | mɔŋ31 | mɔŋ31 | mɔŋ42 | mɔŋ21 | mɔŋ21 | mɔŋ21 | mɔŋ21 | mɔŋ22 |
| 莫 | mɔk2 | mɔk2 | mɔk2 | mɔk2 | mɔ22 | mɔk2 | mɔk2 | mɔk21 | mɔk2 | mɔk5 |
| 膜 | mɔk25 | mɔk25 | mɔk25 | mɔk2 | mɔʔ25 | mɔk215 | mɔk25 | mɔk25 | mɔk2 | mɔk5 |
| 摸 | mɔ25 | mɔ25 | mɔ25 | mɔ25 | mɔ25 | mɔ24 | mɔ25 | mɔ25 | mɔ52 | mɔ34 |
| 当 | tɔŋ52 | tɔŋ52 | tɔŋ52 | tɔŋ45 | tɔŋ45 | tɔŋ22 | tɔŋ52 | tɔŋ52 | tɔŋ52 | tɔŋ34 |
| 挡 | tɔŋ25 | tɔŋ25 | tɔŋ25 | tɔŋ25 | tɔŋ25 | tɔŋ24 | tɔŋ25 | tɔŋ25 | tɔŋ25 | tɔŋ31 |
| 当 | tɔŋ33 | tɔŋ33 | tɔŋ33 | tɔŋ33 | tɔŋ33 | tɔŋ33 | tɔŋ33 | tɔŋ33 | tɔŋ33 | tɔŋ53 |
| 汤 | tʰɔŋ52 | tʰɔŋ52 | tʰɔŋ52 | hɔŋ45 | tɔŋ45 | tʰɔŋ55 | tʰɔŋ52 | tʰɔŋ52 | tʰɔŋ52 | tʰɔŋ34 |
| 托 | tʰɔk3 | tʰɔk3 | tʰɔk3 | hɔk3 | tɔʔ3 | tʰɔk3 | tʰɔk3 | tʰɔk3 | tʰɔk3 | tʰɔk2 |
| 塘 | tʰɔŋ31/tɔŋ31 | tɔŋ31 | tɔŋ31 | hɔŋ31 | tɔŋ42 | tʰɔŋ21 | tʰɔŋ21 | tʰɔŋ21 | tʰɔŋ21 | tʰɔŋ22 |
| 诺 | nɔk2 | lɔk2 | lɔk3 | lɔk3 | lɔ22 | lɔk3 | lɔk3 | lɔk3 | lɔk3 | lɔk5 |
| 郎 | lɔŋ31 | lɔŋ31 | lɔŋ31 | lɔŋ31 | lɔŋ42 | lɔŋ21 | lɔŋ21 | lɔŋ21 | lɔŋ21 | lɔŋ22 |
| 浪 | lɔŋ22 | lɔŋ22 | lɔŋ22 | lɔŋ13 | lɔŋ22 | lɔŋ22 | lɔŋ22 | lɔŋ22 | lɔŋ22 | lɔŋ31 |
| 落 | lɔk2 | lɔk2 | lɔk2 | lɔk2 | lɔʔ2 | lɔk2 | lɔk2 | lɔk2 | lɔk2 | lɔk5 |
| 莽 | tsɔŋ33 | tsɔŋ33 | tsɔŋ33 | tsɔŋ33 | tsɔŋ33 | tsɔŋ33 | tsɔŋ33 | tsɔŋ33 | tsɔŋ33 | tsɔŋ53 |

（续上表）

| | 桂城 | 西樵 | 丹灶 | 九江 | 沙头 | 大榄 | 狮北 | 大沥 | 里水 | 北洲 |
|---|---|---|---|---|---|---|---|---|---|---|
| 作 | tsɔk3 | tsɔk3 | tsɔk3 | tsɔk3 | tɔʔ3 | tsɔk3 | tsɔk3 | tsɔk3 | tsɔk3 | tsɔk2 |
| 仓 | tsʰɔŋ55 | tsʰɔŋ45 | tsʰɔŋ45 | tsʰɔŋ45 | tsʰɔŋ45 | tsʰɔŋ22 | tsʰɔŋ55 | tsʰɔŋ55 | tsʰɔŋ45 | tsʰɔŋ34 |
| 蹭 | tsɔk2 | tsɔk2 | tsɔk2 | tsɔk2 | tɔʔ2 | tsɔk215 | tsɔk2 | tsɔk2 | tsɔk2 | tsʰɔk5 |
| 桑 | sɔŋ55 | sɔŋ45 | sɔŋ45 | sɔŋ45 | sɔŋ45 | sɔŋ55 | sɔŋ55 | sɔŋ55 | sɔŋ45 | sɔŋ34 |
| 索 | sɔk3 | sɔk3/ sœt3 | sɔk3 | sɔk3 | sɔʔ3 | sɔk3 | sɔk3 | sɔk3 | sɔk3 | sɔk2 |
| 钢 | kɔŋ33 | kɔŋ33 | kɔŋ33 | kɔŋ33 | kɔŋ33 | kɔŋ33 | kɔŋ33 | kɔŋ33 | kɔŋ33 | kɔŋ53 |
| 缸 | kɔŋ52 | kɔŋ52 | kɔŋ52 | kɔŋ45 | kɔŋ45 | kɔŋ22 | kɔŋ52 | kɔŋ52 | kɔŋ52 | kɔŋ34 |
| 各 | kɔk3 | kɔk3 | kɔk3 | kɔk3 | kɔʔ3 | kɔk3 | kɔk3 | kɔk3 | kɔk3 | kɔk2 |
| 康 | hɔŋ52 | hɔŋ52 | hɔŋ52 | hɔŋ45 | hɔŋ45 | hɔŋ55 | hɔŋ52 | hɔŋ52 | hɔŋ52 | hɔŋ34 |
| 糠 | hɔŋ52 | hɔŋ52 | hɔŋ52 | hɔŋ45 | hɔŋ45 | hɔŋ22 | hɔŋ52 | hɔŋ52 | hɔŋ52 | hɔŋ34 |
| 抗 | kʰɔŋ33 | kʰɔŋ33 | kʰɔŋ33 | kʰɔŋ33 | kʰɔŋ33 | kʰɔŋ33 | kʰɔŋ33 | kʰɔŋ33 | kʰɔŋ33 | kʰɔŋ53 |
| 昂 | ŋɔŋ31 | ŋɔŋ31 | ŋɔŋ31 | ŋɔŋ25 | ŋɔŋ42 | ŋɔŋ21 | ŋɔŋ21 | ŋɔŋ21 | ŋɔŋ21 | ŋɔŋ22 |
| 行银~ | hɔŋ31 | hɔŋ31 | hɔŋ31 | hɔŋ31 | hɔŋ42 | hɔŋ21 | hɔŋ21 | hɔŋ21 | hɔŋ21 | hɔŋ22 |
| 恶 | ɔk3 | ɔk3 | ɔk3 | ɔk3 | ɔʔ3 | ɔk3 | ɔk3 | ɔk3 | ɔk3 | ɔk2 |
| 娘 | nœŋ31 | lœŋ31 | lœŋ31 | nœŋ31 | nœŋ42 | lœŋ21 | lœŋ21 | lœŋ21 | lœŋ21 | liɔŋ22 |
| 凉 | lœŋ31 | lœŋ31 | lœŋ31 | lœŋ31 | lœŋ42 | lœŋ21 | lœŋ21 | lœŋ21 | lœŋ21 | liɔŋ22 |
| 两 | lœŋ13 | lœŋ13 | lœŋ13 | lœŋ25 | lœŋ13 | lœŋ24 | lœŋ25 | lœŋ13 | lœŋ13 | liɔŋ31 |

（续上表）

| | 桂城 | 西樵 | 丹灶 | 九江 | 沙头 | 大楏 | 狮北 | 大沥 | 里水 | 北洲 |
|---|---|---|---|---|---|---|---|---|---|---|
| 量 | lœŋ22 | lœŋ22 | lœŋ22 | lœŋ13 | lœŋ22 | lœŋ22 | lœŋ22 | lœŋ22 | lœŋ22 | liɔŋ31 |
| 略 | lœk2 | lœk2 | lœk2 | lœk2 | lœʔ2 | lœk2 | lœk2 | lœk2 | lœk2 | liɔk2 |
| 浆 | tsœŋ52 | tsœŋ52 | tsœŋ52 | tsœŋ45 | tœŋ45 | tsœŋ55 | tsœŋ52 | tsœŋ52 | tsœŋ52 | tsiɔŋ34 |
| 奖 | tsœŋ25 | tsœŋ25 | tsœŋ25 | tsœŋ25 | tœŋ25 | tsœŋ24 | tsœŋ25 | tsœŋ25 | tsœŋ25 | tsiɔŋ31 |
| 酱 | tsœŋ33 | tsœŋ33 | tsœŋ33 | tsœŋ33 | tœŋ33 | tsœŋ33 | tsœŋ33 | tsœŋ33 | tsœŋ33 | tsiɔŋ53 |
| 雀 | tsœk3 | tsœk3 | tsœk3 | tsœk3 | tœʔ3 | tsœk24 | tsœk3 | tsœk3 | tsœk3 | tsiɔk2 |
| 枪 | tsʰœŋ55 | tsʰœŋ45 | tsʰœŋ45 | tsʰœŋ45 | tʰœŋ45 | tsʰœŋ55 | tsʰœŋ55 | tsʰœŋ55 | tsʰœŋ45 | tsʰiɔŋ34 |
| 抢 | tsʰœŋ25 | tsʰœŋ25 | tsʰœŋ25 | tsʰœŋ25 | tʰœŋ25 | tsʰœŋ24 | tsʰœŋ25 | tsʰœŋ25 | tsʰœŋ25 | tsʰiɔŋ31 |
| 墙 | tsʰœŋ31 | tsʰœŋ31 | tsʰœŋ31 | tsʰœŋ31 | tʰœŋ42 | tsʰœŋ21 | tsʰœŋ21 | tsʰœŋ21 | tsʰœŋ21 | tsʰiɔŋ22 |
| 箱 | sœŋ55 | sœŋ45 | sœŋ45 | sœŋ45 | sœŋ45 | sœŋ55 | sœŋ55 | sœŋ55 | sœŋ45 | siɔŋ34 |
| 想 | sœŋ25 | sœŋ25 | sœŋ25 | sœŋ25 | sœŋ25 | sœŋ24 | sœŋ25 | sœŋ25 | sœŋ25 | siɔŋ31 |
| 削 | sœk3 | sœk3 | sœk3 | sœk3 | sœʔ3 | sœk3 | sœk3 | sœk3 | sœk3 | siɔk2 |
| 详 | tsʰœŋ31 | tsʰœŋ31 | tsʰœŋ31 | tsʰœŋ31 | tʰœŋ42 | tsʰœŋ21 | tsʰœŋ21 | tsʰœŋ21 | tsʰœŋ21 | tsʰiɔŋ22 |
| 象 | tsœŋ22 | tsœŋ22 | tsœŋ22 | tsœŋ13 | tœŋ22 | tsœŋ22 | tsœŋ22 | tsœŋ22 | tsœŋ22 | tsʰiɔŋ31 |
| 张 | tsœŋ52 | tsœŋ52 | tsœŋ52 | tsœŋ45 | tsœŋ45 | tsœŋ55 | tsœŋ52 | tsœŋ52 | tsœŋ52 | tsiɔŋ34 |
| 长 | tsœŋ25 | tsœŋ25 | tsœŋ25 | tsœŋ25 | tsœŋ25 | tsœŋ24 | tsœŋ25 | tsœŋ25 | tsœŋ25 | tsɔŋ31 |

(续上表)

| | 桂城 | 西樵 | 丹灶 | 九江 | 沙头 | 大榄 | 狮北 | 大沥 | 里水 | 北洲 |
|---|---|---|---|---|---|---|---|---|---|---|
| 胀 | tsœŋ33 | tsœŋ33 | tsœŋ33 | tsœŋ33 | tɔœŋ33 | tsɔŋ33 | tsœŋ33 | tsœŋ33 | tsœŋ33 | tsɔŋ53 |
| 着 | tsœk3 | tsœk3 | tsœk3 | tsœk3 | tsœʔ3 | tsœk3 | tsœk3 | tsœk3 | tsœk3 | tsɔk2/tsʰɔk5 |
| 长 | tsʰœŋ31 | tsʰœŋ31 | tsʰœŋ31 | tsʰœŋ31 | tsʰœŋ42 | tsʰœŋ21 | tsʰœŋ21 | tsʰœŋ21 | tsʰœŋ21 | tsʰɔŋ22 |
| 丈 | tsœŋ22 | tsœŋ22 | tsœŋ22 | tsœŋ13 | tsœŋ22 | tsɔŋ22 | tsœŋ22 | tsœŋ22 | tsœŋ22 | tsʰɔŋ31 |
| 装 | tsɔŋ52 | tsɔŋ52 | tsɔŋ52 | tsœŋ45 | tsœŋ45 | tsɔŋ52 | tsɔŋ52 | tsɔŋ52 | tsɔŋ45 | tsɔŋ34 |
| 壮 | tsœŋ33 | tsœŋ33 | tsœŋ33 | tsœŋ33 | tsœŋ33 | tsɔŋ33 | tsœŋ33 | tsœŋ33 | tsœŋ33 | tsɔŋ53 |
| 床 | tsʰœŋ31 | tsʰœŋ31 | tsʰœŋ31 | tsʰœŋ31 | tsʰœŋ42 | tsʰœŋ21 | tsʰœŋ21 | tsʰœŋ21 | tsʰœŋ21 | tsʰɔŋ22 |
| 状 | tsœŋ22 | tsœŋ22 | tsœŋ22 | tsœŋ13 | tsœŋ22 | tsɔŋ22 | tsœŋ25 | tsœŋ22 | tsœŋ22 | tsʰɔŋ31 |
| 霜 | sœŋ52 | sœŋ52 | sœŋ52 | sœŋ45 | sœŋ45 | sɔŋ55 | sœŋ52 | sœŋ52 | sœŋ52 | sɔŋ34 |
| 爽 | sœŋ25/sœŋ25 | sœŋ25 | sœŋ25 | sœŋ25 | sœŋ25 | sɔŋ24 | sœŋ25 | sœŋ25 | sœŋ25 | sɔŋ31 |
| 章 | tsœŋ52 | tsœŋ52 | tsœŋ52 | tsœŋ45 | tsœŋ45 | tsɔŋ55 | tsœŋ52 | tsœŋ52 | tsœŋ52 | tsɔŋ34 |
| 掌 | tsœŋ25 | tsœŋ25 | tsœŋ25 | tsœŋ25 | tsœŋ25 | tsɔŋ24 | tsœŋ25 | tsœŋ25 | tsœŋ25 | tsɔŋ31 |
| 厂 | tsʰœŋ25 | tsʰœŋ25 | tsʰœŋ25 | tsʰœŋ25 | tsʰœŋ25 | tsʰɔŋ24 | tsʰœŋ25 | tsʰœŋ25 | tsʰœŋ25 | tsʰɔŋ31 |
| 唱 | tsʰœŋ33 | tsʰœŋ33 | tsʰœŋ33 | tsʰœŋ33 | tsʰœŋ33 | tsʰɔŋ33 | tsʰœŋ33 | tsʰœŋ33 | tsʰœŋ33 | tsʰɔŋ53 |
| 伤 | sœŋ52 | sœŋ52 | sœŋ52 | sœŋ45 | sœŋ45 | sɔŋ22 | sœŋ52 | sœŋ52 | sœŋ52 | sɪɔŋ34 |
| 赏 | sœŋ25 | sœŋ25 | sœŋ25 | sœŋ25 | sœŋ25 | sɔŋ24 | sœŋ25 | sœŋ25 | sœŋ25 | sɪɔŋ31 |

（续上表）

| | 桂城 | 西樵 | 丹灶 | 九江 | 沙头 | 大桅 | 狮北 | 大沥 | 里水 | 北洲 |
|---|---|---|---|---|---|---|---|---|---|---|
| 常 | sœŋ31 | sœŋ31 | sœŋ31 | sœŋ31 | tsʰœŋ42 | sœŋ21 | sœŋ21 | sœŋ21 | sœŋ21 | siɔŋ22 |
| 上[动] | sœŋ13 | sœŋ13 | sœŋ13 | sœŋ25 | sœŋ13 | sœŋ13 | sœŋ13 | sœŋ13 | sœŋ13 | sɔŋ34 |
| 上[名] | sœŋ22 | sœŋ22 | sœŋ22 | sœŋ13 | sœŋ22 | sœŋ22 | sœŋ22 | sœŋ22 | sœŋ22 | sɔŋ31 |
| 勺 | hɔk3 | sœk2 | hɔk3 | tsʰœk3 | tsœʔ3 | hɔk215 | hɔk25 | tsœk3 | hɔk3 | sɔk5 |
| 瓤 | nɔŋ31 | lɔŋ31 | lɔŋ31 | nɔŋ31 | nɔŋ42 | lɔŋ21 | lɔŋ21 | lɔŋ21 | lɔŋ21 | lɔŋ22 |
| 让 | jœŋ22 | jœŋ22 | jœŋ22 | jœŋ13 | jœŋ22 | jœŋ22 | jœŋ22 | jœŋ22 | jœŋ22 | jœŋ31 |
| 弱 | jœk2 | jœk2 | jœk2 | jœk2 | jœʔ2 | jœk2 | jœk2 | jœk2 | jœk2 | ŋiɔk5 |
| 姜 | kœŋ52 | kœŋ52 | kœŋ52 | kœŋ45 | kœŋ45 | kœŋ22 | kœŋ52 | kœŋ55 | kœŋ45 | kiɔŋ34 |
| 脚 | kœk3 | kœk3 | kœk3 | kœk3 | kœʔ3 | kœk3 | kœk3 | kœk3 | kœk3 | kiɔk2 |
| 强 | kʰœŋ31 | kʰœŋ31 | kʰœŋ31 | kʰœŋ31 | kʰœŋ42 | kʰœŋ21 | kʰœŋ21 | kʰœŋ21 | kʰœŋ21 | kʰiɔŋ22 |
| 香 | hœŋ52 | hœŋ52 | hœŋ52 | hœŋ45 | hœŋ45 | hœŋ22 | hœŋ52 | hœŋ52 | hœŋ52 | sɔŋ34 |
| 响 | hœŋ25 | hœŋ25 | hœŋ25 | hœŋ25 | hœŋ25 | hœŋ24 | hœŋ25 | hœŋ25 | hœŋ25 | sɔŋ31 |
| 向 | hœŋ33 | hœŋ33 | hœŋ33 | hœŋ33 | hœŋ33 | hœŋ33 | hœŋ33 | hœŋ33 | hœŋ33 | sɔŋ53 |
| 秧 | jœŋ52 | œŋ52 | œŋ52 | jœŋ45 | jœŋ45 | jœŋ22 | jœŋ52 | jœŋ52 | jœŋ52 | jɔŋ34 |
| 约 | jœk3 | œk3 | œk3 | œk3 | œʔ3 | jœk3 | jœk3 | jœk3 | jœk3 | jiɔk2 |
| 羊 | jœŋ31 | hœŋ31 | jœŋ31 | hœŋ31 | jœŋ42 | jœŋ21 | jœŋ21 | jœŋ21 | jœŋ21 | jɔŋ22 |
| 养 | jœŋ13 | hœŋ13 | hœŋ13 | hœŋ25 | hœŋ13 | jœŋ13 | jœŋ13 | jœŋ13 | jœŋ13 | jɔŋ34 |

(续上表)

| | 桂城 | 西樵 | 丹灶 | 九江 | 沙头 | 大槿 | 狮北 | 大沥 | 里水 | 北洲 |
|---|---|---|---|---|---|---|---|---|---|---|
| 样 | jœŋ22 | hœŋ22 | hœŋ25 | jœŋ13 | hœŋ22 | jœŋ22 | jœŋ22 | jœŋ22 | jœŋ22 | jɔŋ31 |
| 药 | jœk2 | hœk2 | hœk2 | hœk2 | hœʔ2 | jœk2 | jœk2 | jœk2 | jœk2 | jɔk5 |
| 跃 | jœk3 | œk3 | jœk3 | jœk3 | jœʔ3 | jœk3 | jœk3 | jœk3 | jœk3 | jiœk2 |
| 光 | kwɔŋ52 | kwɔŋ52 | kwɔŋ52 | kwœŋ45 | kwɔŋ45 | kɔŋ22 | kwɔŋ52 | kwɔŋ52 | kɔŋ52 | kɔŋ34 |
| 广 | kwɔŋ25 | kwɔŋ25 | kwɔŋ25 | kwœŋ25 | kwɔŋ25 | kɔŋ24 | kwɔŋ25 | kwɔŋ25 | kɔŋ25 | kɔŋ31 |
| 郭 | kwɔk3 | kwɔk3 | kwɔk3 | kʰœk3 | kwɔʔ3 | kɔk3 | kwɔk3 | kɔk3 | kɔk3 | kɔk2 |
| 扩 | kʰɔŋ33 | kʰɔŋ33 | kʰɔŋ33 | kʰɔŋ33 | kʰɔŋ33 | kʰɔŋ33 | kʰɔŋ33 | kʰɔŋ33 | kʰɔŋ33 | kʰɔŋ53 |
| 荒 | fɔŋ52 | fɔŋ52 | fɔŋ52 | fœŋ45 | fɔŋ45 | fɔŋ53 | fɔŋ52 | fɔŋ52 | fɔŋ52 | fɔŋ34 |
| 霍 | fɔk3 | fɔk3 | fɔk3 | fœk3 | wɔʔ3 | fɔk3 | fɔk3 | fɔk3 | fɔk3 | fɔk2 |
| 黄 | wɔŋ31 | wœŋ31 | wɔŋ31 | fɔŋ31 | fɔŋ42 | wœŋ21 | wœŋ21 | wœŋ21 | wɔŋ21 | vɔŋ22 |
| 方 | fɔŋ52 | fɔŋ52 | fɔŋ52 | fœŋ45 | fɔŋ45 | fɔŋ53 | fɔŋ52 | fɔŋ52 | fɔŋ52 | fɔŋ34 |
| 放 | fɔŋ33/fɔŋ33 | fɔŋ33 | fɔŋ33 | fœŋ33 | pʰɔŋ33 | fɔŋ33 | fɔŋ33 | fɔŋ33 | fɔŋ33 | fɔŋ53 |
| 纺 | fɔŋ25 | fɔŋ25 | fɔŋ25 | fœŋ25 | fɔŋ25 | fɔŋ24 | fɔŋ25 | fɔŋ25 | fɔŋ25 | fɔŋ31 |
| 房 | fɔŋ31 | fɔŋ31 | fɔŋ31 | fœŋ31 | fɔŋ42 | fɔŋ21 | fɔŋ25 | fɔŋ21 | fɔŋ21 | fɔŋ22 |
| 防 | fɔŋ31 | fɔŋ31 | fɔŋ31 | fœŋ31 | fɔŋ42 | fɔŋ21 | fɔŋ21 | fɔŋ21 | fɔŋ21 | fɔŋ22 |
| 亡 | mœŋ31 | mœŋ31 | mœŋ31 | mœŋ31 | mœŋ42 | mœŋ21 | mœŋ21 | mœŋ21 | mœŋ21 | mœŋ22 |
| 网 | mœŋ13 | mœŋ13 | mœŋ13 | mœŋ25 | mœŋ13 | mœŋ13 | mœŋ25 | mœŋ13 | mœŋ13 | mœŋ13 |

（续上表）

| | 桂城 | 西樵 | 丹灶 | 九江 | 沙头 | 大㘰 | 狮北 | 大沥 | 里水 | 北洲 |
|---|---|---|---|---|---|---|---|---|---|---|
| 望 | mɔŋ22 | mɔŋ22 | mɔŋ22 | mɔŋ13 | mɔŋ22 | mɔŋ22 | mɔŋ22 | mɔŋ22 | mɔŋ22 | mɔŋ31 |
| 狂 | kʰɔŋ31 | kʰɔŋ31 | kʰɔŋ31 | kʰɔŋ31 | kʰɔŋ42 | kʰɔŋ21 | kʰɔŋ21 | kʰɔŋ21 | kʰɔŋ21 | kʰɔŋ22 |
| 枉 | wɔŋ25 | wɔŋ25 | wɔŋ25 | wɔŋ25 | fɔŋ25 | wɔŋ24 | wɔŋ25 | wɔŋ25 | wɔŋ25 | vɔŋ31 |
| 王 | wɔŋ31 | wɔŋ31 | wɔŋ31 | wɔŋ31 | fɔŋ42 | wɔŋ21 | wɔŋ21 | wɔŋ21 | wɔŋ21 | vɔŋ22 |
| 住 | wɔŋ13 | wɔŋ13 | wɔŋ13 | wɔŋ13 | fɔŋ13 | wɔŋ13 | wɔŋ13 | wɔŋ13 | wɔŋ13 | vɔŋ34 |
| 旺 | wɔŋ22 | wɔŋ22 | wɔŋ22 | wɔŋ13 | fɔŋ22 | wɔŋ22 | wɔŋ22 | wɔŋ22 | wɔŋ22 | vɔŋ31 |
| 乡 | pɔŋ25 | pɔŋ25 | pɔŋ25 | pɔŋ25 | pɔŋ25 | pɔŋ24 | pɔŋ25 | pɔŋ25 | pɔŋ25 | pɔŋ31 |
| 剥 | mɔk5 | mɔk5 | mɔk5 | mɔk5 | mɔʔ5 | mɔk5 | mɔk5 | mɔk5 | mɔk5 | mɔk2 |
| 桌 | tsœk3 | tsœk3 | tsœk3 | tsœk3 | tsœʔ3 | tsœk3 | tsœk3 | tsœk3 | tsœk3 | tsɔk2 |
| 浊 | tsok2 | tsok2 | tsok2 | tsok2 | tsok2 | tsok2 | tsok2 | tsok2 | tsok2 | tsok2 |
| 窗 | tsʰœŋ55 | tsʰœŋ45 | tsʰœŋ45 | tsʰœŋ45 | tsʰœŋ45 | tsʰœŋ55 | tsʰœŋ55 | tsʰœŋ55 | tsʰœŋ45 | tsʰiɔŋ34 |
| 双 | sœŋ52 | sœŋ52 | sœŋ52 | sœŋ45 | sœŋ45 | sœŋ55 | sœŋ52 | sœŋ52 | sœŋ52 | siɔŋ34 |
| 江 | kɔŋ52 | kɔŋ52 | kɔŋ52 | kɔŋ25 | kɔŋ45 | kɔŋ55 | kɔŋ52 | kɔŋ52 | kɔŋ52 | kɔŋ34 |
| 讲 | kɔŋ25 | kɔŋ25 | kɔŋ25 | kɔŋ25 | kɔŋ25 | kɔŋ24 | kɔŋ25 | kɔŋ25 | kɔŋ25 | kɔŋ31 |
| 港 | kɔŋ25 | kɔŋ25 | kɔŋ25 | kɔŋ25 | kɔŋ25 | kɔŋ24 | kɔŋ25 | kɔŋ25 | kɔŋ25 | kɔŋ31 |
| 隆 | kɔŋ33 | kɔŋ33 | kɔŋ33 | kɔŋ33 | kɔŋ33 | kɔŋ33 | kɔŋ33 | kɔŋ33 | kɔŋ33 | hɔŋ22 |
| 角 | kɔk3 | kɔk3 | kɔk3 | kɔk3 | kɔʔ3 | kɔk3 | kɔk3 | kɔk3 | kɔk3 | kɔk2 |

（续上表）

| | 桂城 | 西樵 | 丹灶 | 九江 | 沙头 | 大榄 | 狮北 | 大沥 | 里水 | 北洲 |
|---|---|---|---|---|---|---|---|---|---|---|
| 饺 | kau25 | kau25 | kau25 | kau25 | kau25 | kau24 | kau25 | kau25 | kau25 | kau31 |
| 腔 | hɔŋ55 | hɔŋ45 | hɔŋ45 | hɔŋ45 | hɔŋ45 | hɔŋ55 | hɔŋ55 | hɔŋ55 | hɔŋ52 | hɔŋ34 |
| 确 | kʰɔk3 | kʰɔk3 | kʰɔk3 | kʰɔk3 | kʰɔʔ3 | kʰɔk3 | kʰɔk3 | kʰɔk3 | kʰɔk3 | kʰɔk2 |
| 壳 | hɔk3 | hɔk3 | hɔk3 | hɔk3 | hɔʔ3 | hɔk3 | hɔk3 | hɔk3 | hɔk3 | hɔk5 |
| 乐 | ŋɔk2 | ŋɔk2 | ŋɔk2 | ŋɔk2 | ŋɔʔ2 | ŋɔk2 | ŋɔk2 | ŋɔk2 | ŋɔk2 | ŋɔk5 |
| 巷 | hɔŋ22 | hɔŋ22 | hɔŋ22 | hɔŋ13 | hɔŋ22 | hɔŋ215 | hɔŋ25 | hɔŋ25 | hɔŋ25 | hɔŋ31 |
| 学 | hɔk2 | hɔk2 | hɔk2 | hɔk2 | hɔʔ2 | hɔk2 | hɔk2 | hɔk2 | hɔk2 | hɔk5 |
| 握 | ɐk5 | ŋak5 | ŋak5 | ak5 | aʔ5 | ŋaɫ | ŋak5 | ŋak5 | ŋak5 | ŋak5 |
| 北 | pɐk5 | pak5 | pak5 | pak5 | paʔ5 | pak5 | pak5 | pak5 | pak5 | pet2 |
| 朋 | pʰɐŋ31 | pʰɐŋ31 | pʰɐŋ31 | pʰɐŋ31 | pʰɐŋ42 | pʰɐŋ21 | pʰɐŋ21 | pʰɐŋ21 | pʰɐŋ21 | pʰen22 |
| 墨 | mɐk2 | mak2 | mak2 | mak2 | maʔ2 | mak2 | mak2 | mak2 | mak2 | met5 |
| 灯 | tɐŋ55 | tɐŋ45 | tɐŋ45 | tɐŋ45 | tan45 | tɐŋ22 | tɐŋ55 | tɐŋ55 | tɐŋ45 | ten34 |
| 等 | tɐŋ25/tʰɐŋ25 | tɐŋ25 | tɐŋ25 | tɐŋ25 | tan25 | tɐŋ24 | tɐŋ25/tʰɐŋ33 | tɐŋ25 | tɐŋ25 | ten31 |
| 凳 | tɐŋ33 | tɐŋ33 | tɐŋ33 | tɐŋ33 | tan33 | tɐŋ24 | tɐŋ25 | tɐŋ33 | tɐŋ33 | ten53 |
| 得 | tɐk5 | tak5 | tak5 | tak5 | taʔ5 | tak5 | tak5 | tak5 | tak5 | tet2 |
| 藤 | tʰɐŋ31/tɐŋ31 | tʰɐŋ31 | tʰɐŋ31 | tʰɐŋ31 | tʰan42 | tʰɐŋ21 | tʰɐŋ21 | tʰɐŋ21 | tʰɐŋ21 | tʰen22 |

（续上表）

| | 桂城 | 西樵 | 丹灶 | 九江 | 沙头 | 大概 | 狮北 | 大沥 | 里水 | 北洲 |
|---|---|---|---|---|---|---|---|---|---|---|
| 邓 | taŋ22 | taŋ22 | taŋ22 | taŋ13 | tɛn22 | taŋ22 | taŋ22 | taŋ22 | taŋ22 | tʰen31 |
| 特 | tak2 | tak2 | tak2 | tak2 | ta2 | tak2 | tak2 | tak2 | tak2 | tʰit5 |
| 能 | laŋ31 | laŋ31 | laŋ31 | tɕʰau31 | nau42 | laŋ21 | laŋ21 | laŋ21 | laŋ21 | len22 |
| 曾姓 | tsɐŋ52 | tsɐŋ52 | tsɐŋ52 | tsɐŋ45 | tsau45 | tsɐŋ55 | tsɐŋ52 | tsɐŋ52 | tsɐŋ52 | tsen34 |
| 则 | tsak5 | tsak5 | tsak5 | tsak5 | tsa25 | tsak5 | tsak5 | tsak5 | tsak5 | tset2 |
| 层 | tsʰɐŋ31 | tsʰɐŋ31 | tsʰɐŋ31 | tsʰɐŋ31 | tsʰan42 | tsʰɐŋ21 | tsʰɐŋ21 | tsʰɐŋ21 | tsʰɐŋ21 | tsʰɐŋ22 |
| 赠 | tsɐŋ22 | tsɐŋ22 | tsɐŋ22 | tsɐŋ13 | tsɐŋ22 | tsɐŋ22 | tsɐŋ22 | tsɐŋ22 | tsɐŋ22 | tsɐŋ31 |
| 塞 | sak5 | sak5 | sak5 | sak5 | sa25 | sak5 | sak5 | sak5 | sak5 | set2 |
| 肯 | hɐŋ25 | hɐŋ25 | hɐŋ25 | hɐŋ25 | han25 | hɐŋ24 | hɐŋ25 | hɐŋ25 | hɐŋ25 | hen31 |
| 克 | hak5 | hak5 | hak5 | hak5 | ha25 | hak5 | hak5 | hak5 | hak5 | het2 |
| 黑 | hak5 | hak5 | hak5 | hak5 | ha25 | hak5 | hak5 | hak5 | hak5 | het2 |
| 冰 | pɐŋ52 | pen52 | pen52 | pen45 | pen45 | peŋ22 | peŋ52 | pen52 | peŋ52 | pin34 |
| 力 | lek2 | let2 | let2 | lek2 | let2 | lek2 | lek2 | let2 | lek2 | lit5 |
| 息 | sek5 | set5 | set5 | sek5 | set5 | sek5 | sek5 | set5 | set5 | sit2 |
| 直 | tsek2 | tset2 | tset2 | tsek2 | tset2 | tsek2 | tsek2 | tset2 | tsek2 | tsʰit5 |
| 色 | sek5 | set5 | set5 | sek5 | set5 | sek5 | sek5 | set5 | sek5 | sit2 |
| 蒸 | tsɐŋ52 | tsen52 | tsen52 | tsɐŋ45 | tsen45 | tsɐŋ22 | tsɐŋ52 | tsen52 | tsɐŋ52 | tsin34 |

(续上表)

| | 桂城 | 西樵 | 丹灶 | 九江 | 沙头 | 大榄 | 狮北 | 大沥 | 里水 | 北洲 |
|---|---|---|---|---|---|---|---|---|---|---|
| 证 | tseŋ33 | tseŋ33 | tseŋ33 | tseŋ33 | tseŋ33 | tseŋ33 | tseŋ33 | tseŋ33 | tseŋ33 | tsin53 |
| 织 | tsek5 | tset5 | tset5 | tsek5 | tset5 | tsek5 | tsek5 | tset5 | tsek5 | tsit2 |
| 秤 | tsʰeŋ33 | tsʰeŋ33 | tsʰeŋ33 | tsʰeŋ33 | tsʰen33 | tsʰeŋ215 | tsʰeŋ25 | tsʰen33 | tsʰeŋ33 | tsʰin53 |
| 食 | sek2 | set2 | set2 | sek2 | set2 | sek2 | sek2 | set2 | sek2 | sit5 |
| 升 | seŋ52 | sen52 | sen52 | seŋ45 | sen45 | seŋ55 | seŋ52 | sen52 | seŋ52 | sin34 |
| 胜 | seŋ33 | sen33 | sen33 | seŋ33 | sen33 | seŋ33 | seŋ33 | sen33 | seŋ33 | sin53 |
| 识 | sek5 | set5 | set5 | sek5 | set5 | sek5 | sek5 | set5 | sek5 | sit2 |
| 极 | kek2 | ket2 | ket2 | kek2 | ket2 | kek2 | kek2 | ket2 | kek2 | kʰit5 |
| 兴高~ | heŋ33 | hen33 | hen33 | heŋ33 | hen33 | heŋ33 | heŋ33 | hen33 | heŋ33 | sin53 |
| 蝇 | jeŋ55 | hen31 | hen31 | heŋ31 | hen42 | jeŋ55 | jeŋ55 | jen55 | jeŋ45 | jin22 |
| 翼 | jek2 | het2 | het2 | hek2 | het2 | jek2 | jek2 | jet2 | jek2 | jit5 |
| 国 | kwɔk3 | kwɔk3 | kwɔk3 | kwœk3 | kwɔʔ3 | kɔk3 | kwɔk3 | kwɔk3 | kɔk3 | kɔk2 |
| 或 | wak2 | wak2 | wak2 | wak2 | waʔ2 | wak2 | wak2 | wak2 | wak2 | vak5 |
| 百 | pak3 | pak3 | pak3 | pak3 | paʔ3 | pak3 | pak3 | pak3 | pak3 | pak2 |
| 拍 | pʰak3 | pʰak3 | pʰak3 | pʰak3 | pʰaʔ3 | pʰak3 | pʰak3 | pʰak3 | pʰak3 | pʰak2 |
| 彭 | pʰaŋ31 | pʰaŋ31 | pʰaŋ31 | pʰaŋ31 | pʰaŋ42 | pʰaŋ21 | pʰaŋ21 | pʰaŋ21 | pʰaŋ21 | pʰaŋ22 |
| 白 | pak2 | pak2 | pak2 | pak2 | paʔ2 | pak2 | pak2 | pak2 | pak2 | pʰak5 |

(续上表)

| | 桂城 | 西樵 | 丹灶 | 九江 | 沙头 | 大榄 | 狮北 | 大沥 | 里水 | 北洲 |
|---|---|---|---|---|---|---|---|---|---|---|
| 猛 | maŋ13 | maŋ13 | maŋ13 | maŋ25 | maŋ13 | maŋ13 | maŋ13 | maŋ13 | maŋ13 | maŋ34 |
| 打 | ta25 | ta25 | ta25 | ta25 | ta25 | ta24 | ta25 | ta25 | ta25 | ta31 |
| 冷 | laŋ13 | laŋ13 | laŋ13 | laŋ25 | laŋ13 | laŋ13 | laŋ13 | laŋ13 | laŋ13 | laŋ34 |
| 撑 | tsʰaŋ52 | tsʰaŋ52 | tsʰaŋ52 | tsʰaŋ45 | tsʰaŋ45 | tsʰaŋ33 | tsʰaŋ52 | tsʰaŋ52 | tsʰaŋ52 | tsʰaŋ34 |
| 捽 | tsak2 | tsak2 | tsak2 | tsak2 | tsaʔ2 | tsaʔ2 | tsak2 | tsak2 | tsak2 | tsʰak5 |
| 生 | saŋ52/saŋ52 | saŋ52 | saŋ52 | saŋ45 | saŋ45 | saŋ22 | saŋ52/saŋ52 | saŋ52 | saŋ52 | saŋ34 |
| 更 | kaŋ33 | kaŋ33 | kaŋ33 | kaŋ33 | kɐŋ33 | kɐŋ33 | kɐŋ33 | kɐŋ33 | kɐŋ33 | kɐŋ34 |
| 坑 | haŋ55 | haŋ45 | haŋ45 | haŋ45 | haŋ45 | haŋ22 | haŋ52 | haŋ55 | haŋ45 | haŋ34 |
| 客 | hak3 | hak3 | hak3 | hak3 | haʔ3 | hak3 | hak3 | hak3 | hak3 | hak2 |
| 硬 | ŋaŋ22 | ŋaŋ22 | ŋaŋ22 | ŋaŋ13 | ŋaŋ22 | ŋaŋ22 | ŋaŋ22 | ŋaŋ22 | ŋaŋ22 | ŋaŋ31 |
| 额 | ŋak2 | ŋak2 | ŋak2 | ŋak2 | ŋaʔ2 | ŋak2 | ŋak2 | ŋak2 | ŋak2 | ŋak2 |
| 吓 | hak3 | hak3 | hak3 | hak3 | haʔ3 | hak3 | hak3 | hak3 | hak3 | hak2 |
| 行 | haŋ31/haŋ31 | haŋ31/haŋ31 | haŋ31 | haŋ31 | hɐŋ42 | haŋ21 | haŋ21 | haŋ21 | haŋ21 | haŋ22 |
| 棚 | pʰaŋ31 | paŋ31 | paŋ31 | pʰaŋ31 | pɐŋ42 | pʰaŋ21 | pʰaŋ21 | pʰaŋ21 | pʰaŋ21 | pʰaŋ22 |
| 麦 | mɐk2 | mak2 | mək2 | mak2 | ma?2 | mak2 | mɐk2 | mɐk2 | mɐk2 | mak5 |
| 摘 | tsak2 | tsak2 | tsak2 | tsak2 | tsaʔ2 | tsak2 | tsak2 | tsak2 | tsak2 | tsak2 |

（续上表）

| | 桂城 | 西樵 | 丹灶 | 九江 | 沙头 | 大槐 | 狮北 | 大沥 | 里水 | 北洲 |
|---|---|---|---|---|---|---|---|---|---|---|
| 争 | tsaŋ52/tsaŋ52 | tsaŋ52 | tsaŋ52 | tsaŋ45 | tsaŋ45 | tsaŋ22 | tsaŋ52/tsaŋ52 | tsaŋ52 | tsaŋ52 | tsaŋ34 |
| 贵 | tsak3 | tsak3 | tsak3 | tsak3 | tsaʔ3 | tsak3 | tsak3 | tsak3 | tsak3 | tsak2 |
| 册 | tsʰak3 | tsʰak3 | tsʰak3 | tsʰak3 | tsʰaʔ3 | tsʰak3 | tsʰak3 | tsʰak3 | tsʰak3 | tsʰak2 |
| 耕 | kaŋ52/kaŋ52 | kaŋ52 | kaŋ52 | kaŋ45 | kaŋ45 | kaŋ22 | kaŋ52 | kaŋ52 | kaŋ52 | kaŋ34 |
| 耿 | keŋ25 | keŋ25 | keŋ25 | keŋ25 | keŋ25 | kaŋ24 | kaŋ25 | kaŋ25 | kaŋ25 | kin31 |
| 革 | kak3 | kak3 | kak3 | kak3 | kaʔ3 | kap3 | kak3 | kak3 | kap3 | kap2 |
| 隔 | kak3 | kak3 | kak3 | kak3 | kaʔ3 | kak3 | kak3 | kak3 | kak3 | kak2 |
| 莘 | heŋ22 | heŋ22 | heŋ22 | haŋ13 | hen22 | haŋ22 | haŋ22 | haŋ22 | haŋ22 | sin31 |
| 兵 | peŋ52 | peŋ52 | peŋ52 | peŋ45 | pen45 | peŋ55 | peŋ52 | pen52 | peŋ52 | pin34 |
| 丙 | peŋ25 | pen25 | pen25 | peŋ25 | pen25 | peŋ24 | peŋ25 | pen25 | peŋ25 | pin31 |
| 柄 | peŋ33/peŋ33 | pɛŋ33 | pɛŋ33 | pɛŋ33 | pɛŋ33 | pɛŋ33 | pɛaŋ33 | pɛŋ33 | pɛŋ33 | piaŋ34 |
| 平 | pʰeŋ31/pʰeŋ31 | pʰen31 | pʰen31 | pʰeŋ31 | pʰen42 | pʰeŋ21 | pʰeŋ21 | pʰen21 | pʰeŋ21 | pʰin22 |
| 病 | peŋ22/peŋ22 | pɛŋ22 | pɛŋ22 | pɛŋ13 | peŋ22 | pʰɛŋ22 | pɛaŋ22 | pɛŋ22 | peŋ22 | pʰiaŋ31 |

(续上表)

| | 桂城 | 西樵 | 丹灶 | 九江 | 沙头 | 大㘵 | 狮北 | 大沥 | 里水 | 北洲 |
|---|---|---|---|---|---|---|---|---|---|---|
| 命 | meŋ22/ mɛŋ22 | men22 | men22 | meŋ13 | men22/ meŋ22 | meŋ22 | meŋ22/ mɛaŋ22 | men22 | meŋ22 | miaŋ31 |
| 惊 | keŋ52/ kɛŋ52 | keŋ52/ kɛŋ52 | keŋ52 | keŋ45 | ken45/ kɛŋ45 | keŋ22 | keŋ52/ kɛaŋ52 | ken52/ kɛŋ52 | keŋ52 | kiaŋ34 |
| 景 | keŋ25 | ken25 | ken25 | keŋ25 | ken25 | keŋ24 | ken25 | ken25 | keŋ25 | kin31 |
| 敬 | keŋ33 | ken33 | ken33 | keŋ33 | ken33 | keŋ33 | ken33 | ken33 | keŋ33 | kin53 |
| 镜 | keŋ33 | keŋ33 | keŋ33 | keŋ33 | ken33 | keŋ33 | kɛaŋ33 | keŋ33 | kɛŋ33 | kiaŋ53 |
| 庆 | heŋ33 | hen33 | hen33 | heŋ33 | hen33 | heŋ33 | hen33 | hen33 | heŋ33 | hin53 |
| 屐 | kʰɛk2 | kʰɛk2 | kʰɛk2 | kʰɛk2 | kʰɛʔ2 | kʰɛk2 | kʰɛak2 | kʰɛk2 | kʰɛk2 | kʰiak5 |
| 迎 | jeŋ31 | jen31 | jen31 | jeŋ31 | jen42 | jeŋ21 | jen21 | jen21 | jeŋ21 | jin22 |
| 逆 | jek2 | ŋak2 | ŋak2 | ŋek2 | jet2/ ŋa ʔ2 | ŋak2 | jek2/ ŋak2 | jet2 | jek2 | ŋak5 |
| 英 | jeŋ52 | jen52 | jen52 | jeŋ45 | jen45 | jeŋ55 | jeŋ52 | jen52 | jeŋ52 | jin34 |
| 影 | jeŋ25 | jen25 | jen25 | jeŋ25 | jen25 | jeŋ24 | jen25 | jen25 | jeŋ25 | jaŋ31 |
| 名 | meŋ31/ meŋ25 | men31/ meŋ25 | men31 | meŋ31 | men42 | men21 | men21/ mɛaŋ25 | men21/ meŋ25 | meŋ21 | miaŋ22 |
| 领 | leŋ13/ lɛŋ13 | len13/ lɛŋ13 | lɛŋ13 | leŋ25 | lɛŋ13 | leŋ13 | leŋ13/ lɛaŋ13 | len13/ lɛŋ13 | lɛŋ13 | liaŋ34 |

(续上表)

| | 桂城 | 西樵 | 丹灶 | 九江 | 沙头 | 大楂 | 狮北 | 大沥 | 里水 | 北洲 |
|---|---|---|---|---|---|---|---|---|---|---|
| 令 | leŋ22 | leŋ22 | leŋ22 | leŋ13 | leŋ22 | leŋ22 | leŋ22 | leŋ22 | leŋ22 | lin31 |
| 精 | tseŋ52/tseŋ52 | tseŋ52 | tseŋ52 | tseŋ45 | ten45 | tseŋ55 | tseŋ52 | tseŋ52 | tseŋ52 | tsin34 |
| 井 | tseŋ25 | tseŋ25 | tseŋ25 | tseŋ25 | teŋ25 | tseŋ24 | tseaŋ25 | tseŋ25 | tseŋ25 | tsiaŋ31 |
| 迹 | tsek5 | tset5 | tset5 | tsek5 | tset5 | tsek5 | tsek5 | tset5 | tsek5 | tsit2 |
| 晴 | tsʰeŋ31 | tsʰen31 | tsʰen31 | tsʰeŋ31 | tsʰen42 | tsʰeŋ21 | tsʰeŋ21 | tsʰeŋ21 | tsʰeŋ21 | tsʰin22 |
| 净 | tseŋ22/tseŋ22 | tseŋ22 | tseŋ22 | tseŋ13/tseŋ13 | ten22/teŋ22 | tseŋ22 | tseaŋ22 | tseŋ22/tseŋ22 | tseŋ22 | tsʰiaŋ31 |
| 姓 | seŋ33 | sen33 | sen33 | seŋ33 | sen33 | seŋ33 | seŋ33 | sen33 | seŋ33 | siaŋ53 |
| 惜 | sek5 | sɛk3 | sɛk3 | sek5 | set5/sɛʔ3 | sek5 | sɛak3/sek5 | set5 | sek5 | sii2 |
| 席 | tsek2/tsek2 | tset2/tsʰɛk2 | tsʰɛk2 | tsek2 | tet2/tɛʔ2 | tsɛk2 | tsek2 | tset2 | tsek2 | tsʰit5 |
| 郑 | tseŋ22 | tseŋ22 | tseŋ22 | tseŋ13 | tseŋ22 | tseŋ22 | tseaŋ22 | tseŋ22 | tseŋ22 | tsʰiaŋ31 |
| 正 | tseŋ33/tseŋ33 | tsen33 | tsen33 | tseŋ33 | sen33 | tseŋ33 | tseŋ33 | tseŋ33 | tseŋ33 | tsin53/tsaŋ53 |
| 只 | tsɛk3 | tsɛk3 | tsɛk3 | tsɛk3 | tsɛʔ3 | tsɛk3 | tsɛak3 | tsɛk3 | tsɛk3 | tsak2 |

（续上表）

| | 桂城 | 西樵 | 丹灶 | 九江 | 沙头 | 大槭 | 狮北 | 大沥 | 里水 | 北洲 |
|---|---|---|---|---|---|---|---|---|---|---|
| 赤 | tsʰek3/ tsʰɛk3 | tsʰɛk3 | tsʰɛk3 | tsʰek3 | tsʰet3 | tsʰɛk3 | tsʰɛak3 | tsʰɛk3 | tsʰɛk3 | tsʰak2 |
| 声 | seŋ52/ sɛŋ52 | seŋ52 | seŋ52 | seŋ45/ sɛŋ45 | sen45 | seŋ22 | seŋ52 | sen52/ sɛŋ52 | seŋ52 | saŋ34 |
| 城 | seŋ31 | sen31 | sen31 | seŋ31 | sen42 | sɛŋ215 | sen21 | sen21 | seŋ21 | saŋ22 |
| 石 | sɛk2 | sɛk2 | sɛk2 | sɛk2 | sɛ?2 | sɛk2 | sɛak2 | sɛk2 | sɛk2 | sak5 |
| 颈 | keŋ25 | keŋ25 | keŋ25 | keŋ25 | keŋ25 | keŋ24 | kɛaŋ25 | keŋ25 | keŋ25 | kiaŋ31 |
| 赢 | jeŋ31/ jɛŋ31 | heŋ31 | heŋ31 | heŋ31 | heŋ42 | jeŋ21 | jeaŋ21 | jeŋ21 | jeŋ21 | jaŋ22 |
| 易貿~ | jek2 | jet2 | jet2 | jek2 | jet2 | jek2 | jek2 | jet2 | jek2 | jit5 |
| 壁 | pek3 | pet3 | pet3 | pek3 | pet5 | pek5 | pek5 | pet5 | pek5 | pit2 |
| 劈 | pʰɛk3 | pʰɛk3 | pʰɛk3 | pʰɛk3 | pʰɛ?3 | pʰɛk3 | pʰɛak3 | pʰɛk3 | pʰɛk3 | pʰiak2 |
| 钉 | teŋ55 | teŋ45 | teŋ45 | teŋ45 | teŋ45 | teŋ22 | teaŋ55 | teŋ55 | teŋ45 | tiaŋ34 |
| 顶白 | teŋ25 | teŋ25 | teŋ25 | teŋ25 | teŋ25 | teŋ24 | teaŋ25 | teŋ25 | teŋ25 | tin31 |
| 顶文 | teŋ25 | ten25 | ten25 | teŋ25 | ten25 | teŋ24 | teŋ25 | ten25 | teŋ25 | tin31 |
| 滴 | tek2/ tek5 | tet2 | tet2 | tek2 | tet2 | tek2 | tek2 | tet2 | tek2 | tit2 |

（续上表）

| | 桂城 | 西樵 | 丹灶 | 九江 | 沙头 | 大榄 | 狮北 | 大沥 | 里水 | 北洲 |
|---|---|---|---|---|---|---|---|---|---|---|
| 听 | tʰeŋ33/tʰeŋ52 | tʰɛŋ45 | tʰeŋ45 | hɛŋ45 | tʰɛŋ45 | tʰeŋ22 | tʰɛaŋ52 | tʰeŋ52 | tʰeŋ52 | tʰiaŋ34 |
| 踢 | tʰɛk3 | tʰɛk3 | tʰɛk3 | hɛk3 | tʰɛʔ3 | tʰɛk3 | tʰɛak3 | tʰɛk3 | tʰɛk3 | tʰiak2 |
| 停 | tʰeŋ31 | tʰen31 | tʰen31 | heŋ31 | tʰen42 | tʰeŋ21 | tʰeŋ21 | tʰen21 | tʰeŋ21 | tʰin22 |
| 艇 | tʰeŋ13 | teŋ13 | tʰeŋ13 | heŋ25 | tʰeŋ13 | tʰeŋ13 | tʰeaŋ13 | tʰeŋ13 | tʰeŋ13 | tʰiaŋ34 |
| 定 | teŋ22 | ten22 | ten22 | teŋ13 | ten22 | teŋ22 | teŋ22 | ten22 | teŋ22 | tʰin31 |
| 笛 | tek25 | tek25 | tek25 | tɛk2 | tɛʔ2/tɛʔ25 | tek2 | teak25 | tek25 | tɛk2 | tʰiak5 |
| 敌 | tek2 | tet2 | tet2 | tɛk2 | tɛt2 | tɛk2 | tɛk2 | tet2 | tɛk2 | tʰit5 |
| 灵 | leŋ31/leŋ31 | len31/leŋ31 | leŋ31 | lɛŋ31 | lɛn42 | leŋ21 | leŋ21 | leŋ21 | leŋ21 | lin22 |
| 另 | leŋ22 | len22 | len22 | lɛŋ13 | lɛn22 | leŋ22 | leŋ22 | leŋ22 | leŋ22 | lin31 |
| 历 | lek2 | let2 | let2 | lɛk2 | lɛt2 | lek2 | lek2 | let2 | lek2 | lit5 |
| 青 | tsʰeŋ52/tsʰeŋ52 | tsʰen52/tsʰeŋ52 | tsʰeŋ52 | tsʰeŋ45/tsʰɛŋ45 | tsʰen45 | tsʰeŋ22 | tsʰeŋ52/tsʰɛaŋ52 | tsʰen52 | tsʰeŋ52 | tsʰiaŋ34 |
| 醒 | seŋ25 | seŋ25 | seŋ25 | seŋ25/sɛŋ25 | sen25 | sɛŋ24 | sɛaŋ25 | sen25/seŋ25 | seŋ25 | siaŋ31 |
| 激 | kek5 | ket5 | ket5 | kek5 | ket5 | kek5 | kek5 | ket5 | kek5 | kit2 |

(续上表)

| | 桂城 | 西樵 | 丹灶 | 九江 | 沙头 | 大槐 | 狮北 | 大沥 | 里水 | 北洲 |
|---|---|---|---|---|---|---|---|---|---|---|
| 形 | jeŋ31 | jeŋ31 | jeŋ31 | jeŋ31 | jeŋ42 | jeŋ21 | jeŋ21 | jeŋ21 | jeŋ21 | jin22 |
| 矿 | kʰɔŋ33 | kʰɔŋ33 | kʰɔŋ33 | kʰɔŋ33 | kʰɔŋ33 | kʰɔŋ33 | kʰɔŋ33 | kʰɔŋ33 | kʰɔŋ33 | kʰɔŋ53 |
| 横 | waŋ31 | waŋ31 | waŋ31 | waŋ31 | waŋ42 | waŋ21 | waŋ21 | waŋ21 | waŋ21 | waŋ22 |
| 兄 | heŋ52 | heŋ52 | heŋ52 | heŋ45 | heŋ45 | heŋ22 | heŋ52 | heŋ52 | heŋ52 | soŋ34 |
| 荣 | weŋ31 | weŋ31 | weŋ31 | weŋ31 | weŋ42 | weŋ21 | weŋ21 | weŋ21 | weŋ21 | joŋ22 |
| 永 | weŋ13 | weŋ13 | weŋ13 | weŋ25 | weŋ13 | weŋ13 | weŋ13 | weŋ13 | weŋ13 | joŋ34 |
| 倾 | kʰeŋ52 | kʰeŋ52 | kʰeŋ52 | kʰeŋ45 | kʰeŋ45 | kʰeŋ55 | kʰeŋ52 | kʰeŋ52 | kʰeŋ52 | kʰin34 |
| 篷 | pʰoŋ31 | poŋ31 | foŋ31 | pʰoŋ31 | pʰoŋ42 | pʰoŋ21 | pʰoŋ21 | pʰoŋ21 | pʰoŋ21 | pʰoŋ22 |
| 蒙 | moŋ31 | moŋ31 | moŋ31 | moŋ31 | moŋ42 | moŋ21 | moŋ21 | moŋ21 | moŋ21 | moŋ22 |
| 木 | mok2 | mok2 | mok2 | mok2 | mok2 | mok2 | mok2 | mok2 | mok2 | mok2 |
| 东 | toŋ52 | toŋ52 | toŋ52 | toŋ45 | toŋ45 | toŋ22 | toŋ52 | toŋ52 | toŋ52 | toŋ34 |
| 冻 | toŋ33 | toŋ33 | toŋ33 | toŋ33 | toŋ33 | toŋ33 | toŋ33 | toŋ33 | toŋ33 | toŋ53 |
| 通 | tʰoŋ52 | tʰoŋ52 | tʰoŋ52 | hoŋ45 | tʰoŋ45 | tʰoŋ22 | tʰoŋ52 | tʰoŋ52 | tʰoŋ52 | tʰoŋ34 |
| 桶 | tʰoŋ25 | tʰoŋ25 | tʰoŋ25 | hoŋ25 | tʰoŋ25 | tʰoŋ24 | tʰoŋ25 | tʰoŋ25 | tʰoŋ25 | tʰoŋ31 |
| 痛 | tʰoŋ33 | tʰoŋ33 | tʰoŋ33 | hoŋ33 | tʰoŋ33 | tʰoŋ33 | tʰoŋ33 | tʰoŋ33 | tʰoŋ33 | tʰoŋ53 |
| 同 | tʰoŋ31/toŋ31 | toŋ31/tʰoŋ31 | toŋ31 | hoŋ31 | toŋ42 | tʰoŋ21 | tʰoŋ21 | tʰoŋ21 | tʰoŋ21 | tʰoŋ22 |
| 洞 | toŋ22 | toŋ22 | toŋ22 | toŋ13 | toŋ22 | toŋ22 | toŋ22 | toŋ22 | toŋ22 | tʰoŋ31 |

（续上表）

| | 桂城 | 西樵 | 丹灶 | 九江 | 沙头 | 大概 | 狮北 | 大沥 | 里水 | 北洲 |
|---|---|---|---|---|---|---|---|---|---|---|
| 读 | tok2 | tok2 | tok2 | tok2 | tok2 | tok2 | tok2 | tok2 | tok2 | tʰok5 |
| 聋 | loŋ31 | loŋ31 | loŋ31 | loŋ31 | loŋ42 | loŋ21 | loŋ21 | loŋ21 | loŋ21 | loŋ22 |
| 鹿 | lok25 | lok25 | lok25 | lok2 | lok25 | lok215 | lok25 | lok25 | lok5 | lok5 |
| 总 | tsoŋ25 | tsoŋ25 | tsoŋ25 | tsoŋ25 | toŋ25 | tsoŋ24 | tsoŋ25 | tsoŋ25 | tsoŋ25 | tsoŋ31 |
| 粽 | tsoŋ25 | tsoŋ33 | tsoŋ33 | tsoŋ33 | toŋ33 | tsoŋ215 | tsoŋ25 | tsoŋ25 | tsoŋ25 | tsoŋ53 |
| 葱 | tsʰoŋ55 | soŋ45 | soŋ45 | tsʰoŋ45 | tsʰoŋ45 | tsʰoŋ55 | tsʰoŋ55 | tsʰoŋ55 | tsʰoŋ45 | tsʰoŋ34 |
| 簇 | tsok2 | tsok2 | tsok2 | tsok2 | tsok2 | tsok2 | tsok2 | tsok2 | tsok2 | tsʰok5 |
| 送 | soŋ33 | soŋ33 | soŋ33 | soŋ33 | soŋ33 | soŋ33 | soŋ33 | soŋ33 | soŋ33 | soŋ53 |
| 速 | tsʰok5 | tsʰok5 | tsʰok5 | tsʰok5 | tsʰok5 | tsʰok5 | tsʰok5 | tsʰok5 | tsʰok5 | tsʰok2 |
| 公 | koŋ52 | koŋ52 | koŋ52 | koŋ45 | koŋ45 | koŋ55 | koŋ52 | koŋ52 | koŋ45 | koŋ34 |
| 贡 | koŋ33 | koŋ33 | koŋ33 | koŋ33 | koŋ33 | koŋ33 | koŋ33 | koŋ33 | koŋ33 | koŋ53 |
| 谷 | kok3/kok5 | kok3 | kok3 | kok3 | kok5 | kok5 | kok5 | kok5 | kok5 | kok2 |
| 空 | hoŋ52 | hoŋ52 | hoŋ52 | hoŋ45 | hoŋ45 | hoŋ22 | hoŋ52 | hoŋ52 | hoŋ52 | hoŋ34 |
| 控 | hoŋ33 | hoŋ33 | hoŋ33 | hoŋ33 | hoŋ33 | hoŋ33 | hoŋ33 | hoŋ33 | hoŋ33 | hoŋ53 |
| 红 | hoŋ31 | hoŋ31 | hoŋ31 | hoŋ31 | hoŋ42 | hoŋ21 | hoŋ21 | hoŋ21 | hoŋ21 | hoŋ22 |
| 瓮 | joŋ55 | joŋ45 | joŋ45 | joŋ45 | joŋ45 | joŋ55 | joŋ55 | joŋ55 | joŋ52 | joŋ34 |

（续上表）

| | 桂城 | 西樵 | 丹灶 | 九江 | 沙头 | 大榄 | 狮北 | 大沥 | 里水 | 北洲 |
|---|---|---|---|---|---|---|---|---|---|---|
| 屋 | ok3/ok5 | ok3 | ok3 | ok3 | ok5 | ŋok5 | ŋok5 | ŋok5 | ŋok5 | ŋok2 |
| 农 | noŋ31 | loŋ31 | loŋ31 | noŋ31 | noŋ42 | loŋ21 | loŋ21 | loŋ21 | loŋ21 | loŋ22 |
| 宗 | tsoŋ52 | tsoŋ52 | tsoŋ52 | tsoŋ45 | tsoŋ45 | tsoŋ55 | tsoŋ52 | tsoŋ52 | tsoŋ52 | tsoŋ34 |
| 松 | soŋ52 | soŋ52 | soŋ52 | soŋ45 | soŋ45 | soŋ22 | soŋ52 | soŋ52 | soŋ52 | soŋ34 |
| 凤 | foŋ52 | foŋ52 | foŋ52 | foŋ45 | pʰoŋ45 | foŋ22 | foŋ52 | foŋ52 | foŋ52 | foŋ34 |
| 福 | fok5 | fok5 | fok5 | fok5 | pʰok5 | fok5 | fok5 | fok5 | fok5 | fok2 |
| 凤 | foŋ22 | foŋ22 | foŋ22 | foŋ13 | pʰoŋ22 | foŋ22 | foŋ22 | foŋ22 | foŋ22 | foŋ53 |
| 服 | fok2 | fok2 | fok2 | fok2 | pʰok2 | fok2 | fok2 | fok2 | fok2 | fok2 |
| 梦 | moŋ22 | moŋ22 | moŋ22 | moŋ13 | moŋ22 | moŋ22 | moŋ22 | moŋ22 | moŋ22 | moŋ31 |
| 六 | lok2 | lok2 | lok2 | lok2 | lok2 | lok2 | lok2 | lok2 | lok2 | lok2 |
| 宿 | sok5 | sok5 | sok5 | sok5 | sok5 | sok5 | sok5 | sok5 | sok5 | sok2 |
| 竹 | tsok5 | tsok5 | tsok5 | tsok5 | tsok5 | tsok5 | tsok5 | tsok5 | tsok5 | tsok2 |
| 虫 | tsʰoŋ31 | tsʰoŋ31 | tsʰoŋ31 | tsʰoŋ31 | tsoŋ42 | tsʰoŋ21 | tsʰoŋ21 | tsʰoŋ21 | tsʰoŋ21 | tsʰoŋ22 |
| 轴 | tsok2 | tsok2 | tsok2 | tsok2 | tsok2 | tsok2 | tsok2 | tsok2 | tsok2 | tsʰok5 |
| 缩 | sok5 | sok5 | sok5 | sok5 | sok5 | sok5 | sok5 | sok5 | sok5 | sok2 |
| 终 | tsoŋ52 | tsoŋ52 | tsoŋ52 | tsoŋ45 | tsoŋ45 | tsoŋ55 | tsoŋ52 | tsoŋ52 | tsoŋ52 | tsoŋ34 |
| 祝 | tsok5 | tsok5 | tsok5 | tsok5 | tsok5 | tsok5 | tsok5 | tsok5 | tsok5 | tsok2 |

（续上表）

| | 桂城 | 西樵 | 丹灶 | 九江 | 沙头 | 大榄 | 狮北 | 大沥 | 里水 | 北洲 |
|---|---|---|---|---|---|---|---|---|---|---|
| 充 | tsʰoŋ52 | tsʰoŋ52 | tsʰoŋ52 | tsʰoŋ45 | tsʰoŋ45 | tsʰoŋ55 | tsʰoŋ52 | tsʰoŋ52 | tsʰoŋ52 | tsʰoŋ34 |
| 叔 | sok5 | sok5 | sok5 | sok5 | sok5 | sok5 | sok5 | sok5 | sok5 | sok5 |
| 熟 | sok2 | tsʰok2/sok2 | sok2 | sok2 | tsʰok2 | sok2 | sok2 | sok2 | sok2 | sok5 |
| 肉 | jok2 | jok2 | jok2 | jok2 | jok2 | jok2 | jok2 | jok2 | jok2 | jok2 |
| 弓 | koŋ52 | koŋ52 | koŋ52 | koŋ45 | koŋ45 | koŋ55 | koŋ52 | koŋ52 | koŋ52 | koŋ34 |
| 菊 | kok5 | kok5 | kok5 | kok5 | kok5 | kok5 | kok5 | kok5 | kok5 | kok5 |
| 芍 | kʰoŋ31 | kʰoŋ31 | kʰoŋ31 | kʰoŋ31 | kʰoŋ42 | kʰoŋ21 | kʰoŋ21 | kʰoŋ21 | kʰoŋ21 | kʰoŋ22 |
| 蓄 | tsʰok5 | tsʰok5 | tsʰok5 | tsʰok5 | tsʰok5 | tsʰok5 | tsʰok5 | tsʰok5 | tsʰok5 | tsʰok5 |
| 熊 | hoŋ31 | hoŋ31 | hoŋ31 | hoŋ31 | hoŋ42 | hoŋ21 | hoŋ21 | hoŋ21 | hoŋ21 | hoŋ22 |
| 雄 | hoŋ31 | hoŋ31 | hoŋ31 | hoŋ31 | hoŋ42 | hoŋ21 | hoŋ21 | hoŋ21 | hoŋ21 | hoŋ22 |
| 育 | jok2 | jok2 | jok2 | jok2 | jok2 | jok2 | jok2 | jok2 | jok2 | jok2 |
| 浓 | noŋ31 | loŋ31 | joŋ31 | noŋ31 | noŋ42/joŋ42 | loŋ21 | loŋ21/joŋ21 | loŋ21 | loŋ21 | loŋ22 |
| 龙 | loŋ31 | loŋ31 | loŋ31 | loŋ31 | loŋ42 | loŋ21 | loŋ21 | loŋ21 | loŋ21 | loŋ22 |
| 绿 | lok2 | lok2 | lok2 | lok2 | lok2 | lok2 | lok2 | lok2 | lok2 | lok5 |
| 踪 | tsoŋ52 | tsoŋ52 | tsoŋ52 | tsoŋ45 | toŋ45 | tsoŋ55 | tsoŋ52 | tsoŋ52 | tsoŋ52 | tsoŋ34 |
| 足 | tsok5 | tsok5 | tsok5 | tsok5 | tsok5 | tsok5 | tsok5 | tsok5 | tsok5 | tsok2 |

（续上表）

|   | 桂城 | 西樵 | 丹灶 | 九江 | 沙头 | 大榄 | 狮北 | 大沥 | 里水 | 北洲 |
|---|---|---|---|---|---|---|---|---|---|---|
| 从 | tsʰoŋ31 | tsʰoŋ31 | tsʰoŋ31 | tsʰoŋ31 | tsʰoŋ42 | tsʰoŋ21 | tsʰoŋ21 | tsʰoŋ21 | tsʰoŋ21 | tsʰoŋ22 |
| 粟 | sok5 | sok5 | sok5 | sok5 | sok5 | sok5 | sok5 | sok5 | sok5 | sok2 |
| 松 | tsʰoŋ31 | tsʰoŋ31 | tsʰoŋ31 | tsʰoŋ31 | tsʰoŋ42 | tsʰoŋ21 | tsʰoŋ21 | tsʰoŋ21 | tsʰoŋ21 | tsʰoŋ22 |
| 颂 | tsoŋ22 | tsoŋ22 | tsoŋ22 | tsoŋ13 | tsoŋ22 | tsoŋ22 | tsoŋ22 | tsoŋ22 | tsoŋ22 | tsoŋ31 |
| 俗 | tsok2 | tsok2 | tsok2 | tsok2 | tsok2 | tsok2 | tsok2 | tsok2 | tsok2 | tsok5 |
| 重 | tsʰoŋ13 | tsʰoŋ13 | tsʰoŋ13 | tsoŋ13 | tsʰoŋ13 | tsʰoŋ13 | tsʰoŋ13 | tsʰoŋ13 | tsʰoŋ13 | tsʰoŋ34 |
| 钟 | tsoŋ55 | tsoŋ45 | tsoŋ45 | tsoŋ45 | tsoŋ45 | tsoŋ55 | tsoŋ55 | tsoŋ55 | tsoŋ45 | tsoŋ34 |
| 种 | tsoŋ33 | tsoŋ33 | tsoŋ33 | tsoŋ33 | tsoŋ33 | tsoŋ33 | tsoŋ33 | tsoŋ33 | tsoŋ33 | tsoŋ53 |
| 触 | tsok5 | tsok5 | tsok5 | tsok5 | tsok5 | tsok5 | tsok5 | tsok5 | tsok5 | tsok2 |
| 束 | tsʰok5 | tsʰok5 | tsʰok5 | tsʰok5 | tsʰok5 | tsʰok5 | tsʰok5 | tsʰok5 | tsʰok5 | tsʰok2 |
| 属 | sok2 | sok2 | sok2 | sok2 | sok2 | sok2 | sok2 | sok2 | sok2 | sok5 |
| 巩 | koŋ25 | koŋ25 | koŋ25 | koŋ25 | koŋ25 | koŋ24 | koŋ25 | koŋ25 | koŋ25 | koŋ31 |
| 共 | koŋ22 | koŋ22 | koŋ22 | koŋ13 | koŋ22 | koŋ22 | koŋ22 | koŋ22 | koŋ22 | kʰoŋ31 |
| 局 | kok2 | kok2 | kok2 | kok2 | kok2 | kok2 | kok2 | kok2 | kok2 | kʰok5 |
| 玉 | jok2 | jok2 | jok2 | jok2 | jok2 | jok2 | jok2 | jok2 | jok2 | jok5 |
| 容 | joŋ31 | joŋ31 | joŋ31 | joŋ31 | joŋ42 | joŋ21 | joŋ21 | joŋ21 | joŋ21 | joŋ22 |
| 勇 | joŋ13 | joŋ13 | joŋ13 | joŋ25 | joŋ13 | joŋ13 | joŋ13 | joŋ13 | joŋ13 | joŋ31 |

（续上表）

| | 桂城 | 西樵 | 丹灶 | 九江 | 沙头 | 大橄 | 狮北 | 大沥 | 里水 | 北洲 |
|---|---|---|---|---|---|---|---|---|---|---|
| 用 | joŋ22 | joŋ22 | joŋ22 | joŋ13 | joŋ22 | joŋ22 | joŋ22 | joŋ22 | joŋ22 | joŋ31 |
| 饮 | jok2 | jok2 | jok2 | jok2 | jok2 | jok2 | jok2 | jok2 | jok2 | jok2 |
| 唔 | m31 | m31 | m31 | m31 | m42 | m21 | m21 | m21 | m21 | m22 |

附录 2

# 西樵方言同音字汇

（说明：附录 2—附录 6 所列各片粤方言共 5 个代表点的同音字汇，其中西樵、九江、沙头为南片方言代表点、大榄为北片方言代表点，大沥为东片方言代表点。）

本字汇根据西樵粤语语音的韵母、声母、声调的次序排列。韵母按主要元音发音部位由前而后，由低至高，兼顾阴声韵、阳声韵、入声韵的顺序排列。声调按照阴平、阳平、阴上、阳上、阴去、阳去、上阴入、下阴入、阳入顺序排列，调值前加"－"表示变调，列于单字调后。方言本字参考白宛如（2003），方言通用俗字参考詹伯慧（2002）及麦耘、谭步云（1997），有音无字的音节用方框表示。字下加单线表示白读音，加双线表示文读音。注释或举例用小字，举例中用波浪号代替所释字。

a

p［52］巴芭［31］耙扒鸡~地［25］把［33］霸坝［22］罢［－45］爸吧酒~

pʰ［52］趴［31］爬琶杷［33］怕

m［52］孖［31］麻［13］马码［22］骂［－25］嬷阿~：祖母［－45］妈痲出~：出麻疹

f［33］化

附录2　西樵方言同音字汇

t [25] 打

tʰ [52] 他

l [31] 哪拿 [25] 㑇㓠抓；一~米；一把米 [13] 哪那 [33] 罅缝隙 [-45] □疤痕

ts [52] 楂渣揸抓住 [25] 苴差劲 [33] 诈榨炸

tsʰ [52] 差 [31] 茶查槎 [13] □~豉油；蘸酱油 [-45] 叉权岔

s [52] 痧砂 [25] 洒 [-45] 沙豆~纱

j [13] 也

k [52] 家加痂嘉 [25] 假真~贾 [33] 假放~架驾嫁稼价

ŋ [52] □㧣量□张开 [31] 牙芽衙 [13] 雅瓦 [33] □一㧣长 [22] 閜叉开枒霸占

ʔ [52] 鸦丫桠 [25] 哑 [33] 阿亚

h [52] □欺负 [31] 霞瑕暇 [22] 厦下夏 [-45] 虾

w [52] 娃划蛙 [31] 华 [22] 话 [-45] 花 [-25] 话电~画名词

kw [25] 寡剐 [33] 挂卦 [-45] 瓜

kwʰ [52] 夸垮跨

### ai

p [25] 摆 [33] 拜 [22] 败

pʰ [31] 牌排 [33] 派

m [31] 埋 [13] 买 [22] 卖迈

f [33] 块

t [13] 舵 [33] 戴带 [22] 大

tʰ [33] 态贷太泰 [-45] 呔轮~：轮胎；领~：领带

l [52] 拉 [31] □软~~：疲倦无力 [13] 乃奶 [33] 癞 [22] 赖酹~水：浇水

ts［52］斋［33］债［22］寨

tsʰ［52］猜钗差出~摵揉压［31］豺柴［25］踩

s［52］㩒浪费［25］玺徙［33］晒

k［52］皆阶楷佳街［25］蟹［33］介界芥尬疥届戒

kʰ［52］□~来：用来［25］揩~开

ŋ［31］涯崖捱［25］□一~柚：一瓣柚子［33］艾

ʔ［52］埃挨

h［52］揩蹭［31］孩谐鞋㷫粗糙［13］骇蟹［22］械懈

w［52］歪［31］怀槐淮［33］快筷［22］坏

kw［52］乖［25］拐［33］怪

## au

p［52］包~住胞［-45］鲍包叉烧~

pʰ［25］跑［33］豹炮［-45］泡灯~

m［13］卯某亩牡［22］貌

l［22］闹

ts［25］爪找［33］罩［22］骤

tsʰ［52］钞［31］巢

s［52］梢［25］稍［33］哨

k［52］郊交［25］饺［33］较

kʰ［33］靠铐

ŋ［31］肴熬［13］藕偶

h［52］烤酵哮［25］考巧［33］孝［22］效校

## am

t［52］頕~高头：抬起头耽担动词啗衔，叼［31］燂熏烤［25］胆［13］淡［33］担名词［22］啖淡

t^h [52] 贪 [31] 潭谭谈痰 [33] 探

l [31] 南男蓝篮 [25] 揽抱榄□舀 [13] 览揽包~腩 [33] □一拃；跨过 [22] 滥缆舰

ts [22] 暂站 [-45] 簪 [-25] 錾鱼尾~：一种雕刻工具

ts^h [52] 参 [31] 蚕惭 [25] 惨篸筲箕 [33] 杉

s [52] 三衫

k [33] 橄尴鉴监太~

ŋ [31] 岩□说 [33] □趴 [-45] 啱对；~~：刚才

h [31] 函咸~丰：清朝年号 衔 [22] 陷

an

p [52] 斑 [31] □爬上 [25] 扳板版 [33] □棒打 [22] 扮办 [-45] 班

p^h [52] 颁攀 [33] 盼

m [52] 搣扳 [31] 蛮 [13] 晚 [22] 慢馒鳗漫万蔓

f [52] 翻番 [31] 凡帆藩烦矾繁 [25] 反玩 [33] 瓣泛贩 [22] 范犯~罪饭 [-25] 犯罪~

t [52] 单丹 [33] 诞旦元~ [22] 但 [-25] 弹子~蛋旦花~

t^h [52] 滩摊坍瘫 [31] 檀坛弹~琴 [25] 疸坦毯 [33] 炭叹

l [52] 躏爬 [31] 难困~兰拦栏 [13] 懒 [33] □蚊子叮咬起的肿块 [22] 难~民烂

ts [33] 赞 [22] 绽赚 [-25] 栈

ts^h [52] 餐一~饭 [31] 残□黄鳝身上黏液 [25] 产铲名词 [33] 灿 [-45] 餐早~

s [52] 珊删山闩 [25] 散形容词 [33] 散动词 疝篡

k [52] 艰 [25] 简 [33] 间~隔 [-45] 间中~

ŋ [31] 颜 [22] 雁

ʔ [33] 晏晚,迟

h [52] 悭节省 [22] 限

w [52] 弯~腰 [31] 顽环 [25] 玩 [22] 幻患宦 [-45] 弯转~

kw [52] 鳏关

## aŋ

p [31] 棚 [13] 棒 [22] 淜河边烂泥□一~人:一群人

pʰ [52] 烹抨赶走 [31] 彭膨蟛~蜞:生活在河边的小螃蟹

m [52] 繃~眼:蒙眼睛 [31] 盲 [13] 猛 [22] 孟 [-25] 蜢蚂蚱

l [13] 冷 [-45] 冷毛线

ts [52] 争踭脚跟 [22] □填塞

tsʰ [52] 撑 [33] 振~眼:光线刺眼 [-45] 橙铛瓦~:沙锅

s [52] 生牲 [25] 省□刷洗 [-45] 甥生后~仔

j [33] □蹬

k [52] 更打~耕 [-45] 经经丝

ŋ [22] 硬

ʔ [52] 罂

h [31] 行~路 [-45] 坑

w [31] 横

kwʰ [25] 梗菜~ [33] □门栓 [-45] 眶

## ap

t [3] 答搭 [2] 踏沓摞起,量词

tʰ [3] 塔塌鎝套上,锁上

l [3] 擸收拾 [2] 立纳腊蜡衲棉~:棉袄

ts [3] 扎~马:站马步 [2] 集习袭铡杂闸

k [3] 胛

k$^h$ [2] 及

ʔ [3] 鸭

h [3] 荚 老黄菜叶 [2] 狭峡侠

## at

f [3] 法发

t [3] 笪跶 摔 [2] 达

l [3] 瘌 □ 烫 □虾～：生活在水田的螃蟹 [2] 捺辣列 列，排

ts [3] 扎～醒：警醒 轧 [2] 甴 由～：蟑螂

ts$^h$ [3] 擦察刷 [-25] 獭 水～

s [3] 撒萨杀煞

k [2] 甴～甴：蟑螂

ʔ [3] 压押

## ak

p [5] 北 [3] 帕百柏伯 [2] 白卜 萝～

p$^h$ [3] 泊拍珀魄

m [5] 擘 用力掰开 [3] 擘 张开 [2] 墨默陌麦脉

l [3] 肋 打赤～：赤膊 [2] 肋勒簕

ts [3] 窄责笮 压 [2] 泽择宅摘

ts$^h$ [5] 测 [3] 拆策册 [2] 贼

s [3] 坼 爆～：皮肤爆裂 □一～苹果：一块苹果

k [3] 格革隔

ŋ [5] 呃 骗 [2] 逆～风 额～头 [-25] 额 名～

ʔ [5] 握扼 [3] 轭

h [5] 刻克黑 [3] 客吓

w [5] □ 鞭打 [3] 磬 抽打 [2] 或惑划画 动词

kw［2］掴扇（耳光）

## ɐi

p［52］跛［33］蔽闭［22］弊糟糕币毙陛［-25］稗

pʰ［52］□削批~发［-45］批螺丝~：起子

m［31］迷谜［13］米咪别［-45］咪麦克风

f［52］徽［33］废肺费沸［22］吠

t［52］低［31］蹄啼［25］底抵［33］帝蒂［22］逮弟第递隶

tʰ［52］梯［31］堤题提［25］体睇看［13］娣［33］替涕剃［-45］锑~煲：铝锅

l［31］泥犁黎［25］戾~转身：侧身［13］礼［22］例厉励丽荔□以目示意

ts［52］挤剂嚌放置［25］仔儿子［33］祭际制济［22］滞

tsʰ［52］妻栖［31］齐［33］砌

s［52］筛动词西犀［25］洗驶使［33］世势细婿［22］誓逝［-45］筛筛子

j［13］咽质次

k［52］鸡［33］计继髻［-25］偈倾~：聊天

kʰ［52］稽溪［25］启［33］契

ŋ［31］倪危［13］蚁［22］艺伪魏毅

ʔ［25］矮［33］翳憋闷曀闷热

h［52］□女阴［31］奚兮［25］喺在［22］系係是

w［52］挥辉威［31］桅为维惟遗唯违围［25］毁萎委［13］讳伟苇纬［33］秽畏慰［22］卫惠慧为胃谓位~置［-25］位座位

kw［52］圭闺归［25］诡轨鬼［33］桂癸季贵［-45］龟

kwʰ［52］盔规窥［31］携葵［13］愧遽［22］跪柜

## ɐu

m [52] 踩蹲 [31] 谋 [13] 冇没有 [22] 茂贸谬 [-45] 囗口水~: 围嘴儿

f [31] 浮 [25] 剖否

t [52] 兜 [31] 头 [25] 斗~米 抖陡纠 [33] 斗窦狗~: 狗窝 [22] 逗窦老~: 老爸 豆黄~ 囗发呆~: 发呆 [-25] 豆地~: 花生

tʰ [52] 偷 [31] 投 [25] 敨~气: 呼吸 [33] 透

l [52] 嬲恼火 [31] 流刘留榴硫琉楼~房 [25] 纽扭朽 [13] 柳 [33] 留~口: 结巴 [22] 漏陋馏 [-45] 褛大衣 [-25] 楼起~: 盖楼

ts [52] 邹周舟州洲 [25] 走酒韭 [33] 奏昼皱咒 [22] 就袖纣宙 [-45] 鳅泥蚯~: 泥鳅

tsʰ [52] 秋抽 [31] 囚泅稠筹酬 [25] 丑 [33] 凑臭 [-45] 阄执~: 抓阄 [-25] 绸

s [52] 修羞收 [31] 愁仇 [25] 搜手首守 [33] 嗽秀绣宿锈瘦兽 [22] 受寿授售

j [52] 丘休忧优幽 [31] 柔揉尤邮由油花生~;[动词] 游犹 [13] 有友酉诱 [33] 幼 [22] 又右佑 [-25] 柚釉油[名词]

k [52] 囗男阴 [25] 狗苟九久 [33] 够垢灸救究枢口疲累 [22] 旧囗团, 块

kʰ [52] 沟鸠囗掺和 [31] 求球跑单脚跪 [13] 舅 [33] 构购叩扣寇

ŋ [52] 勾 [31] 牛 [22] 吽发~囗: 发呆 [-45] 钩

ʔ [52] 欧区瓯殴 [25] 呕 [33] 沤怄

h [52] 囗狗~: 狗吠 [31] 侯喉猴 [25] 口 [13] 厚 [22] 后候

## ɐm

t [13] 冚土坑, 穴 [25] 抌捶打 [33] 髧垂下 [22] 囗跺 (脚)

tʰ [33] 囗哄骗

l〔31〕林淋临脸软〔25〕恁想，思考〔13〕凛〔33〕□倒塌〔22〕冧草~：草丛；摞起

ts〔52〕针斟砧金~瓜：南瓜〔25〕枕~头□跐子〔33〕浸枕动词〔22〕□一~风：一阵风〔-45〕针打~

tsʰ〔52〕侵〔31〕寻沉噚吟~：唠叨〔25〕寝

s〔52〕心森参人~深〔31〕岑〔25〕沈审婶糁撒〔33〕渗〔22〕甚

j〔52〕钦阴音~乐〔31〕淫檐〔25〕饮〔33〕荫~田：浸田〔22〕赁壬任〔-45〕音声~阴刘海儿

k〔52〕今〔25〕锦〔33〕禁□~饭：喂饭〔22〕□按下〔-45〕金

kʰ〔52〕禁耐用〔31〕琴禽擒蟾~蜍〔25〕揿盖〔-45〕襟老~：连襟

ŋ〔31〕□掏（口袋）吟~噚：唠叨〔22〕□发~话：聊天

ʔ〔25〕揞手覆

h〔22〕冚全，一总

en

p〔52〕彬宾槟滨奔〔25〕禀品〔33〕殡鬓挷~辫：编辫子〔22〕笨

pʰ〔31〕贫频〔13〕笨厚〔33〕喷粪

m〔31〕民文纹闻〔13〕闽悯敏吻刎〔22〕问〔-45〕蚊文一~：一元

f〔52〕分芬纷勋熏荤〔31〕焚坟 25〕粉〔13〕愤〔33〕奋训〔22〕忿份〔-45〕芬人名

t〔33〕炖颠簸，抖动〔-25〕墩

tʰ〔52〕吞〔31〕忳发抖〔33〕褪~后：后退

l〔25〕捵摆弄〔13〕□溢出

ts〔52〕珍真〔33〕镇振震〔22〕阵

tsʰ〔52〕亲〔31〕陈尘〔25〕诊疹〔33〕趁亲~家衬

s［52］辛新薪身申伸［31］神娠辰晨臣［25］脉薯类硬化［33］擤趁~墟：赶集呻怨叹［22］肾慎

j［52］恩因姻欣殷［31］人仁寅［25］忍隐［13］引瘾［33］印［22］纫刃韧䎃孕

k［52］跟根斤筋［25］紧仅谨［22］近［-45］巾

kʰ［31］勤芹［13］近胗鸡~

ŋ［52］奀瘦小［31］龈银［33］扤抖动［22］韧

h［31］痕［25］恳垦很［33］睏~觉［22］恨欿渴望

w［52］昏婚温瘟晕［31］魂匀云耘~草：薅草［25］稳搵寻找［13］允尹韵［33］榅关禁［22］浑混运

kw［52］均钧君军［25］滚［33］棍［22］郡

kwʰ［52］昆坤［31］群裙［25］捆菌滚［33］困

əŋ

p［52］崩［22］凭倚靠

pʰ［31］朋凭

m［31］萌盟［33］搳拔

t［52］登瞪［31］藤［25］等戥［13］□用物体顶门［33］凳［22］邓［-45］灯

tʰ［31］腾誊疼［25］等

l［31］能［33］拨牵连，串

ts［52］曾增憎睁［22］赠［-45］僧筝甑

tsʰ［31］曾~经层

k［52］更~换庚［25］耿梗一定［33］更~加［-45］羹汤匙

kʰ［25］骾嘻［33］劝酒或烟味道浓烈

ʔ［25］哽硌，梗塞［-45］莺

h［31］亨［31］恒衡行~为［25］肯［22］杏行品~幸

w [31] 弘宏

kw [52] 轰

kwʰ [33] 繽绊

## ɐp

t [5] 耷垂低 [2] □捶打□跌落

l [5] 笠粒□凹 [2] □潮湿；拖拉

ts [5] 执汁□一~：一撮

tsʰ [5] 缉辑

s [5] 湿 [2] 十拾

j [5] 泣揖 [2] 入

k [5] 急

kʰ [5] 级给吸□倒扣

ŋ [5] 噏说 [2] 岌摇晃

ʔ [5] 罨心~：郁闷；捂，敷（药）

h [5] 恰洽瞌打盹□欺负

## ɐt

p [5] 笔毕不□㖡 [2] 拔弼

pʰ [5] 匹

m [5] 乜什么 [2] 袜密蜜物勿

f [5] 忽 [2] 乏伐筏罚佛

t [5] 咄呵斥 [2] 凸突

l [5] □脱,掉

ts [5] 质 [2] 疾 [-25] 侄侄子

tsʰ [5] 七漆 [2] □男阴

s [5] 膝虱失室 [2] 实

j [5] 一 [2] 日逸

k [5] 吉讫桔□刺扎

k$^h$ [5] 咳 [2] 赾撅起

h [5] 乞 [2] 辖核

w [5] 窟屎~：屁股 屈熏郁 [2] 核核儿

kw [5] 骨橘

kw$^h$ [2] 掘倔

## ɐk

t [5] 得德 [2] 特

ts [5] 则鲫侧

s [5] 塞

## ɛ

p$^h$ [13] □歪 [-45] □扑克

m [52] 孭背 [25] 乜歪斜 [-45] 咩羊~仔：羊羔

t [52] 爹

l [33] □~手~脚：手脚瘸，不灵活

ts [52] 遮动词 [25] 姐者□胳肢使人痒 [33] 借藉蔗 [22] 谢 [-45] 遮雨伞

ts$^h$ [52] 车奢 [31] 邪斜 [25] 且筥斜扯

s [52] 些赊车水~ [31] 蛇 [25] 写舍~得 [13] 社 [33] 泻卸赦舍宿~ [22] 射麝

j [25] 惹 [13] 嘢东西 [22] 廿"二十"合音

k [33] 嘅的

k$^h$ [31] 骑 [-25] 茄

h [31] 耶爷 [13] 野 [33] □扒 [22] 夜

ʔ［52］□食~饭：吃了饭

w［25］搣抓

ɛu

p［52］包动词［31］刨藻浮~［25］饱［33］爆［-45］包~心：聘金

pʰ［52］抛［33］泡炮~仗：鞭炮

m［52］□松~：松针［31］茅锚苗矛［-45］猫

t［52］刁［22］掉扔调

l［52］捞［31］撩［-45］捞~篼：笊篱

tsʰ［52］抄牛角~［31］疗皱［25］炒吵［-45］筲~箕

s［33］哨~牙：龅牙

k［52］交胶茭娇［25］绞狡搅搞饺［33］铰教校较窖滘觉瞓~：睡觉白

ŋ［52］挠搔［31］淆［13］咬［-45］挠带齿耙子□饭~：锅巴

ʔ［52］吆~你去：喊你去［25］拗［33］坳

h［52］敲［31］姣风骚

ɛm

l［25］敛舔

ts［25］眨斩

tsʰ［13］□扎（刺儿）［33］□~草：锄草

k［52］监［25］减

h［31］咸嫌［33］喊［22］馅

ɛn

p［25］扁［-45］边

m［31］眠躺着

tʰ［25］□打仰~：仰泳

l [25] 捻~碎：捻碎 [33] □渴望□肥腻

ts [25] 盏

s [52] 闩关（门窗） 山

k [52] 奸间房~ [25] 栋铜茧碱枧肥皂 [33] 见 [-45] 间下~：厨房

ŋ [31] 研碾颜 [13] 眼

ʔ [52] 烟 [25] 躀挺起

h [52] 掀 [31] 闲 [25] 蚬河中小贝壳 [22] 苋

w [31] 还 [13] 挽~水：提水鲩~鱼：草鱼 [-45] 湾弯 [-25] 环耳~

kw [52] 冠鸡~ [33] 惯

## εŋ

p [31] 平便宜 [25] 饼 [33] 柄 [22] 病

m [31] □"未曾"合音 [22] 命 [-45] 名名字

t [52] 钉动词 [25] 顶头~ [13] 艇 [33] 掟投掷 [22] 订碇~方：地方 [-45] 钉名词 [-25] 碇单说指地方

tʰ [52] 听 [-45] 厅

l [31] 灵灵验□闪：闪电零十~个：十多个 [13] 岭领衫~□鱼篓 [33] 靓漂亮，美丽 [22] □一~田：一丘田

ts [52] 精精明 [25] 井 [33] 正 [22] 净郑

tsʰ [25] 请 [-45] 青篾~：篾的青皮

s [52] 声腥 [25] 醒 [-45] 星天~：星星

k [52] 惊 [25] 颈 [33] 镜

kʰ [22] 傲~惜：爱惜

h [52] 轻 [31] 赢

## εp

t [2] 叠

l〔3〕□躲藏

tsʰ〔3〕插〔2〕煠清水煮

s〔3〕□河蚌□披

j〔3〕□褶皱□挽（袖子）□招（手）

k〔3〕甲脚趾～夹动词

kʰ〔5〕笈皮～：皮箱〔-25〕夹夹子

h〔3〕呷啜，连喝带吃□闭上□捏

ŋ〔3〕挟～餸：夹菜

$$\varepsilon t$$

p〔3〕八

m〔2〕篾

l〔3〕絨绳结

ts〔5〕□掐，胳肢□濺

k〔5〕□掐〔2〕□～水：趟水

ŋ〔3〕胺尿臊

w〔3〕挖〔2〕滑猾〔-25〕挖耳～：耳挖子

kw〔3〕刮

$$\varepsilon k$$

pʰ〔3〕劈〔2〕擗扔□犁～：犁镜

t〔3〕趯快跑〔2〕籴〔-25〕笛

tʰ〔3〕踢

l〔5〕叻聪明能干〔2〕沥

ts〔3〕脊只炙

tsʰ〔2〕席席子

s〔3〕赤尺锡惜疼爱□冰冷〔2〕石

k$^h$ [2] 剧屐

## en

p [52] 冰兵 [25] 丙秉 [22] 并~且

p$^h$ [31] 平坪评瓶屏萍 [33] 并合~聘拼

m [31] 鸣明名 [13] 皿铭 [22] 命

f [22] 揗甩，挥

t [52] 丁汀 [25] 顶鼎 [33] 椗蒂 [22] 定

t$^h$ [31] 停廷庭蜓亭~台 [13] 挺 [-25] 亭凉~

l [52] 拎 [31] 陵凌菱宁铃伶翎灵 [13] 岭领 [22] 令另拧~转：扭转

ts [52] 征蒸贞侦正~月精 [25] 整 [33] 证症正政 [22] 静靖 [-45] 晶睛

ts$^h$ [52] 称~呼清蜻青 [31] 绳澄惩情晴呈程成两~埕 [25] 拯逞 [33] 称~心如意秤 [22] 剩

s [52] 升星 [31] 乘承丞成城诚绳 [25] 省反~ [33] 胜性姓圣 [22] 盛 [-45] 猩

j [52] 应~该英婴缨 [31] 仍迎盈形型刑营萤 [25] 影映 [22] 认

k [52] 京荆经惊 [25] 境景警竟 [33] 敬径 [22] 劲竞 [-45] 荆布~子：中药

k$^h$ [52] 倾 [31] □澄清、沉淀、凝固擎鲸琼 [25] 顷

ʔ [52] 鹰鹦 [33] 应答应 [-45] 樱

h [52] 兴~起馨兄 [31] 蝇牛~ [33] □热、烤兴高~庆 [-45] 卿蝇乌~：苍蝇

w [31] 荣 [13] 永 [22] 泳咏颖

et

p〔5〕逼碧壁〔3〕壁

pʰ〔5〕僻辟霹

m〔5〕搣剥,掰〔2〕觅

t〔5〕的嫡〔2〕滴敌狄

tʰ〔5〕剔

l〔5〕匿搦拎,提〔2〕力溺~尿:把尿历

ts〔5〕即织职积迹绩蟋~蟀〔2〕蛰直值殖植籍藉席夕寂

tsʰ〔5〕斥戚

s〔5〕悉息熄媳色啬识式饰惜昔适释析〔2〕食蚀

j〔5〕忆亿抑益□体垢〔2〕亦译易液腋疫役

k〔5〕击激戟〔2〕极

h〔2〕翼

w〔2〕域

kwʰ〔5〕□绊

i

p〔52〕蓖碑卑悲〔31〕皮〔25〕比畀给〔13〕被被子〔33〕臂秘泌庇痹〔22〕被~动避备鼻〔-25〕篦髀大腿

pʰ〔52〕披丕〔31〕疲脾琵枇〔25〕彼鄙〔13〕婢〔33〕譬屁

m〔52〕眯洣抿〔31〕糜弥眉楣微媚〔13〕美尾〔22〕寐未味□~水:潜水〔-45〕□浮于液体面上的泡沫

f〔52〕非飞翡〔31〕肥〔25〕匪〔-45〕妃

t〔22〕地〔-45〕哋—点儿□~度:这里

l〔31〕离篱尼梨厘狸〔13〕履理鲤李姓里鲤〔22〕哩我~:我们腻利痢吏脷舌头〔-45〕璃玻~痢痢~〔-25〕李李子里三元~

ts［52］知支肢之［25］纸只姊旨指梓止趾址［33］智致至置志痣［22］稚治［-45］蜘脂芝

tsʰ［52］雌疵差参~ 痴［31］池驰迟持匙~羹: 汤匙［25］侈矢耻齿始［13］恃［33］刺翅［-45］栀水黄~: 栀子

s［52］施尸［31］时匙锁~［25］死屎［13］市［33］四肆试［22］是氏豉示视［-45］诗

j［52］伊枝［31］儿宜仪谊移夷而疑［25］倚［13］尔你耳拟已［33］懿议［22］义二肄异

k［52］羁饥肌基箕几~乎 机讥［25］己纪杞几［33］寄记既［22］技妓忌［-45］几茶~

kʰ［31］奇岐祁其棋期旗祈蜞~魽, 牛~: 水蛭［13］企倚［33］冀

ʔ［52］医依枝树~ 衣~服［25］椅［33］意［-45］衣地豆~: 花生皮［-25］枝分枝

h［52］牺欺嬉熙嘻希稀［31］怡姨~丈［25］起喜岂［13］以［33］戏器弃饲喂食 气汽［22］易［-45］姨大~

## iu

p［52］膘标彪飚［25］表［-45］表手~

pʰ［52］飘漂［31］嫖［33］漂票［-25］瓢勺子

m［31］描［13］杳藐渺秒［22］妙［-25］庙

t［52］貂丢［31］条［25］屌交合［33］钓吊［22］调~查

tʰ［52］雕挑［31］调~整［33］跳粜［-45］挑担~: 扁担

l［31］撩撩逗 聊辽寥瞭燎疗寮储物的简易房子 鹩~哥: 八哥［25］□~线: 紫线［13］鸟了［22］料预~ 尿廖［-45］寮住人的简易房子［-25］料肥~

ts［52］焦椒朝~早: 早上 招［25］剿沼［33］醮照［22］赵召诏噍［-45］蕉

tsʰ［52］超昭［31］樵朝~代 潮［33］悄悄肖鞘

s［52］萧消宵硝销肖烧锹［31］韶［25］小少［33］笑少［22］绍邵兆［-45］箫

j［31］饶摇谣遥窑姚尧［25］扰绕［-45］摇船桨

k［52］骄浇［25］矫［33］叫

kʰ［31］乔侨桥荞［25］缴［13］翘繑缠绕□~水：舀水［22］撬［-25］轿蕎

ŋ［31］摇

ʔ［52］夭邀腰幺~两、一二要~求吆~你：喊你［33］要［-25］妖

h［52］嚣侥［25］晓［33］窍［22］耀［-25］鹞纸~：风筝

## im

t［31］甜［25］点［33］店［22］掂搞~：弄好

tʰ［52］添［13］舔蘸

l［52］黏粘拈［31］廉镰帘鲇［13］敛殓脸［22］念［-45］稔番~：番石榴

ts［52］尖沾占~卦［33］占［22］渐

tsʰ［52］签~名［31］潜

s［52］签竹~［31］禅［25］陕闪［-45］蝉

j［31］炎严［25］淹［13］染［22］验艳焰

k［52］兼［33］剑［22］俭

kʰ［31］钳［25］检

ʔ［52］腌㩺~队：插队［25］掩□结~：结痂［33］厌

h［52］谦［31］盐阎［25］险［33］欠

## in

p［52］鞭［25］贬匾［33］变［22］辨辩汴便［-45］辫

pʰ［52］编篇偏蝙［33］骗遍片

m [31] 绵棉 [13] 免勉娩缅 [22] 面

t [52] 颠癫 [31] 田填 [25] 典 [33] 垫 [22] 电殿奠

tʰ [52] 天 [25] 腆

l [31] 连年怜莲 [22] 练炼 [-45] □乳房 [-25] 链楝苦~树

ts [52] 煎 [25] 碾剪展□大~:猪肘子 [33] 箭溅战颤荐 [22] 贱 [-45] 毡毯子笺

tsʰ [52] 迁歼千 [31] 钱金~缠前 [25] 浅 [13] 践 [-25] 钱有~

s [52] 仙鲜先 [25] 癣 [13] 鳝 [33] 线扇骟~鸡:阉鸡 □（地面）滑 [22] 羡善膳 [-45] 先祖~

j [31] 然燃言研延 [22] 谚砚 [-25] 堰

k [52] 肩坚 [33] 建 [22] 键腱健

kʰ [31] 乾虔 [25] 搴掀起 [22] 件

ʔ [52] 燕~京咽 [33] 燕宴 [-45] 烟香烟

h [52] 掀牵 [31] 贤弦延 [25] 遣演显 [33] 宪献 [22] 现 [-45] 轩

## ip

t [2] 碟牒蝶谍

tʰ [3] 贴 [-25] 帖请~

l [2] 擸抚摸（毛发）聂猎□秕谷

ts [3] 接摺~衫:折衣服

tsʰ [3] 妾

s [3] 摄楔~入去:塞进去

j [2] 孽

k [3] 涩劫

ʔ [3] 腌

h [3] 怯胁歉协 [2] 叶页业

## it

p [5] 必 [3] 鳖憋 [2] 别

pʰ [3] 撇

m [5] 搣<sub>捏</sub> [2] 灭蔑

t [5] 哋<sub>一点儿</sub> [3] 跌 [2] 秩

tʰ [3] 铁

l [2] 列烈裂

ts [3] 哲折浙节 [2] 捷截

tsʰ [3] 彻撤辙设

s [3] 薛泄涉屑切 [2] 折~本舌

j [2] 热

k [3] 结洁 [2] 杰

kʰ [3] 揭 [2] □<sub>流体稠</sub>

h [3] 歇蝎

## œ

t [52] 多 [31] 苔青~砣秤~ [25] 朵 [33] □<sub>粗话骂</sub>

tʰ [52] 唾~口水

l [52] □<sub>吐出</sub>□<sub>搓（衣服）</sub> [22] 糯 [-45] 螺<sub>螺蛳</sub>

tsʰ [13] 坐

s [31] 瀡<sub>滑动</sub>

k [33] 锯 [-45] 哥<sub>鹩~：八哥鸟</sub>

h [52] 靴

## œn

t [52] □<sub>啄</sub>

tsʰ［52］栓门~［25］铲动词

j［-45］□镐头

## œŋ

l［31］良凉量粮梁樑娘［25］两斤~［13］两数字［22］亮谅辆量［-25］娘大姑~

ts［52］将~军浆张章樟［25］蒋奖桨长掌［33］仗打~酱将~相涨帐账胀障瘴嶂［22］匠象像橡丈［-25］杖拐~仗炮~：鞭炮

tsʰ［52］昌菖倡［31］墙详祥长肠场常尝偿［25］抢赏打~［33］畅唱［-45］枪窗

s［52］相湘襄镶霜孀商伤双［25］想尚赏欣~［13］上~去［33］相睇~：看相［22］上~面［-45］箱厢

j［13］仰［22］酿壤让［25］□抖动

k［52］疆僵姜缰

kʰ［31］强~大［13］强勉~［-25］襁树~：树根

ʔ［52］央秧殃

h［52］香乡［31］羊洋杨阳扬疡□~□：蚯蚓［25］饷享响［13］养痒［33］向［22］样［-45］香~烛

## œt

s［3］索绳子

h［2］阅日穴

ŋ［5］□撕开

## œk

t［5］□斫［3］剁琢啄

l［2］略掠

ts［3］爵雀嚼着~衫酌桌拜~石：坟前用以摆放祭品的石板

tsʰ［3］绰芍卓焯

s［3］削着~火鹊［2］勺酒~

j［2］若弱虐疟

k［3］脚

kʰ［3］却

ʔ［3］约跃

h［2］药

## øy

tʰ［33］褪

l［31］来［13］缕［22］类累

ts［52］蛆追［25］嘴［33］最醉［22］缀赘坠

tsʰ［52］吹［31］槌锤随［33］脆

s［52］虽衰［31］谁垂［25］水［13］悴［33］岁税帅墅［22］粹遂隧穗瑞睡

j［22］锐［25］蕊花~［-45］锥锥子

## øn

t［52］敦吨［22］顿沌钝遁

tʰ［13］盾

l［52］□~骨头：啃骨头［31］邻鳞磷仑伦沦轮［25］卵［22］吝论

ts［52］津臻遵［25］准［33］进晋俊圳田中水沟［22］尽［-45］樽瓶子

tsʰ［52］椿春［31］秦旬循巡唇［25］蠢

s［52］殉询［31］唇纯醇［25］笋榫卤脑~：卤门［33］信讯逊迅舜［22］顺

j［22］润闰［-25］润猪~：猪肝

## øt

l [2] 律 [25] 栗率效~

ts [5] 卒蟀桲木塞子,塞住 □揉搓

tsʰ [5] 出

s [5] 摔戌恤率~领 [2] 术述

## y

t [25] □捅

l [13] 女吕旅屡里垒 [22] 虑滤泪

ts [52] 猪诸诛蛛株朱珠资姿咨滋□鸡~:鸡虱 [25] 煮主紫子 [13] 祉巳 [33] 做著驻注蛀铸 [22] 序叙聚自伺嗣饲痔 [-25] 寺

tsʰ [31] 徐除厨橱瓷糍慈磁辞词 [25] 取此娶 [13] 储苎署柱似 [33] 处趣赐次厕 [22] 住树 [-45] 脐肚~

s [52] 书舒须需枢输斯撕私师司丝思 [31] 薯殊祠 [25] 暑鼠使史 [13] 絮绪 [33] 庶恕嗦鸡~头 □剔（牙）[22] 戍竖字士仕事侍箸一~箷:一筷子菜 [-45] 狮 [-25] 柿

j [52] 迂于 [31] 如鱼渔余豫儒愚虞娱愉 [13] 语与予乳 [22] 御誉遇寓愈吁喻

k [52] 居车~马炮 [25] 举矩□老~:妓女 [33] 据句 [22] 巨具惧飓

kʰ [52] 拘俱区驱 [31] 渠蕖（佢）第三人称蜍蟾~ [25] □屋~:家 [13] 拒距

ʔ [52] 于淤 [-25] 瘀

h [52] 墟虚嘘 [31] 逾 [25] 许 [13] 雨宇禹羽 [33] 去 [22] 裕预

## yn

t [52] 端 [25] 短 [13] 断~开 [22] 断判~锻段缎

tʰ［31］团屯豚囤

l［31］联鸾［13］暖［22］乱嫩［25］恋

ts［52］专砖尊［25］转［33］纂钻转［22］传旋头发旋

tsʰ［52］川穿［31］全泉传存［25］喘［13］吮~雪条：吮冰棍［33］串［-45］村

s［52］酸宣［31］旋船［25］选损［33］算蒜寸［22］篆［-45］孙

j［31］完员沿元~旦原源［25］皖阮［13］软［22］愿□~仔：小孩

k［52］捐娟□~窿：钻洞［25］卷［33］眷绢［22］倦

kʰ［31］拳权

ʔ［52］冤渊［33］怨

h［52］喧［31］完圆缘铅元丸袁辕园玄悬眩芫~荽［25］犬［13］远［33］劝券［-45］圈□□〔hœn³¹〕~：蚯蚓［-25］院县

## yt

t［2］夺

tʰ［3］脱

l［2］捋劣□地~：垄间通道

ts［3］啜吮吸［2］绝拙

tsʰ［2］猝

s［3］雪说

j［3］乙［2］悦月

k［3］□打

kʰ［3］蕨决诀缺［2］橛一~：一段

h［3］血［2］越粤

## ɔ

p［52］波啵疑问语气词［31］婆［33］播［22］孵抱~肚：围裙［-45］

菠坡玻

    $p^h$ [33] 破

    m [52] 魔摩摸<sub>行动缓慢</sub> [31] 磨<sub>动词</sub> [-25] 磨<sub>石~摸</sub>

    f [33] 课货 [-45] 科

    t [52] 多 [31] □<sub>传染</sub> [25] 躲 [22] 惰

    $t^h$ [52] 拖 [31] 驼舵 [13] 妥椭

    l [52] 啰 [31] 挪罗锣箩<sub>大箩</sub> [25] 裸攞<sub>拿</sub> [-45] 箩<sub>小箩</sub>

    ts [25] 左阻 [33] 佐 [22] 座助

    $ts^h$ [52] 初雏 [31] 锄 [25] 楚础 [33] 锉错

    s [52] 蓑唆疏蔬梳<sub>动词</sub>搓<sub>搓（绳子）</sub> [31] 傻 [25] 锁琐所 [-45]

梳<sub>名词</sub>梭

    k [52] 哥<sub>大~</sub> [-45] 歌哥<sub>学生~</sub>

    ŋ [31] 蛾鹅俄讹 [13] 我 [22] 饿卧

    ʔ [52] 阿屙<sub>排便</sub>

    h [31] 荷河何 [25] 可 [22] 贺

    w [52] 倭 [31] 和禾 [25] 火伙 [22] 祸和<sub>唱~</sub> [-45] 窝蜗

    kw [52] 戈 [25] 果裹 [33] 过

ɔi

    t [31] 台抬 [22] 待代袋<sub>动词,量词</sub> [-25] 袋<sub>名词</sub>

    $t^h$ [52] 胎 [13] 怠殆

    l [22] 耐奈内

    ts [52] 灾栽 [25] 宰载<sub>一年半~</sub> [33] 再载<sub>~重</sub> [22] 在

    $ts^h$ [31] 才材财裁 [25] 彩采睬髓<sub>骨~</sub> [33] 菜赛蔡 [-25] 翠

翠~

    k [52] 该 [25] 改 [33] 个

    $k^h$ [33] 概溉慨丐

ŋ［31］呆［13］我［22］碍外

ʔ［52］哀［33］爱

h［52］开［25］凯海江河蔼［22］亥害

### ɔm

k［52］甘［25］感敢［33］咁这么［-45］柑

ʔ［33］暗［-45］凫庵

h［52］堪［31］含［25］坎地上小坑砍囗棵囗石白［33］勘坎土台［22］撼憾凵盖

### ɔn

p［52］般搬［31］盘［33］半

pʰ［52］潘番~禺［-25］拚~命伴有~

m［13］满

k［52］干晒~杆［25］秆赶［33］干~部［-45］竿干饼~

ŋ［22］岸

ʔ［52］安鞍［33］按案

h［52］看~守［31］鼾寒韩［25］罕［13］旱［33］看汉［22］汗焊翰［-25］刊

### ɔŋ

p［52］帮邦［25］榜绑［22］谤磅磅秤

pʰ［52］囗宽口锄头［31］滂旁螃傍庞

m［31］忙芒茫亡［13］莽蟒网妄［22］忘望［-45］芒芒草

f［52］荒慌谎方肪芳［31］妨房防［25］晃仿纺彷访［33］放况

t［52］当［31］塘糖囗一~网：一张网［25］档党挡［33］档当~铺［22］荡

附录2 西樵方言同音字汇 213

tʰ［52］汤劏<sub>宰杀</sub>［31］堂棠螳唐［25］倘躺［33］烫趟揚<sub>来回拖拉，来回走动</sub>［-25］糖<sub>糖果</sub>

l［31］瓤囊郎廊狼螂［13］□<sub>荡、漱</sub>朗塱［33］□<sub>架起</sub>［22］裆浪晾［-45］□<sub>白头~：鸟名</sub>

ts［52］装<sub>装进</sub>赃脏桩装<sub>~香：烧香敬神</sub>［33］壮葬［22］状藏脏撞［-45］庄妆

tsʰ［52］苍［31］床藏［25］闯厂［33］创［-45］仓

s［52］丧［25］爽［33］丧［-45］疮桑嗓

k［52］冈刚纲缸江［25］讲港［33］杠钢降［-45］岗

kʰ［52］扛□<sub>双手掇</sub>［31］狂［33］抗旷扩矿

ŋ［31］昂［33］仰［22］戆<sub>傻憨</sub>

ʔ［52］肮［33］蕹<sub>~菜</sub>□<sub>青~：黄背蛙</sub>

h［52］康糠匡［31］行<sub>银~</sub>航杭降<sub>投~</sub>纾［25］慷［33］炕<sub>烘干，晒干</sub>［22］项［-45］腔［-25］巷□<sub>鸡~：小母鸡</sub>

w［52］汪［31］黄皇蝗凰王惶［25］柱［13］往［22］旺［-25］簧<sub>弹~</sub>

kw［52］光［25］广

ɔp

p［2］□<sub>~辫：扎辫子</sub>

k［3］蛤鸽合<sub>~本：凑本钱；~伙</sub>

h［2］合［-25］盒匣

ɔt

p［3］钵［2］拨

pʰ［3］泼□<sub>扇（扇子）</sub>

m［3］抹□<sub>毛虫</sub>

k［3］割葛

h［3］渴喝□鐾（把刀口在砖、石、布等上摩擦使锋利）

## ɔk

p［5］□鱼~：鱼鳔；水疱；豆腐~：油豆腐□敲打［3］博驳［2］薄泊雹

pʰ［3］朴扑

m［5］剥［2］莫幕寞［-25］膜

f［3］霍藿

t［2］铎度量~

tʰ［3］托箨竹皮

l［2］诺落烙骆洛络乐

ts［3］作［2］凿昨

s［3］塑朔槊

k［3］各阁搁觉角［-25］桷桁，檩子

kʰ［3］廓确

ŋ［2］鄂鳄岳乐□抬头

ʔ［3］恶

h［3］壳［2］鹤学勺水~

w［2］镬获

kw［3］郭国

## oŋ

p［31］篷船~

pʰ［31］蓬［25］捧

m［31］蒙［25］懵［22］梦［-45］蒙~~光：蒙蒙亮芒—种芦苇，可制扫帚

f［52］风疯丰封［31］冯逢缝［33］讽［22］奉凤［-45］枫峰蜂锋人名［-25］俸

附录2　西樵方言同音字汇　215

t [52] 东 [31] 铜桐同茼~蒿 [25] 董懂捅 [33] 冻 [22] 栋动洞戙藕~: 莲茎 戙竖起 [-45] 冬冬至 筒米~

tʰ [52] 通 [31] 童瞳同 [25] 桶捅统 [33] 痛 [-45] 囱烟~ [-25] 筒电~

l [52] 爖焦糊 [31] 笼聋农脓隆浓龙 [25] 拢 [13] 垄栊木箱 [22] 弄 [-45] 窿

ts [52] 棕宗中忠终踪春综~合 [25] 总种肿 [33] 粽~叶中众纵种综织布机上的综 □宠爱 [22] 重~要; 仲~有: 还有 诵颂讼 [-45] 鬃钟盅 [-25] 粽粽子

tsʰ [52] 聪充冲 [31] 丛虫从松重~复 [25] 宠 [13] 重~量 [33] 铳口桶

s [52] 松嵩涌小河 [31] 崇 [25] 怂 [33] 送宋餸菜肴 [-45] 葱

j [52] 雍 [31] 戎融茸容蓉镕庸鳙□茶浓 [25] 拥涌 [13] 勇 [22] 用 [-45] 翁 [-25] 绒

k [52] 公蚣攻弓躬宫恭供功成~工~人 [25] 拱巩□~样: 这样 [33] 贡 [22] 共 [-45] 功~夫工打~

kʰ [31] 穷

ʔ [52] 壅掩埋 [25] 攤推 [33] 瓮

h [52] 空胸凶 [31] 虹红洪鸿熊雄 [25] 孔恐 [33] 控哄汞 □嗅

## ok

p [5] 卜占~ [2] 仆曝瀑伏

pʰ [5] 扑~倒: 摔倒

m [5] □出~: 出芽 [2] 木目穆牧

f [5] 复反~福幅蝠辐腹覆 [2] 服伏袱复~员

t [5] 笃督涿量词, 用于排泄物□戮 [2] 独读毒

tʰ [5] 秃

l [5] 睩~大眼：瞪大眼睛 辘车轮 碌本地柚子 碌打滚 [2] 六陆绿录 摝搅拌 爖开水烫 □脚踩 槛猪~：猪圈 [-25] 鹿

ts [5] 竹筑祝粥足烛嘱触 [3] 捉 [2] 续族逐轴俗

tsʰ [5] 速畜蓄促束 [2] 浊赎找钱 熟 □呛

s [5] 馊肃宿缩叔粟 [3] □~鼻涕：吸溜 [2] 淑蜀属熟

j [5] 喐动沃 [2] 肉育辱玉狱欲浴 [25] 褥

k [5] 谷菊□鼓起 [3] 谷 [2] 局

kʰ [5] 曲 [2] 焗

ʔ [3] 屋

h [5] 哭曲酒~ [2] 斛酷

u

p [52] 褒煲~饭 [31] 浮 [25] 补保堡宝 [13] 抱泡泡沫 妇新~：新娘 [33] 布浦怖报 [22] 部步捕埠暴 [-45] 煲瓦~：陶锅 [-25] 簿

pʰ [52] 铺~地敷~药 [31] 蒲菩脯袍 [25] 谱普 [33] 铺店~

m [52] 殕食物长毛变质 [31] 模摹无巫诬毛 [13] 武舞侮鹉母拇 [22] 暮慕墓募务雾戊冒帽斗笠 [-25] 帽草~

f [52] 枯夫肤俘敷~衍 [31] 乎符芙 [25] 苦~瓜 虎府腑俯甫斧傅抚釜 [13] 妇 [33] 库咐赋富副 [22] 付傅赴讣父腐辅附负

t [52] 都刀 [31] 淘绹拴住 [25] 堵赌岛倒 [13] 肚 [33] 妒到 [22] 杜度渡镀道稻盗导 [-45] 都~系：都是

tʰ [52] 滔 [31] 徒屠途涂图桃逃陶萄涛 [25] 土祷讨~厌 [13] 吐 [33] 兔套

l [52] □镬~：锅烟子 □混合 [31] 奴卢炉芦鸬庐驴劳牢唠~嘈 唠叨□碰撞起的肿块 [13] 努鲁房卤脑恼老□~水：涉水 [22] 怒路赂露鹭□骂

ts [52] 租遭糟 [25] 祖组早枣 [33] 灶 [22] 皂造

tsʰ [52] 粗操 [31] 曹槽嘈唠~ [25] 草 [13] 储积攒 [33] 措躁糙

s [52] 苏酥须骚臊□生孩子 [25] 数嫂娶 [33] 醋素诉数扫

k [52] 姑孤高篙羔 [25] 古估牯股鼓蛊稿 [33] 故固锢雇顾告 [-45] 膏糕

ŋ [22] 傲

ʔ [52] 乌污 [33] 坞恶懊奥澳□探身,弯身

h [52] 薅箍呼麸蒿商~□臊 [31] 芋戽~斗湖狐壶瓠胡蝴糊扶豪壕毫蚝 [25] 浒好苦辛~ [33] 裤犒好耗 [22] 户沪互护号浩 [-25] 胡二~

## ui

p [52] 杯 [31] 赔 [33] 贝辈 [22] 背~书焙 [-25] 痱热~:痱子背后~□酵子

pʰ [52] 胚坯 [31] 培陪裴 [13] 倍 [33] 沛配佩

m [31] 梅枚媒煤玫霉莓 [13] 每 [22] 昧 [-45] 枚猜~:划拳 [-25] 莓妹

f [52] 魁恢灰奎 [33] 悔晦

t [52] 堆 [33] 碓兑对~错 [22] 队~伍 [-25] 队排~对对联

tʰ [52] 推 [25] 腿 [33] 退蜕

l [52] □倒头栽落 [31] 雷

ts [22] 罪

tsʰ [52] 趋催崔摧炊

s [52] 腮鳃 [33] 碎

k [33] 盖盖子 [22] 瘤累

kʰ [25] 贿溃剑桧绘

ʔ [52] 煨 [13] 会 [22] 会~面 [-25] 会开~

h [31] 回~礼茴 [22] 汇

w［31］回

$$un$$

p［31］盆［25］本［22］绊伴拌叛胖

pʰ［13］泮~池［33］判

m［31］瞒门［22］闷

f［52］宽［25］款

k［52］官棺观冠衣~［25］管馆［33］贯灌冠~军［−25］罐罐子

h［52］欢宽［31］桓［22］换焕

w［31］缓援［25］豌碗腕［22］唤焕

$$ut$$

p［2］勃

m［2］末沫没

kʰ［3］括豁

h［3］阔［2］活

$$\mathring{m}$$

m̩［31］唔

$$\mathring{ŋ}$$

ŋ̍［31］吴蜈梧［13］五伍午仵［22］误悟

# 附录3

# 九江方言同音字汇

本字汇根据九江粤语语音的韵母、声母、声调的次序排列。调值前加"-"表示变调,列于单字调后。写不出本字的音节用方框"□"来表示,后面用小字做注释或举例。举例中用"~"代替所释字。字下加"—"表示白读音,加"="表示文读音。

a

p [45] 巴芭 [31] 爸<sub>阿~</sub> [25] 把 [33] 霸坝 [13] 罢

p<sup>h</sup> [45] 趴 [31] 巴<sub>下~</sub>爬琶杷耙扒<sub>~龙船:划龙舟</sub> [33] 怕

m [45] 孖妈 [31] 麻嫲<sub>阿~:祖母</sub> [25] 马码 [13] 骂

f [45] 科 [31] 禾和 [25] 火伙 [33] 化课货

t [25] 打

n [45] □<sub>疤痕</sub> [31] 拿 [25] 姆那

l [33] 罅<sub>缝隙</sub>

ts [45] 揸<sub>抓住</sub>渣 [33] 炸诈榨 [13] □<sub>一~:一把(花生)</sub>

ts<sup>h</sup> [45] 差叉 [31] 茶搽查槎 [33] □<sub>张开:~开手指</sub>

s [45] 沙痧 [25] 洒

j [25] 也

k [45] 嘉家加 [25] 假贾 [33] 架假<sub>~期</sub>驾嫁稼价

ŋ [45] 鸦 [31] 牙芽啈 [25] 瓦雅 [13] 枒<sub>霸占</sub>

h [45] □<sub>欺负</sub>虾 [31] 霞瑕暇 [13] 下厦夏

w［45］花娃蛙洼倭窝蜗［31］华［13］话画[名词]祸

kw［45］瓜［25］寡剐果［33］挂卦过

kwʰ［45］夸垮跨

ø［25］哑［33］阿亚

## ai

p［25］摆［33］拜［13］败

pʰ［31］排牌［33］派

m［31］埋［25］买［13］卖迈

f［33］筷

t［33］带戴［13］大

n［25］乃奶

l［45］拉［31］□软~~：疲惫无力［13］赖酾~尿：尿床

ts［45］斋［25］仔［33］债［13］寨

tsʰ［45］猜钗差出：摭~面：揉面［31］柴豺［25］踩

s［45］嘥浪费［25］玺徙洗［33］晒

k［45］阶皆楷佳街［33］介界芥尬疥届戒个嗰那

kʰ［25］解启

ŋ［31］涯崖捱［25］我［13］艾

h［45］揩蹭呔领~：领带［31］鞋孩谐嚱粗糙［25］蟹舵［33］态贷太泰［13］械懈

w［45］歪［31］怀槐淮［33］块快［13］坏

kw［45］乖［25］拐［33］怪

ø［45］挨［33］嗌骂

## au

p［45］包煲［25］宝保堡［33］报［13］暴

pʰ ［45］泡灯~抛［31］袍［25］跑抱［33］豹

m ［45］殕发~:食物长毛变质［31］茅毛［25］亩［13］貌帽冒

t ［45］刀［25］岛倒［33］到道知~［13］稻导盗

n ［25］恼脑［13］闹

l ［45］□混合□镬~:锅烟子［31］劳捞螃蠊~:蜘蛛［25］老佬［13］□簸箕

ts ［45］糟遭［25］找早枣［33］□油炸罩笊~篱灶［13］造皂

tsʰ ［45］钞操［31］巢吵曹槽［25］草［33］臊躁糙

s ［45］骚梢捎［25］稍嫂［33］哨扫

k ［45］高糕膏篙［25］搞搅稿饺绞狡［33］较教窖潲告

kʰ ［33］靠铐

ŋ ［31］熬肴［13］傲

h ［45］烤哮敲薅蒿高~［31］桃淘绹拴住毫豪蚝［25］考讨好［33］孝套［13］浩效校号

Ø ［33］澳奥

## am

t ［45］哈衔、叮担［动］［25］胆［33］担~竿［名］［13］啖淡

n ［31］南男［25］腩□~水:舀水

l ［31］蓝篮篮子［25］榄揽览［33］□一拃;跨过［13］滥缆舰

ts ［45］簪［25］眨［13］暂站

tsʰ ［45］参［31］蚕惭［25］惨篸篝箕［33］杉

s ［45］三衫

k ［45］监甘柑［25］敢感［33］鉴橄尴

ŋ ［45］啱对［31］岩

h ［45］贪［31］函衔痰潭谭谈燂熏烤［25］淡［33］探［13］陷□倒扣

ø [45] 庵 [33] 暗

## an

p [45] 班斑 [25] 板扳版 [13] 办涆烂泥

pʰ [45] 攀 [33] 盼 [13] 扮

m [31] 蛮 [25] 晚 [13] 慢万馒

f [45] 番翻 [31] 凡烦帆繁 [25] 反贩 [13] 饭犯范

t [45] 丹单 [33] 旦诞 [13] 但蛋弹子~

tʰ [45] 滩瘫摊 [31] 檀坛弹~琴 [25] 坦毯 [33] 炭叹

n [31] 难 [33] □蚊子叮咬起的肿块

l [45] 蹦在地上爬 [31] 兰拦栏 [25] 懒 [13] 烂

ts [33] 赞 [13] 赚栈客~

tsʰ [45] 餐 [31] 残 [25] 产铲 [33] 灿

s [45] 珊删 [25] 散[形容词] [33] 散[动词]

k [45] 艰肝奸干杆竿 [25] 简赶秆 [33] 间~隔干~部

ŋ [31] 颜 [13] 雁岸

h [45] 悭节省摊滩看 [31] 檀坛弹~琴鼾韩寒 [25] 旱坦 [33] 炭汉叹 [13] 限汗焊翰

w [45] 弯 [31] 顽 [25] 玩 [25] 挽 [13] 幻患宦

kw [45] 关

ø [45] 安鞍 [33] 晏按案

## aŋ

pʰ [45] 烹 [31] 彭膨棚 [25] 棒

m [31] 盲 [25] 蜢蚂蚱猛 [13] 孟

l [45] 冷毛线 [25] 冷

ts [45] 争踭脚跟

tsʰ [45] 撑铛瓦~：沙锅 [31] 振~眼：光线刺眼橙

s [45] 生牲甥生后~仔 [25] 省

j [33] □踢开

k [45] 耕更打~ [33] □涉水

ŋ [13] 硬

h [45] 坑 [31] 行走

w [31] 横

kw [13] 逛

kwʰ [45] 框眶 [25] 梗菜~ [33] 纩绊

## ap

t [3] 答搭 [2] 踏沓摞起；[量词] 一~

n [2] 纳衲棉~：棉袄

l [3] □挽起（袖子） [2] 腊蜡垃~圾立

ts [2] 习闸杂集

j [2] □招（手）

k [3] 鸽革蛤~蟆：青蛙

h [3] 塔塌鎝套上，锁上鎝 [名词] 笔~：笔帽儿 [2] 合

ø [3] 鸭

## at

m [3] 抹

f [3] 法发

n [3] □灼、烫□虾~：一种小螃蟹

l [5] □掉 [3] 瘌 [2] 辣捺

ts [3] 扎

tsʰ [3] 察擦刷

s ［3］ 杀撒萨煞

k ［3］ 割葛

h ［3］ 渴喝

ŋ ［3］ 胺尿臊

Ø ［3］ 压押

ak

p ［3］ 百伯 ［2］ 白卜萝~

pʰ ［3］ 拍泊魄柏柏树

m ［3］ 擘张开、撕开 ［2］ 麦墨默陌脉

f ［3］ □甩打

n ［2］ □~屎尿：把屎尿

l ［3］ □脱赤~：打赤膊 ［2］ 勒簕（植物上的）刺儿

ts ［3］ 窄责笮压 ［2］ 择摘泽宅

tsʰ ［5］ 测 ［3］ 册拆策 ［2］ 贼

k ［3］ 隔格革

kʰ ［5］ 刻

ŋ ［2］ 额逆

h ［5］ 黑克 ［3］ 客吓

w ［2］ 或惑划画［动词］

Ø ［5］ 握 ［2］ 轭牛~鈪镯子

ɐi

p ［45］ 跛菠卑悲碑湴滤 ［25］ 比俾给箆髀大腿 ［33］ 蔽闭臂秘泌庇痹稗 ［13］ 鼻被~动避备币毙弊糟糕

pʰ ［45］ 坏□削披 ［31］ 皮疲脾琶枇 ［25］ 被被子婢彼鄙 ［33］ 屁

m ［45］ 眯 ［31］ 迷谜眉糜弥楣微媚 ［25］ 米尾美咪不要 ［13］ 咪

唔系味寐未□~水：潜水

f［45］徽飞非妃［31］肥［25］匪翡［33］肺费废沸［13］吠

t［45］低［25］底抵［33］帝蒂［13］弟第递隶地

n［31］泥尼［25］你［13］腻

l［45］璃玻~痢痢~□竹篮哩这［31］犁黎离篱梨厘狸来［25］礼戾睏 ~颈：落枕 李理履鲤里鲤［13］例厉励丽荔利痢吏脷舌头

ts［45］挤剂［25］仔姊［33］祭制际济［13］滞

ts$^h$［45］妻栖［31］齐［33］砌

s［45］西筛荽芫~［25］驶使死［33］世细势婿四［13］誓逝

j［31］呲质次

k［45］鸡［33］计继髻偈倾~：聊天

k$^h$［45］稽溪梯［33］契

ŋ［31］危倪［25］蚁［13］艺伪魏毅

h［45］□女阴［31］奚兮题蹄啼堤提［25］喺在体睇看娣［33］替涕剃［13］系係是

w［45］威挥辉［31］维惟遗唯违围［25］委毁荽伟讳荠纬［33］畏秽慰［13］胃位卫惠慧为谓

kw［45］圭闺归龟［25］鬼诡轨［33］贵桂癸季［13］跪柜

kw$^h$［45］盔规窥［31］葵携［25］愧

∅［25］矮［33］暄闷热

ɐu

m［45］踎蹲［31］谋［25］冇没有［13］贸茂

f［31］浮［25］否剖［13］阜埠

t［45］兜都［25］抖陡纠斗一~米赌堵［33］斗窦窝［13］度杜渡镀豆窦老~：老爸 □发吽~：发呆 痘

n［45］嬲恼火［31］奴［25］努扭纽纽扣［13］怒

l［45］骝马~：猴子 褛大衣［31］刘楼流留榴硫琉楼头上因碰撞而起的肿块炉庐卢芦鸬［25］柳卤鲁橹唠［33］留~口：结巴□那［13］漏陋馏路赂露鹭

ts［45］邹周舟州洲租［25］走酒祖组九久韭［33］奏昼皱咒救究［13］就袖宙纣旧

tsʰ［45］秋抽鳅粗［31］绸囚泅稠筹酬阄执~：抓阄求球［25］丑舅娶［33］凑臭兽醋措

s［45］修收苏须酥［31］愁仇［25］搜手首守［33］秀瘦嗽绣锈素诉数［13］寿受授售

j［45］休丘忧优幽［31］油柔揉尤邮由游犹釉［25］有友酉诱［33］幼诱莠［13］右又佑［-25］柚

k［45］□男阴［25］狗苟［33］够垢［13］□团、块

kʰ［45］□掺杂［33］扣构购叩寇兔

ŋ［45］钩［31］牛［25］藕

h［45］偷［31］喉侯猴图头投徒屠涂途［25］口敲~气：呼吸肚厚土［33］透［13］后候

ø［45］欧区瓯殴［25］呕［33］沤怄

ɐm

t［25］扰摇打［33］髧垂下［13］□跺（脚）

l［31］林淋临［33］□倒塌

n［31］脸软［25］恁想、思考

ts［45］针斟砧金［25］枕~头［名］锦［33］枕［动］浸禁

tsʰ［45］侵［31］寻沉噌吟~：唠叨［25］寝妗舅母

s［45］森参人~心深［31］岑［25］沈审婶糁撒（胡椒粉）［33］渗［13］甚

j［45］音阴阴刘海儿［31］淫檐［25］饮［13］任赁壬

k［45］今［13］□按下

kʰ［45］禁耐用襟老~：连襟［31］琴禽擒螓~螂：蜘蛛蟾~蛤□~日：昨天［25］捡盖□扇（耳光）

ŋ［31］□掏（口袋）吟~嘈：唠叨

h［45］堪［31］含［25］凼水~：小水坑□石臼［33］□哄、逗骗［13］撼憾冚全，一总

ø［25］揞手覆

ən

p［45］宾彬槟滨奔［25］品禀［33］殡鬓捹~辫：编辫子［13］笨

pʰ［31］贫频［33］喷粪

m［45］焖蚊文一~：一元［31］民文纹闻［25］敏闽悯吻刎［13］问

f［45］芬纷勋熏荤分吩［31］坟焚［25］粉愤［33］奋训睏~觉［13］份

t［33］扽颠簸［-25］墩

ts［45］真珍斤［25］紧［33］镇振震［13］阵近

tsʰ［45］亲［31］陈尘［25］诊疹［33］趁衬亲~家

s［13］新身申伸辛［31］神晨娠辰臣［25］脈薯类硬化［33］擤呻怨叹［13］肾慎

j［45］因姻欣殷恩［31］人仁寅［25］忍隐引瘾［33］印［13］韧纫刃衅孕

k［45］跟筋巾［25］仅谨

kʰ［31］勤芹［25］近

ŋ［45］奀瘦小韧［31］银龈

h［45］吞饨馄~［31］痕痒［25］恳垦很［33］褪~后：后退［13］恨歆渴望

w［45］温瘟婚昏［31］云魂匀馄［25］稳揾寻找［25］允尹韵［33］榅关禁［13］运浑混

kw［45］均军钧君［25］滚［33］棍［13］郡

kwʰ［45］坤昆［31］裙群［25］菌捆［33］困

### ɐŋ

p［45］崩［13］凭倚靠

pʰ［31］朋凭蟛~蜞：一种小螃蟹

m［31］萌盟［33］掹拔

t［45］登瞪灯［25］等［33］凳［13］邓

n［31］能

ts［45］争曾姓增憎僧筝［13］赠

tsʰ［31］层曾~经

k［45］更~换羹汤匙［25］耿梗［33］更~加

kʰ［25］骾噎［33］劤酒或烟味道浓烈

h［31］恒衡行~为藤腾［25］肯［13］幸杏行品~

w［31］弘宏

kw［45］轰

ø［45］莺［25］哽硌、梗塞

### ɐp

t［5］耷垂低［2］□捶打

n［5］粒

l［5］笠［2］□潮湿、拖拉

ts［5］执汁急□一~：一撮

tsʰ［5］缉辑

s［5］湿［2］十拾

j [5] 泣揖 [2] 入

kʰ [5] 级吸给

ŋ [5] 噏说罨心~：郁闷；捂，敷（药）[2] 岌摇晃

h [5] 恰洽瞌打盹□欺负 [2] 合

## ɐt

p [5] 笔不毕□舀 [2] 拔弼

pʰ [5] 匹

m [5] 乜什么 [2] 袜密物蜜勿

f [5] 忽 [2] 罚佛乏伐筏

t [2] 突凸达

ts [5] 质□塞吉桔 [2] 疾甲凸~：蟑螂 佺

tsʰ [5] 七漆膝

s [5] 虱失室 [2] 实

j [5] 一 [2] 日逸

k [5] □刺扎 [2] 趌撅起、提起 凸~甲：蟑螂

kʰ [5] 咳

h [5] 乞□~嚏：喷嚏 [2] 辖核

w [5] 屈熏郁窟屎~：屁股 [2] 核核儿

kw [5] 骨橘 [2] 掘□钝

## ɐk

p [5] 北

m [5] □凹

t [5] 得德 [2] 特

l [2] 肋

ts [5] 则鲫侧

s［5］塞塞曾孙

ŋ［5］呃骗

## ɛ

pʰ［45］□扑克

m［45］孭背［25］乜歪斜

t［45］爹

ts［45］遮［动］遮伞［25］姐者［33］借蔗［13］谢

tsʰ［45］奢车［31］斜邪［25］且扯

s［45］些赊［31］蛇［25］写舍泻社［33］卸赦舍宿~［13］射麝

j［31］耶［25］惹嘢东西

k［33］嘅的

kʰ［31］骑茄番~

h［31］爷椰［25］野［13］夜

## ɛu

p［25］饱［33］爆

pʰ［31］刨［33］炮~仗：鞭炮

m［45］猫

l［31］捞［25］聊玩耍

ts［25］爪［13］噍

tsʰ［45］抄［31］皱皱［25］炒

s［33］潲~水

k［45］交胶茭［33］铰觉瞓~：睡觉白

ŋ［45］挠□耙子［31］□歪［25］咬

h［45］敲［31］姣风骚

ø [45] 吆 [25] 拗

### εn

p [45] 边 [25] 扁

f [45] 翻

n [25] 撚~碎：捻碎

ts [25] 盏

tsʰ [25] 铲~草

s [45] 山冂~门

k [45] 间 [25] 茧跰跰子 栋碱枧肥皂 [33] 见

ŋ [31] 研碾 [25] 眼

h [45] 牵~虾：哮喘 [31] 闲 [25] 蚬 [13] 苋

w [31] 还环 [25] 鲩~鱼

kw [45] 冠鸡~ [33] 惯

ø [45] 烟

### εm

ts [25] 斩

l [25] □舔舐

k [25] 减

kʰ [31] □~蛛：蝉

h [31] 嫌咸馅馅儿 [33] 喊

### εŋ

p [25] 饼 [33] 柄 [13] 病

pʰ [31] 平便宜

m [31] 名名字□"未曾"合音 [13] 命

t [45] 钉 [25] 顶山~ [33] 掟投掷 [13] 订碇~方：地方

n [31] □我~：我们

l [31] 灵灵验 零十~个：十多个 [25] 岭领衫~ [33] 靓漂亮 □摄~：闪电

ts [45] 精精明 [25] 井 [33] 正 [13] 净干~郑

tsʰ [45] 青~色 [25] 请

s [45] 声腥星星星 [31] 城成 [25] 醒 [33] □铁锈

k [45] 惊害怕 [25] 颈 [33] 镜

h [45] 轻听厅 [31] 赢 [25] 艇

### εp

n [3] □躲藏

ts [2] □在清水中煮

tsʰ [3] 插□蚌

j [3] □捋（袖子）

k [5] 箧皮~：皮箱 [3] 甲挟~艇：夹菜 [2] 夹 [动词]

h [3] □~埋眼：闭上眼

### εt

p [3] 八 [2] □肚~：肚子

m [2] 篾

ts [5] □胳肢

w [3] 挖 [2] 滑猾

kw [3] 刮

ø [3] 噎

### εk

pʰ [3] 劈 [2] 擗扔

t [3] 趯逃跑 [2] 籴笛

l [5] 叻聪明能干 [2] 沥

ts [3] 脊炙只两~ [2] 席草~

tsʰ [3] 尺□冰冷

s [3] 惜疼爱 [2] 石

kʰ [2] 屐剧

h [3] 踢

## eŋ

p [45] 兵冰 [25] 丙秉 [13] 并~且

pʰ [31] 平坪评瓶屏萍 [33] 并合~聘拼

m [31] 鸣明名 [25] 皿铭 [13] 命~令

f [13] 揞用、挥

t [45] 丁汀 [25] 顶鼎 [13] 定

n [31] 宁 [25] 拧

l [45] 拎 [31] 灵陵凌菱铃伶翎 [25] 岭领~导 [13] 令另

ts [45] 精征贞侦晶睛蒸正~月 [25] 整 [33] 证正~直 [13] 静靖

tsʰ [45] 称~呼清青~年 [31] 晴澄惩情呈程成两~埕绳 [25] 拯逞 [33] 称~心如意秤[名]

s [45] 升星猩声~音 [31] 城乘承丞成诚 [25] 省反~醒清~ [33] 胜姓性圣 [13] 盛

j [45] 英婴缨鹦应~承鹰蝇乌~：苍蝇 [31] 迎形仍盈型刑营萤 [25] 影映 [33] 应答应 [13] 认

k [45] 京荆经惊~蛰 [25] 景境警竟 [33] 敬径 [13] 劲竞

kʰ [45] 倾~偈：聊天 [31] □澄清、沉淀、凝固擎鲸琼 [25] 顷

h [45] 馨卿兄听~日：明天 [31] 停廷庭蜓亭萤蝇大~：大头苍蝇 [33] 兴高~庆□热、烤 [25] 挺

w [25] 永 [31] 荣 [13] 泳咏颖

ek

p〔5〕逼挤碧壁〔3〕壁

pʰ〔5〕僻辟霹

m〔2〕觅

t〔5〕的嫡〔2〕滴敌狄

n〔5〕匿搦拎、提

l〔2〕力历

ts〔5〕织迹即职积绩蟋~蟀〔2〕直蛰值殖植籍藉席夕寂

tsʰ〔5〕斥戚〔3〕赤

s〔5〕色识惜悉息熄媳式饰昔适释析〔2〕食蚀

j〔5〕忆亿抑益〔2〕亦译液腋疫役翼易贸~

k〔5〕击激戟〔2〕极

ŋ〔2〕逆

h〔5〕剔〔2〕翼

w〔2〕域

Ø〔5〕□打~：打嗝儿

i

t〔45〕啲一点儿

ts〔45〕知支肢之蜘脂芝栀〔25〕纸只姊旨指梓止趾址〔33〕智致至置志痣〔13〕稚治

tsʰ〔45〕雌疵差参~ 痴〔31〕池驰迟持词匙~羹：汤匙〔25〕侈矢耻齿始恃此似〔33〕刺翅

s〔45〕施尸诗〔31〕时匙锁~〔25〕屎市〔33〕肆试〔13〕是氏豉示视

j〔45〕衣伊医〔31〕儿仪宜谊移而疑〔25〕椅倚尔耳拟已〔33〕

意议懿［13］异义易容~二

k［45］基羁饥肌几~乎机讥箕箕~［25］几己纪杞［33］记寄［13］技妓忌

kʰ［31］奇岐祁其棋期旗祈蜞~蟹:蚂蟥［25］□屋~:家企徛站立［33］冀

h［45］希牺欺嬉熙稀［31］姨［25］起喜岂以［33］戏气汽器弃饲喂食

## iu

p［45］标膘彪飚表手~［25］表

pʰ［45］飘漂［31］嫖［33］漂票

m［31］苗描［25］秒杳藐渺［13］庙妙

t［45］丢貂［25］屌交合［33］钓吊［13］掉调~查

n［13］尿

l［45］鹩~哥［31］疗寮茅~聊［25］鸟撩了［13］料肥~

ts［45］朝~早:早上椒招蕉焦饭~:锅巴［25］剿沼［33］照［13］赵嚼

tsʰ［45］超锹［31］朝~代樵潮［33］俏肖鞘

s［45］消萧销烧宵［25］小少［33］笑少［13］绍邵兆

j［45］腰邀夭［31］饶摇谣遥窑姚尧［25］妖绕扰［33］要

k［45］娇骄［25］矫［33］叫［13］撬轿

kʰ［31］桥乔侨荞［25］翘繑缠绕

h［45］嚣侥挑［31］调~整条［25］晓［33］跳粜［13］耀

## im

t［25］点［33］店［13］掂

n［31］楝苦~树［13］念

l［31］镰廉帘鲇~鱼□瓣:一~柚子［25］敛殓脸［33］□踮高脚

ts［45］沾占~卦尖［33］占［13］渐

tsʰ［45］签□水渠［31］潜

s［25］闪陕［31］禅

j［45］阉［31］严炎阎［25］掩染［33］厌［13］验艳焰

k［45］兼［33］剑［13］俭

kʰ［31］钳［25］检

h［45］谦添□番~:番石榴［31］盐甜［25］险［33］欠

in

p［45］鞭辫辫子［25］贬匾［33］变［13］辨便辩汴

pʰ［45］编篇偏蝙［33］片骗遍

m［31］绵棉眠躺着［25］免勉娩缅［13］面

t［45］颠癫［25］典［33］垫［13］电殿

n［45］□乳房［31］年

l［31］连怜莲［13］练炼链

ts［45］煎毡毯子［25］剪展碾［33］箭战溅颤荐［13］贱

tsʰ［45］千迁［31］钱缠前［25］浅践

s［45］先鲜仙［25］癣鳝［33］线扇骟~鸡:阉鸡□地滑［13］善羡膳

j［45］胭咽烟香烟［31］然燃言研［33］燕宴［13］现谚砚

k［45］肩坚［33］建［13］件键腱健

kʰ［31］乾虔［25］搴掀起

h［45］轩掀天［31］田填延贤［25］显遣演［33］献宪

ip

t［2］牒谍碟蝶

tʰ［3］贴帖

l [2] 猎聂

ts [3] 接摺~衫：折衣服

tsʰ [3] 妾

s [3] 涉摄楔~入去：塞进去

j [3] 腌 [2] 孽

k [3] 劫涩

h [3] 协怯胁歉贴帖 [2] 叶业页

## it

p [5] 必 [3] 鳖蹩 [2] 别

pʰ [3] 撇

m [5] 搣捏、掰 [2] 灭蔑

t [5] 哒一点儿 [3] 跌 [2] 秩

l [2] 烈列裂

ts [3] 折~断节哲浙 [2] 截捷

tsʰ [3] 撤设切彻辙

s [3] 薛泄涉屑 [2] 舌折~本

j [2] 热

k [3] 洁结 [2] 杰

kʰ [3] 揭

h [3] 歇铁

## œ

l [31] □kʰœ²⁵~：肮脏

ts [45] □水热

k [33] 锯锯子

kʰ [25] □~lœ³¹：肮脏

œn

t［45］□啄

œŋ

f［45］荒方慌谎肪芳［31］房防妨黄簧王蝗凰惶［25］纺晃仿彷访往［33］放况

n［31］娘

l［31］凉良量粮梁樑［25］两斤~两~个［13］量亮谅辆

ts［45］章将~军樟浆张［25］奖长生~掌蒋桨［33］酱胀仗打~将~相涨帐账障瘴嶂［13］象丈匠像橡杖仗炮~：鞭炮

tsʰ［45］昌菖倡枪窗［31］墙详长~短祥肠场［25］抢［33］唱畅

s［45］双湘襄孀商霜相镶伤箱厢［31］常尝偿［25］想赏［25］上~山［动］［33］相相片相睇~：看相［13］上［方位］尚和~

j［45］央殃秧［31］杨扬疡［25］痒仰［13］让样酿壤

k［45］疆僵繮姜

kʰ［31］强［25］强勉~蔃树~：树根

h［45］香乡［31］羊洋阳［25］响饷享养［33］向

w［25］柱［13］旺

kw［45］光［25］广

œt

l［2］栗律

ts［5］□揉

s［2］术述

h［2］穴粤

## œk

f [3] 霍藿 [2] 镬

t [5] 剁 [3] 琢啄

l [2] 略掠

ts [3] 着~衫（穿衣服）爵嚼酌鹊雀麻~ [2] 着~火

tsʰ [3] 桌绰芍焯

s [3] 削

j [3] 跃 [2] 弱若虐疟

k [3] 脚

kʰ [3] 却

h [2] 药

w [2] 获

kw [3] 国

kwʰ [3] 廓

ø [3] 约

## øy

t [25] □桶

n [25] 女

l [45] □吐出 [25] 吕里旅屡垒 [13] 虑类泪滤

ts [33] 最醉 [13] 序聚缀赘坠叙

tsʰ [31] 随 [25] 取娶 [33] 趣

s [45] 需虽衰 [31] 谁垂 [25] 絮绪 [33] 帅 [13] 遂隧穗瑞

## øn

t [45] 敦吨 [13] 顿沌钝遁

l [45] □~骨头：啃骨头 [31] 邻鳞轮磷仑伦沦 [25] 卵 [13] 论

ts [45] 津臻遵樽瓶子 [25] 准 [33] 进俊晋 [13] 尽

tsʰ [45] 春 [31] 秦旬循巡唇 [25] 蠢盾

s [45] 殉询 [31] 纯醇 [25] 笋榫卤脑~: 卤门 [33] 信迅逊舜 [13] 顺

j [13] 闰润担~: 扁担

## øt

ts [5] 卒蟀

tsʰ [5] 出 [2] □男阴

s [5] 摔戍恤率~领

## y

ts [45] 朱猪诸诛蛛株珠资姿咨滋 [25] 煮主姊子紫 [33] 著驻注蛀铸做 [13] 住箸自字寺

tsʰ [31] 徐除厨橱薯瓷糍慈磁脐肚~ [25] 柱储苎署 [33] 处次厕赐

s [45] 枢书舒输师丝私狮司思 [31] 殊祠 [25] 鼠暑史 [33] 庶恕 [13] 树戍竖事柿士

j [45] 迂于淤 [31] 如鱼渔豫愚虞娱愉 [25] 瘀语与予乳 [13] 预遇御誉寓裕

k [45] 居车~马炮 [25] 举矩 [33] 据句 [13] 巨具惧

kʰ [45] 拘驹俱区~域驱 [31] 渠瞿蜍蟾~ [25] 渠（佢）第三人称拒距

h [45] 墟虚嘘 [31] 余榆儒 [25] 许雨宇羽 [33] 去

## yn

t [45] 端 [25] 短 [13] 段锻缎<u>断</u>钝

n [25] 暖 [13] 嫩

l［45］□弯曲［31］联鸾［25］恋［13］乱

ts［45］尊专砖［25］转［33］钻纂转

tsʰ［45］川穿村［31］全传~达存泉船［25］喘［33］串寸

s［45］宣酸孙［31］旋［25］选损［33］算蒜

j［45］渊冤［31］玄悬眩元源原［25］皖阮软［33］怨［13］愿县院

k［45］捐绢娟□~窿:钻洞［33］眷［13］倦

kʰ［31］拳权［25］卷

h［45］圈喧［31］芫~荽团屯豚囤丸圆袁辕园员缘铅完［25］犬□黄~:蚯蚓**断**远［33］劝

## yt

t［2］夺

l［3］劣捋

ts［3］啜吮吸［2］绝拙

s［3］雪说

j［3］乙［2］阅越

k［3］□捶打［2］□稠橛一~:一段

kʰ［3］决诀缺

h［3］血脱

## ɔ

p［45］波坡玻［33］播

pʰ［45］扁棵:一~树［31］婆［33］破

m［45］魔摩［31］磨［25］摸

t［45］多［25］躲朵［13］惰

n［13］糯［31］□搓

l［45］啰□~柚:屁股［31］罗箩锣螺［25］裸攞拿

ts［25］左阻［13］座助

tsʰ［45］初［31］锄［25］楚础坐［33］锉错

s［45］唆蔬疏梳蓑~衣搓［31］傻［25］锁琐所

k［45］哥歌

ŋ［31］鹅蛾俄讹［13］饿卧

h［45］拖［31］河荷何驼舵砣秤~:秤锤［25］可妥椭［13］贺

ø［45］屙排便

## ɔi

t［13］代待袋［33］碓

n［13］耐内奈

l［31］来

ts［45］灾栽追［25］宰载一年半~嘴［33］再载~重［13］在罪

tsʰ［45］吹崔［31］才裁材财锤槌□气味［25］彩采睬［33］菜赛蔡脆

s［45］鳃衰［25］水［33］税岁［13］睡

j［45］锥锥子［13］锐蕊

k［45］该［25］改［33］盖

kʰ［33］概溉慨丐

ŋ［31］呆［13］外碍

h［45］开胎［31］台枱抬［25］海凯怠殆［13］害亥

ø［45］哀［33］爱

## ɔŋ

p［45］帮［25］榜绑［13］谤磅磅秤

pʰ［31］旁滂螃傍庞［25］蚌

m [31] 忙亡芒茫 [25] 网莽蟒妄 [13] 望忘

t [45] 当 [25] 挡裆党 [33] 当~铺 [13] 荡

n [31] 瓤囊□脚瓜~：小腿肚

l [31] 郎廊狼螂 [25] □荡、漱朗塱 [33] □架起 [13] 浪晾

ts [45] 庄赃装妆桩脏 [33] 葬壮 [13] 状藏撞

tsʰ [45] 苍仓疮 [31] 床藏收藏 [25] 厂闯 [33] 创

s [45] 桑 [25] 爽 [33] 丧

k [45] 江刚纲缸岗 [25] 讲港 [33] 钢降杠

kʰ [31] 狂 [33] 扩矿旷抗

ŋ [31] 昂 [13] 戆傻戆

h [45] 康腔糠嗣宰杀汤 [31] 航杭降投~行银~塘糖堂棠螳唐茼~蒿 [33] 炕烘干、晒干烫趟 [25] 倘躺 [13] 项巷□鸡~：小母鸡

w [45] 汪 [25] 枉

ø [45] 肮

ɔk

p [5] □敲打□水~：水疱 [3] 博驳搏膊 [2] 薄雹

pʰ [3] 朴扑

m [5] 剥 [2] 莫膜幕寞

t [2] 铎度量~

l [3] 诺 [2] 落烙骆洛络乐

ts [3] 作 [2] 凿

s [3] 索塑朔

k [3] 各角阁搁觉

kʰ [3] 确

ŋ [2] 乐鄂鳄岳□抬头

h [3] 壳鹤托勺饭~ [2] 学

ø［3］恶

## oŋ

pʰ［31］篷蓬［25］捧

m［45］蒙~~光：蒙蒙亮［31］蒙［25］懵［13］梦

f［45］枫峰锋蜂风疯丰封［31］冯逢缝［33］讽［13］奉凤

t［45］东冬［25］董懂［33］冻［13］洞栋动戙竖起

n［45］燶焦糊［31］农浓脓

l［45］窿［31］聋龙笼隆［25］拢［25］垄栊木箱［13］弄

ts［45］宗终踪棕忠综中舂盅钟［25］总种肿［33］众纵种［动］粽粽子［13］颂重~要仲诵讼

tsʰ［45］充冲涌小河聪葱［31］虫从丛松~树重~复［25］宠［25］重轻~

s［45］松［31］崇［25］怂［33］送宋餸菜肴

j［45］雍翁［31］容榕戎绒融茸蓉镕庸［25］拥涌［25］勇［13］用

k［45］弓蚣攻躬宫恭供功成~公工［25］巩拱□~样：这样［33］贡咁这么［13］共

kʰ［31］穷

h［45］空胸凶囱烟~通［31］红熊雄虹洪鸿同铜桐筒童瞳［25］孔恐桶捅统［33］□嗅控哄痛

ø［45］壅掩埋［25］拥推［33］雍~菜

## ok

p［5］卜占~［2］仆曝瀑伏地~：门槛□扎（辫子）

pʰ［5］扑~倒：摔倒

m［2］木目穆牧

f［5］福复反~幅蝠辐腹覆［2］服伏袱复~员

附录3 九江方言同音字汇 245

t［5］笃督□戳［3］涿量词，用于排泄物［2］独读毒

l［5］睩~大眼：瞪大眼睛辘车轮碌pu²⁵~：柚子碌打滚［2］六绿陆录㸐开水烫樚猪~：猪圈鹿

ts［5］竹祝足触筑烛嘱捉粥［2］浊族轴俗续逐□呛赎找钱

tsʰ［5］速蓄束畜促

s［5］宿缩叔粟馊肃［2］熟属淑蜀

j［5］喐动沃［2］肉育玉欲辱狱浴褥

k［5］谷菊□鼓起、憋［2］局焗

kʰ［5］曲

h［5］哭秃［2］斛酷

Ø［3］屋

u

p［31］脯□nin45 ~：乳房［25］补［33］布浦怖［13］部步捕埠暴孵簿

pʰ［45］铺~地［31］浮蒲菩［25］谱普［33］铺店~

m［31］模谋无摹巫诬［25］武舞亩母侮鹉拇［13］暮慕募雾墓务

f［45］夫肤俘呼［31］扶符芙浮胡湖蝴壶糊芋狐瓠［25］苦虎府斧腑俯甫傅抚釜［25］妇新~：新娘［33］富库咐赋副裤［13］付傅赴讣父腐辅附负

k［45］姑菇孤窟~窿［25］鼓古估牯股蛊［33］故固锢雇顾［13］飓台风

kʰ［45］箍

Ø［45］乌污［33］戽［13］户沪互护

ui

p［45］杯［33］贝辈背~违［13］焙背~书痱热~：痱子

pʰ [45] 坯胚 [31] 赔培陪菩~萨 [25] 倍 [33] 配佩沛

m [31] 梅媒煤枚玫霉胨 [25] 每 [13] 妹

f [45] 灰魁恢 [31] 回 [33] 悔晦

l [31] 雷

t [45] 堆 [33] 对 [13] 队

tsʰ [45] 推催

s [33] 碎

k [13] 癐疲累

kʰ [25] 贿溃剑桧绘

h [25] 腿 [33] 退

Ø [45] 煨 [25] 会~来 [13] 会会议

## un

p [45] 搬般 [25] 本 [33] 半 [13] 叛绊拌胖

pʰ [45] 潘 [31] 盘盆 [25] 伴伴儿 [33] 判

m [31] 门瞒 [25] 满

f [45] 宽欢 [25] 款

k [45] 官棺观冠衣~ [25] 管馆 [33] 灌贯罐冠~军

Ø [31] 缓援 [25] 碗踠腕 [13] 换唤焕

## ut

p [2] 拨勃钵

pʰ [3] 泼□扇（扇子）

m [2] 末沫没

f [3] 阔 [2] 活

kʰ [3] 括

## m̩

m̩ [31] 唔

ŋ̍

ŋ̍ [31] 吴 [25] 五午 [13] 误悟

# 附录 4

# 沙头方言同音字汇

本字汇根据沙头粤语语音的韵母、声母、声调的次序排列。韵母按主要元音发音部位由前而后，由低至高，兼顾阴声韵、阳声韵、入声韵的顺序排列。声调按照阴平、阳平、阴上、阳上、阴去、阳去、上阴入、下阴入、阳入顺序排列，调值前加"-"表示变调，列于单字调后。

a

p［45］巴芭爸吧~酒 ［42］耙巴下~扒鸡~地 ［25］把摆 ［33］霸坝拜 ［22］罢败

pʰ［45］趴 ［42］爬琶杷牌排 ［33］怕派

m［45］孖妈 ［42］麻痳出~：出麻疹 嬷阿~：祖母埋 ［13］马码买 ［22］骂卖迈

t［25］打 ［33］戴带 ［22］大

tʰ［45］他呔轮~：轮胎；领~：领带 ［33］态贷太泰

n［45］□疤痕 ［42］哪拿 ［25］乸 ［13］哪那乃奶

l［45］拉 ［42］□软~~：疲惫无力 ［33］罅缝隙瘌 ［22］赖酹~水：浇水

t［25］仔

ts［45］楂渣揸抓住斋 ［33］诈榨炸债 ［22］寨

tsʰ［45］差猜钗差出~ 擦揉压叉杈岔 ［42］茶查槎柴豺 ［25］踩

s［45］痧砂沙豆~纱唓浪费 ［25］洒洗玺徙 ［33］晒

j［13］也

k［45］家加痂嘉阶街皆楷佳［25］假真~贾解［33］假放~架驾嫁稼价介界芥尬疥届戒

kʰ［25］启解~开

ŋ［45］鹅叉开［42］牙芽衙涯崖捱［13］雅瓦［33］艾［22］朳霸占

ʔ［45］鸦丫桠埃挨［25］哑［33］阿亚嗌骂

h［45］□欺负揩蹭虾［42］霞瑕暇孩谐鞋鞯粗糙［13］骇蟹［22］厦下夏械懈

w［45］花娃划蛙歪［42］华怀槐淮［33］快筷化［22］话坏［-25］话电~画名词

kw［45］瓜乖［25］寡剐拐［33］挂卦怪

kwʰ［45］夸垮跨

au

p［45］包胞鲍

pʰ［45］抛［25］跑否［33］豹［-45］泡灯~

m［42］茅锚矛谋［13］冇没有卯某亩牡［22］貌

n［22］闹［33］□傻

ts［25］爪找［33］罩□~眼：刺眼［22］骤

tsʰ［45］钞［42］巢

s［45］梢［25］稍［33］哨潲

k［45］郊［25］饺［33］较教窖滘

kʰ［33］靠铐

ŋ［42］肴熬［13］藕偶

h［45］烤酵哮［25］考巧［33］孝［22］效校

**am**

t [45] 颔~高头: 抬起头 耽担动词 咁衔 叼 [25] 胆 [33] 担名词 [22] 啖淡

tʰ [45] 贪 [42] 潭谭谈痰 [13] 淡 [33] 探

n [42] 南男 [13] 腩

l [42] 蓝篮 [25] 揽抱榄 [13] 览揽包~ [33] □一拃; 跨过 [22] 滥缆舰

t [42] 蚕

ts [45] 簪 [25] 眨 [22] 暂站

tsʰ [45] 参 [42] 惭 [25] 惨篸篖箕 [33] 杉

s [45] 三衫

k [45] 监 [33] 橄尴鉴监太~

kʰ [13] 槛

ŋ [45] 啱对; ~~: 刚才 [42] 岩

h [42] 函咸~丰, 清朝年号 衔 [33] 喊 [22] 陷

**aŋ**

p [45] 斑班 [42] 棚 [25] 扳板版 [22] 扮办 涆河边烂泥

pʰ [45] 颁攀烹抨赶走 番翻 [42] 彭膨螃~蜞: 生活在河边的小螃蟹 凡 [25] 反 [33] 盼贩 [22] 犯饭

m [45] 擝扳 [42] 盲蛮 [13] 晚猛蜢蚂蚱 [22] 孟慢馒鳗漫万蔓

f [42] 帆藩烦矾繁 [33] 瓣泛 [22] 范

t [45] 单丹 [33] 诞旦元~ [22] 但 [-25] 弹子~蛋旦花~

tʰ [45] 滩摊坍瘫 [42] 檀坛弹~琴 [25] 疸坦毯 [33] 炭叹

n [42] 难困~ [13] □蚊子叮咬起的肿块 [22] 难~民

l [45] 躝爬 [42] 兰拦栏 [13] 懒冷 [22] 烂 [-45] 冷毛线

附录4 沙头方言同音字汇 251

t [33] 赞

tʰ [45] 餐 [42] 残

ts [45] 争踭脚跟 [25] 盏 [22] □填塞绽赚 [-25] 栈

tsʰ [45] 撑铛瓦~：沙锅 [42] □黄鳝身上黏液 [25] 产铲[名词] [33] 灿 [-25] 橙

s [45] 珊删山闩生牲甥 [25] 散[形容词] 省□刷洗 [33] 散[动词] 疝篡

j [33] □蹬

k [45] 艰奸间中~更打~耕 [25] 简拣 [33] 间~隔

ŋ [42] 颜 [22] 雁硬

ʔ [45] 罂 [33] 晏晚、迟

h [45] 悭节省坑 [42] 行~路 [22] 限

w [45] 弯湾 [42] 顽环横 [25] 玩 [22] 幻患宦

kw [45] 关 [25] 梗菜~ [13] □门栓 [33] 惯

kwʰ [45] 框眶 [33] 纆绊

### aʔ

p [5] 北 [3] 帕百柏伯 [2] 白卜萝~ [-25] 柏

pʰ [3] 泊拍珀魄

m [3] 擘张开、掰开 [2] 墨默陌麦脉

t [5] 得德 [2] 特

l̩ [3] 肋打赤~：赤膊 [2] 肋勒簕

t [5] 鲫

tʰ [2] 贼

ts [5] 则侧 [3] 窄责笮压 [2] 泽择宅摘

tsʰ [5] 测 [3] 拆策册

s [5] 塞 [3] 坼爆~：皮肤爆裂 □一~苹果：一块苹果

k［3］格革隔

ŋ［5］呃骗［2］逆~风额~头

ʔ［5］握扼［3］轭

h［5］刻克黑［3］客吓

w［3］磕抽打［2］或惑划画动词

ɐi

p［45］跛庀碑卑悲［42］皮［25］比畀给［33］蔽闭臂秘泌庇痹［22］弊糟糕币毙陛鼻币被~动避备鼻稗滗滤［-25］箅髀大腿痱热~：痱子

pʰ［45］□削批披丕飞［42］疲脾琵枇肥［25］彼鄙［13］婢被被子［33］譬屁费肺［22］吠

m［45］□水满［42］迷谜糜弥眉楣微媚［13］米咪别美尾［22］寐未味□~水：潜水［-45］微~~雨：毛毛雨

f［45］徽非翡妃［33］废沸［25］匪

t［45］低［42］蹄啼［25］底抵［33］帝蒂［22］逮弟第递隶地哋我~：我们

tʰ［45］梯［42］堤题提［25］体睇看［13］娣［33］替涕剃［-45］锑~煲：铝锅

n［42］泥尼［13］你［22］腻

l［45］□篮子□~度：这里［42］犁黎来离篱梨厘狸［25］戾~转身：侧身［13］礼履理鲤李里鲤［22］例厉励丽荔□以目示意利痢吏脷舌头［-25］李李子里三元~［-45］璃玻~疠疬~

t［25］姊［33］祭

ts［45］挤剂齐放置［33］际制济［22］滞

tsʰ［45］妻栖［42］齐［33］砌

s［45］筛西犀荽芫~［25］洗驶使死［33］世势细婿四［22］誓逝

j［13］咁质次

k［45］鸡［33］计继髻［-25］偈倾~：聊天

kʰ［45］稽溪［13］徛［33］契

ŋ［42］倪危［13］蚁［22］艺伪魏毅

ʔ［25］矮［33］翳憋闷噎闷热

h［45］□女阴［42］奚兮［25］喺在［22］系係是

w［45］挥辉威［42］桅为维惟遗唯违围［25］毁萎委［13］讳伟苇纬［33］秽畏慰［22］卫惠慧为胃谓位~置［-25］位座位

kw［45］圭闺归龟［25］诡轨鬼［33］桂癸季贵［22］跪柜

kwʰ［45］盔规窥［42］携葵［13］愧逵

### ɐu

pʰ［45］□掺和

m［22］茂贸谬

f［25］剖

t［45］兜［42］头［25］斗一~米抖陡纠［33］斗窦狗~：狗窝［22］逗窦老~：老爸□发吽~：发呆［-25］豆地~：花生

tʰ［45］偷［42］投［25］敨~气：呼吸［33］透

n［45］瓾恼火［25］纽扭朽

l［45］褛大衣［42］流刘留榴硫琉楼~房［13］柳［33］留~口：结巴［22］漏陋馏

t［45］邹［25］酒［33］奏皱［22］就袖宙

tʰ［45］秋

ts［45］周舟州洲［25］走［33］昼咒［22］纣

tsʰ［45］抽鳅泥~［42］囚泅稠绸筹酬阄执~：抓阄［25］丑［33］凑臭兽

s［45］修羞收［42］愁仇［25］搜手首守［33］嗽秀绣宿锈瘦

[22] 受寿授售

　　j [45] 丘休忧优幽 [42] 柔揉尤邮由油花生~；[动词] 游犹 [13] 有友酉诱 [33] 幼 [22] 又右佑 [-25] 柚釉油[名词]

　　k [45] □男阴 [25] 狗苟九久韭 [33] 够垢灸救究枢口疲累 [22] 旧□团，块

　　kʰ [45] 沟鸠□~水：打水 [42] 求球跑单脚跪 [13] 舅 [33] 构购叩扣寇

　　ŋ [45] 勾钩 [42] 牛 [22] 吽发~□：发呆

　　ʔ [45] 欧区瓯殴 [25] 呕 [33] 沤怄

　　h [42] 侯喉猴 [25] 口 [13] 厚 [22] 后候

ɐm

　　t [13] 冚土坑，穴 [25] 扰搥打 [33] 髡垂下 [22] □踩（脚）

　　tʰ [33] □哄骗

　　n [42] 腍软 [25] 恁想，思考

　　l [42] 林淋临 [13] 凛□倒塌

　　t [33] 浸 [22] □一~风：一阵风

　　ts [45] 针斟砧金~瓜：南瓜 [25] 枕~头□趼子 [33] 枕动词

　　tsʰ [45] 侵 [42] 寻沉嚼吟~唠叨 [25] 寝

　　s [45] 心森参人~ 深 [42] 岑 [25] 沈审婶糁撒 [33] 渗 [22] 甚

　　j [45] 钦阴音 [42] 淫檐 [25] 饮 [22] 赁壬任

　　k [45] 今金 [25] 锦敢感 [33] 禁 [22] □按下

　　kʰ [45] 禁耐用襟老~：连襟 [42] 琴禽擒蟾~蜍蟳~蟧：蜘蛛 [25] 捡盖□扇（耳光）

　　ŋ [42] □掏（口袋）吟~嚼：唠叨

　　ʔ [45] 龛庵 [25] 揞手覆 [33] 暗

附录4　沙头方言同音字汇　255

h［45］堪［25］坎地上小坑砍［33］勘坎上台［22］撼憾冚盖冚全，一~总

ən

p［45］彬宾槟滨奔□~沙：蝴蝶崩［25］禀品［33］殡鬓挷~辫：编辫子［22］笨凭倚靠

pʰ［45］分昐［42］贫频坟朋凭［25］粉［33］喷粪□抖动［22］份

m［42］民文纹闻揾拔萌盟［13］闽悯敏吻刎［22］问［-45］蚊文一~：一元

f［45］芬纷勋熏荤［42］焚［13］愤［33］奋训［22］忿

t［45］灯登瞪［25］等［33］凳扽颠簸［22］邓戥［-25］墩

tʰ［45］吞［42］藤腾誊疼忳发抖［33］褪~后：后退

n［42］能［25］撚摆弄

t［45］曾增憎睁僧筝甑［22］赠

tʰ［45］亲

ts［45］珍真［33］镇振震［22］阵

tsʰ［42］陈尘层曾~经［25］诊疹［33］趁衬

s［45］辛新薪身申伸［42］神娠辰晨臣［25］脤薯类硬化［33］搇呻怨叹［22］肾慎

j［45］恩因姻欣殷［42］人仁寅［25］忍隐［13］引瘾［33］印［22］纫刃韧舣孕

k［45］跟根斤筋巾更~换庚羹汤匙［25］紧仅谨耿梗一定［33］更~加［22］近

kʰ［42］勤芹［25］骾喷［13］近胑鸡~［33］劤酒或烟味道浓烈

ŋ［42］龈银［33］□跍高［22］韧

ʔ［45］莺奀瘦小［25］哽硌，梗塞

h［45］亨［42］痕恒衡行~为［25］恳垦很肯［33］睏~觉［22］恨欥渴望杏行品~幸

w［45］昏婚温瘟晕［42］魂匀云耘弘宏［25］稳搵寻找［13］允尹韵［33］榲关禁［22］浑混运

kw［45］均钧君军轰［25］滚［33］棍［22］郡

kwʰ［45］昆坤［42］群裙［25］捆菌［33］困

ɐp

t［5］耷垂低［3］答搭［2］□捶打□跌落踏沓摞起，量词

tʰ［3］塔塌鎝套上，锁上

n［5］粒［2］纳□潮湿；拖拉衲棉~：棉袄

l̩［5］笠［2］立腊蜡

t［2］杂集

ts［5］执汁□一~：一撮［3］扎~马：站马步［2］习袭铡闸

tsʰ［5］缉辑

s［5］湿［2］十拾

j［5］泣挹［2］入

k［5］急［3］胛甲

kʰ［5］级给吸［2］及

ŋ［5］噏说［2］岌摇晃

ʔ［5］罨心~：郁闷；揞，敷（药）［3］鸭

h［5］恰洽瞌打盹□欺负［3］荚老黄菜叶［2］狭峡侠

ɐt

p［5］笔毕不□嚞［2］拔弼

pʰ［5］匹［3］法发［2］罚佛

m［5］乜什么［3］抹［2］袜密蜜物勿

附录4 沙头方言同音字汇 257

f [5] 忽 [2] 乏伐筏

t [5] 咄呵斥 [3] 笪跶捽 [2] 达突凸

n [3] □烫 [2] 捺

l̩ [5] □脱,掉 [3] 瘌 [2] 辣列列,排

t [2] 甴由~:蟑螂

tʰ [5] 七

ts [5] 质榨木塞子,塞住 [3] 扎轧 [2] 疾侄甴~:蟑螂

tsʰ [5] 漆 [3] 察擦刷 [2] □男阴

s [5] 虱失室膝 [3] 杀撒萨煞 [2] 实

j [5] 一 [2] 日逸

k [5] 吉讫桔□刺扎 [2] 趌提起、翘起

kʰ [5] 咳

ŋ [2] 胺尿臊

ʔ [3] 压押

h [5] 乞□~嚏:喷嚏 [2] 辖核

w [5] 窟屎~:屁股屈熨郁 [3] 挖 [2] 核核儿澫猾

kw [5] 骨橘 [3] 刮 [2] 掘倔

ɛ

pʰ [45] □扑克

m [45] 孭背咩羊~仔:羊羔 [25] 乜歪斜

t [45] 爹

t [25] 姐 [33] 借 [22] 谢

ts [45] 遮 [42] 蛇 [25] 者 [33] 藉蔗

tsʰ [45] 车奢 [42] 邪斜 [25] 笪斜扯 [22] 射

s [45] 些赊 [25] 且写舍~得 [13] 社 [33] 泻卸赦舍宿~ [22] 麝

j［25］惹［13］野嘢东西［22］廿"二十"合音

k［33］嘅的

kʰ［42］骑［-25］茄

h［42］耶爷［13］野［33］□扒［22］夜

ʔ［45］□食～饭：吃了饭

w［25］挖抓

## ɛu

p［42］刨［25］饱［33］爆

pʰ［33］炮～仗：鞭炮

m［45］猫

l［45］捞［25］撩

ts［45］焦饭～：锅巴

tsʰ［45］抄箔～箕［42］疒皱［25］炒

k［45］交胶茭［25］绞狡搅搞［33］铰觉瞓～：睡觉白

ŋ［45］挠搔挠带齿耙子［42］淆［13］咬

ʔ［45］吆喊叫［25］拗［33］坳

h［45］敲［42］姣风骚

## ɛm

l［25］敛舔

ts［25］斩

k［25］减

h［42］咸［22］馅

## ɛŋ

p［42］平便宜［25］饼扁［33］柄［22］病

m［42］□"未曾"合音眠躺着名名字［22］命

t〔45〕钉〔25〕顶头~〔33〕掟投掷〔22〕订

tʰ〔45〕听厅〔13〕艇

l̩〔42〕灵灵验零十~个：十多个〔13〕岭领衫~□闪：闪电〔33〕靓漂亮，美丽□稀疏

t〔45〕精〔25〕井〔22〕净

ts〔25〕盏〔33〕正〔22〕郑

tsʰ〔45〕青〔25〕请

s〔45〕声腥星天~：星星〔25〕醒〔33〕□铁锈

k〔45〕惊〔25〕颈铜茧碱枧肥皂〔33〕镜见

kʰ〔22〕敬~惜：爱惜

ŋ〔42〕研碾〔13〕眼

ʔ〔45〕烟

h〔45〕轻□~虾：哮喘〔42〕赢闲〔25〕蚬河中小贝壳〔22〕苋

w〔45〕弯〔42〕还〔13〕挽~水：提水鲩~鱼：草鱼

kw〔45〕冠鸡~

## ɛp

n〔5〕□凹〔3〕□躲藏

tsʰ〔3〕插〔2〕煠清水煮

j〔5〕□~眼：眨眼〔3〕□挽（袖子）〔2〕□招（手）

k〔3〕甲脚趾~挟~鏠：夹菜

kʰ〔3〕夹

h〔3〕□闭上

## ɛt

p〔3〕八

m〔2〕篾

w [2] 滑

kw [3] 刮

## εʔ

pʰ [3] 劈

t [3] 趯快跑 [2] 籴 [-25] 笛

tʰ [3] 踢

l̩ [5] 叻聪明能干 [2] 沥

t [3] 脊 [2] 席席子

ts [3] 只炙

tsʰ [3] 尺

s [3] 锡惜疼爱 [2] 石

kʰ [2] 剧屐

## eŋ

p [45] 冰兵 [25] 丙秉 [22] 并~且

pʰ [42] 平坪评瓶屏萍 [33] 并合~聘拼

m [42] 鸣明名 [13] 皿铭 [22] 命

t [45] 丁汀 [25] 顶鼎 [33] 椗蒂 [22] 定

tʰ [42] 停廷庭蜓亭~台 [13] 挺 [-25] 亭凉~

n [42] 宁 [22] 拧~转:扭转

l̩ [42] 陵凌菱铃伶翎灵 [13] 岭领 [22] 令另

t [45] 糟晶睛 [22] 净静靖

tʰ [45] 清 [42] 情

ts [45] 征蒸贞侦正~月征 [42] 埕绳 [25] 整 [33] 证症正政

tsʰ [45] 称~呼蜻青 [42] 澄惩呈程成两~晴 [25] 拯逞 [33] 称~心如意秤

s [45] 升猩星 [42] 乘承丞成城诚 [25] 醒省反~ [33] 胜性姓圣 [22] 盛剩

j [45] 应~该英婴缨鹰鹦樱 [42] 仍迎盈形型刑营 [25] 影映 [33] 应答应 [22] 认

k [45] 京荆经惊 [42] □澄清、沉淀、凝固 [25] 境景警竟 [33] 敬径 [22] 劲竞

kʰ [45] 倾 [42] 擎鲸琼 [25] 顷

h [45] 兴~起馨兄卿 [42] 蝇萤 [33] □热、烤兴高~庆

w [45] □扔 [42] 荣 [13] 永 [22] 泳咏颖揘甩,挥

## et

p [5] 逼碧璧 [3] 壁

pʰ [5] 僻辟霹

m [2] 觅

t [5] 的嫡 [2] 滴敌狄

tʰ [5] 剔

n [5] 匿搦拎,提 [2] 溺~尿:把尿

l̩ [2] 力历

t [2] 座

ts [5] 即织职积迹绩蟋~蟀 [2] 蛰直值殖植籍藉夕寂

tsʰ [5] 斥戚 [2] 赤

s [5] 悉息熄媳色啬识式饰惜昔适释析 [2] 食蚀

j [5] 忆亿抑益 [2] 亦译易液腋疫役逆

k [5] 击激戟 [2] 极

h [2] 翼

w [2] 域

kwʰ [5] □绊、划

i

ts〔45〕知支枝肢之蜘脂芝〔42〕匙锁~〔25〕纸只旨指梓止趾址〔33〕智致至置志痣〔22〕稚治

tsʰ〔45〕雌疵差参~痴嚏囗~:喷嚏〔42〕池驰迟持匙~羹:汤匙〔25〕佽矢耻齿始〔13〕恃〔33〕刺翅

s〔45〕施尸诗〔42〕时〔25〕屎〔13〕市〔33〕肆试〔22〕是氏豉示视

j〔45〕伊依衣〔42〕儿宜仪谊移夷而疑〔25〕倚〔13〕尔耳拟已〔33〕懿议〔22〕义二肄异

k〔45〕羁饥肌基箕几茶~机讥〔25〕己纪杞几〔33〕寄记既〔22〕技妓忌

kʰ〔42〕奇岐祁其棋期旗祈蜞~蟛:水蛭〔25〕囗屋~:家〔13〕企〔33〕冀

ʔ〔45〕医〔25〕椅〔33〕意

h〔45〕牺欺嬉熙嘻希稀〔42〕怡姨〔25〕起喜岂〔13〕以〔33〕戏器弃饲喂食气汽〔22〕易

iu

p〔45〕膘标彪飚〔25〕表〔-45〕表手~

pʰ〔45〕飘漂~流〔42〕嫖瓢〔33〕漂~洗票

m〔42〕描〔13〕杳藐渺秒〔22〕妙〔-25〕庙

t〔45〕貂丢刁〔42〕条〔25〕屌交合〔33〕钓吊〔22〕调~查掉

tʰ〔45〕雕挑〔42〕调~整〔33〕跳粜

n〔22〕尿

l〔45〕鹩~哥:八哥〔42〕撩撩逗聊辽寥瞭燎疗寮〔13〕鸟了〔22〕料廖

t [45] 椒蕉 [22] 噍嚼

ts [45] 朝~早：早上招 [25] 剿沼 [33] 醮照 [22] 赵召诏

tsʰ [45] 超昭锹 [42] 樵朝~代潮 [33] 悄悄肖鞘

s [45] 萧消宵硝销肖烧箫 [42] 韶 [25] 小少 [33] 笑少 [22] 绍邵兆

j [42] 谣遥窑姚尧 [25] 扰绕

k [45] 骄浇 [25] 矫 [33] 叫

kʰ [42] 乔侨桥荞 [25] 缴 [13] 翘繑缠绕 [22] 撬 [-25] 轿矗

ʔ [45] 夭邀腰要~求 [42] 饶摇 [33] 要 [22] 耀 [-25] 妖

h [45] 嚣佬 [42] 鹞纸~：风筝 [25] 晓 [33] 窍

## im

t [42] 甜 [25] 点掭蘸 [33] 店 [22] 掂搞~：弄好

tʰ [45] 添

n [45] 黏粘拈稔鸡~：番石榴□乳房 [42] □一~：一瓣 [22] 念

l̩ [42] 廉镰帘鲇 [13] 敛殓脸

t [45] 尖 [22] 渐

ts [45] 粘沾占~卦 [33] 占

tsʰ [45] 签 [42] 潜

s [45] 签求~ [42] 禅蝉 [25] 陕闪

j [42] 严阎 [25] 淹 [13] 染 [22] 验艳焰

k [45] 兼 [33] 剑 [22] 俭

kʰ [42] 钳 [25] 检

ʔ [45] 腌 [42] 炎 [25] 掩□结~：结痂 [33] 厌

h [45] 谦 [42] 盐嫌 [25] 险 [33] 欠

## in

p [45] 鞭边辫 [25] 贬匾 [33] 变 [22] 辨辩汴便

p[h] [45] 编篇偏蝙 [33] 骗遍片

m [42] 绵棉 [13] 免勉娩缅 [22] 面

t [45] 颠癫 [42] 田填 [25] 典 [33] 垫 [22] 电殿奠

t[h] [45] 天 [25] 腆

n [42] 年 [25] 撚~碎：捻碎

l [42] 连怜莲 [22] 练炼 [-25] 链

t [45] 煎 [42] 钱前 [25] 剪 [33] 箭 [22] 贱

t[h] [45] 千

ts [45] 毡毯子笺 [25] 碾展口大~：猪肘子 [33] 溅战颤荐

ts[h] [45] 迁歼 [42] 缠前 [25] 浅 [13] 践

s [45] 仙鲜先 [25] 癣 [13] 鳝 [33] 线扇骟~鸡：阉鸡口（地面）滑 [22] 羡善膳

j [42] 然燃言 [22] 谚砚

k [45] 肩坚 [33] 建 [22] 键腱健件

k[h] [42] 乾虔 [25] 搴掀起

ʔ [45] 咽烟香烟 [42] 研 [33] 燕宴

h [45] 掀牵轩 [42] 贤弦延 [25] 遣演显 [33] 宪献

## ip

t [2] 碟牒蝶谍叠

t[h] [3] 贴帖

l [2] 聂口秕谷

t [3] 接

t[h] [3] 妾

ts [3] 摺~衫：折衣服

s [3] 涉摄楔~入去：塞进去

j [3] 腌 [2] 孽业

k〔5〕笈皮~：皮箱〔3〕涩劫

h〔3〕怯胁歉协〔2〕叶页

## it

p〔5〕必〔3〕鳖憋〔2〕别

pʰ〔3〕撇

m〔2〕灭蔑

t〔5〕哋一点儿〔3〕跌〔2〕秩

tʰ〔3〕铁

l〔2〕列烈裂猎

t〔3〕节〔2〕截

ts〔3〕哲折浙〔2〕捷

tsʰ〔3〕彻撤辙设切舌〔2〕折~本

s〔3〕薛泄涉屑

j〔2〕热

k〔3〕结洁〔2〕杰

kʰ〔3〕揭〔2〕□流体稠

h〔3〕歇蝎

## œ

t〔25〕朵

n〔42〕□搓（衣服）〔22〕糯

l〔45〕□吐出〔42〕螺螺蛳

tʰ〔13〕坐

ts〔42〕锄

s〔42〕瀡滑动

k〔33〕锯

h〔45〕靴

## œŋ

t〔45〕□啄

n〔42〕娘〔-45〕娘阿~：伯母

l〔42〕良凉量粮梁樑〔25〕两斤~〔13〕两数字〔22〕亮谅辆量

t〔45〕浆〔25〕奖桨〔33〕酱胀〔22〕象像橡

tʰ〔45〕枪〔42〕墙详祥〔25〕抢

ts〔45〕将~军张章樟〔42〕肠〔25〕蒋长掌〔33〕涨账仗帐将~相障瘴嶂〔22〕匠丈杖

tsʰ〔45〕昌菖倡窗〔42〕长场常尝偿〔33〕畅唱

s〔45〕相湘襄镶霜孀商伤双箱厢〔25〕想尚赏〔13〕上~去〔33〕相睇~：看相〔22〕上~面仗枪~：鞭炮

j〔45〕央秧殃〔42〕羊洋杨阳扬疡〔13〕仰〔22〕酿壤让

k〔45〕疆僵姜缰〔-25〕薑树~：树根

kʰ〔42〕强~大〔13〕强勉~

h〔45〕香乡〔25〕饷享响〔13〕养痒〔33〕向〔22〕样

## œt

h〔2〕穴

## œʔ

t〔3〕剁琢啄

l〔2〕略掠

t〔-25〕雀

ts〔3〕爵嚼着~衫酌桌鹊勺

tsʰ〔3〕绰芍卓焯

s〔3〕削

j [3] 跃 [2] 若弱虐疟

k [3] 脚

kʰ [3] 却

ʔ [3] 约

h [2] 药

## øy

n [13] 女

l̩ [13] 吕缕旅屡里垒 [22] 类累虑滤泪

t [33] 最 [22] 序聚

tʰ [25] 取 [33] 趣

ts [45] 蛆 [33] 醉 [22] 缀赘坠

tsʰ [45] 吹炊 [42] 随 [33] 脆

s [45] 虽需须 [42] 谁垂 [13] 悴 [33] 帅墅 [22] 粹遂隧穗瑞睡

## øn

t [45] 敦吨 [22] 顿沌钝遁

tʰ [13] 盾

l [45] □~骨头：啃骨头 [42] 邻鳞磷仑伦沦轮 [25] 卵 [22] 吝论

t [45] 樽瓶子 [33] 进俊 [22] 尽

ts [45] 津臻遵 [42] 唇 [25] 准 [33] 晋圳田中水沟

tsʰ [45] 椿春 [42] 秦旬循巡 [25] 蠢

s [45] 殉询 [42] 纯醇 [25] 笋榫卤脑~：卤门 [33] 信讯逊迅舜 [22] 顺

j [22] 润闰

## øt

l̩ [2] 律栗率效~

t［5］□揉搓

ts［5］卒蟀

s［5］摔戌恤率~领［2］术述

## y

p［45］杯［42］赔［33］辈背贝［22］焙背~书

pʰ［45］坯胚［42］培陪裴［13］倍［33］配沛佩

m［42］梅枚媒煤玫霉脢［13］每［22］昧［-25］妹

t［45］堆［25］□捅［33］碓兑对［22］队~伍［-25］队排~

tʰ［45］推［25］腿［33］退蜕

l̩［42］雷□青~：青苔

t［45］资［42］脐肚~［22］罪字寺［25］子［-25］柿

tʰ［45］催趋崔摧

ts［45］猪诸诛蛛株朱珠姿咨滋［42］薯［25］煮主紫［13］祀巳［33］著驻注蛀铸［22］住自序叙聚伺嗣饲痔

tsʰ［42］徐除厨橱瓷糍慈磁辞词［25］取此娶［13］储苎署柱似［33］处趣赐次厕［22］树箸

s［45］书舒枢输斯撕私师狮司丝思［42］殊祠［25］暑鼠使史［13］絮绪［33］庶恕碎［22］戍竖士仕事侍

j［45］迂于淤［42］如鱼渔豫儒愚虞娱愉［13］语与予乳［22］御誉遇寓愈吁喻［-25］瘀

k［45］居车~马炮［25］举矩［33］据句［22］巨具惧飓

kʰ［45］拘俱区驱［42］渠渠（佢）第三人称蜍蟾~［13］拒距

h［45］墟虚嘘［42］逾余［25］许［13］雨宇禹羽［33］去［22］裕预

## yn

p［45］般搬［42］盆盘［25］本［13］伴有~［33］坐［22］绊

伴拌叛胖

$p^h$ [45] 潘番~禺 [33] 判

m [42] 瞒门 [22] 闷

t [45] 端 [25] 短 [13] 断~开 [22] 断判~锻段缎

$t^h$ [42] 团屯豚囤

n [13] 暖 [22] 嫩

l [42] 联鸾 [22] 乱 [25] 恋

t [45] 专尊 [33] 钻转 [22] 旋头发旋

ts [45] 砖 [42] 船 [25] 转 [33] 纂 [33] 转 [22] 传

$ts^h$ [45] 川穿村 [42] 全泉传存 [25] 喘 [33] 串寸

s [45] 酸宣孙 [42] 旋 [25] 选损 [33] 算蒜 [22] 篆

j [45] 渊 [42] 完员沿元~旦原源 [25] 皖阮 [13] 软 [22] 愿 [-25] 丸院

k [45] 捐娟□~隆:钻洞 [25] 卷 [33] 眷绢 [22] 倦

$k^h$ [42] 拳权

ʔ [45] 冤 [25] 犬 [33] 怨

h [45] 喧圈 [42] 完圆缘铅元袁辕园玄悬眩芫~荽□塘~:蚯蚓 [13] 远 [33] 劝券 [22] 县

## yt

p [2] 拨勃

$p^h$ [3] 泼

m [3] 抹 [2] 末沫没

t [2] 夺

$t^h$ [3] 脱

l [3] 劣捋

t [3] 啜吮吸 [2] 绝

ts〔2〕拙

tsʰ〔5〕出〔2〕猝

s〔3〕雪说

j〔2〕悦月阅越粤

kʰ〔3〕蕨决诀缺□打

ʔ〔3〕乙

h〔3〕血

ɔ

p〔45〕波菠坡玻褒煲〔42〕婆〔25〕宝保堡〔33〕播

pʰ〔45〕俰棵:一～树〔33〕破

m〔45〕魔摩摸〔42〕毛磨动词〔22〕帽斗笠〔-25〕磨石~帽草~

f〔42〕禾〔25〕火伙〔33〕课货

t〔45〕多刀〔42〕驼柁淘绹拴住〔25〕躲倒岛〔33〕到〔22〕惰待代袋〔动词,量词〕〔-25〕袋名词

tʰ〔45〕拖胎〔42〕台抬舵〔13〕妥椭怠殆

n〔22〕内耐奈

l〔45〕啰□镙~:锅烟子□混合〔42〕挪罗锣箩来〔25〕裸攞拿〔13〕老〔-25〕佬

t〔25〕左早嘴〔33〕再灶〔22〕在

tʰ〔33〕菜〔42〕才

ts〔45〕追灾栽〔42〕□气味〔25〕阻宰载一年半~〔33〕佐载~重〔22〕座助造

tsʰ〔45〕初锥搓〔42〕锄槌锤材财裁〔25〕楚础彩采睬草〔33〕锉错赛蔡

s〔45〕蓑衰唆疏蔬梳梭腮鳃〔42〕傻〔25〕锁琐所水〔33〕岁税扫

附录4　沙头方言同音字汇　271

k［45］哥歌该高篙羔膏糕［25］改［33］个盖盖子

kʰ［33］概溉慨丐

ŋ［42］蛾鹅俄讹呆［13］我［22］饿卧碍外

ʔ［45］阿屙排便哀［33］爱

h［45］开蒿［42］荷河何毫豪壕蚝［25］可□河蚌海［22］贺害号

w［45］倭科窝蜗［42］和［22］祸

kw［25］果裹［33］过

j［45］锥锥子［22］锐［25］蕊花~

ɔŋ

p［45］帮邦［42］盘［25］榜绑［33］半［22］谤磅磅秤

pʰ［42］滂旁螃傍庞［33］放

m［45］芒芒草［42］忙芒茫亡［13］莽蟒网妄［22］忘望［13］满

f［45］荒慌谎方肪芳［42］妨房防黄王［25］晃仿纺彷访枉［13］往［33］况［22］旺

t［45］当［42］塘糖□~□:蚯蚓［25］裆党挡［33］档当~铺［22］荡

tʰ［45］汤劏辛杀［42］堂棠螳唐［25］倘躺［33］烫趟搋来回拖拉, 来回走动

n［42］瓢囊［22］裆

l［42］郎廊狼螂［25］□荡、漱［13］朗望［33］□架起［22］浪晾

t［33］葬［22］状

ts［45］装赃脏庄妆［42］床［33］壮［22］藏脏撞

tsʰ［45］苍仓疮［42］藏［25］闯厂［33］创

s［45］桑嗓桩［25］爽［33］丧

k［45］冈刚纲缸江岗干晒~杆竿［25］讲港秆赶［33］杠钢降干~部

kʰ［45］扛［42］狂［33］抗旷扩矿

ŋ［42］昂［33］仰［22］岸戆傻戆

ʔ［45］肮安鞍［33］按案

h［45］康糠匡腔看~守［42］行银~航杭降投~寒骭韩［25］慷罕［13］旱［33］炕烘干，晒干看汉［22］项巷汗焊翰［－25］刊囗鸡~：小母鸡

w［45］汪［42］皇蝗凰惶［－25］簧弹~

kw［45］光［25］广

ɔʔ

p［5］囗敲打［3］博驳［2］薄泊雹［3］钵

pʰ［5］囗水疱［3］朴扑

m［5］剥［2］莫幕寞［－25］膜

f［3］霍藿［2］镬

t［2］铎度量~

tʰ［3］托箨竹皮

l［2］诺落烙骆洛络乐

ʦ［3］作［2］凿

ʦʰ［2］昨

s［3］塑朔索

k［3］各阁搁觉角

kʰ［3］廓确

ŋ［2］鄂鳄岳乐囗抬头

ʔ［3］恶

h［3］壳［2］鹤学勺水~

w [2] 获

kw [3] 郭国

## ou

p [42] 浮葡 [25] 补 [33] 布浦怖报 [22] 部步捕埠暴孵[-25]簿

pʰ [45] 铺~地 [42] 蒲菩脯袍 [25] 谱普 [13] 妇新~：新娘抱泡泡沫 [33] 铺店~

m [45] 跻蹲殕发~：食物长毛变质 [42] 模摹无巫诬 [13] 武舞母侮鹉拇 [22] 墓务冒雾暮慕

t [45] 都 [25] 堵赌 [33] 妒 [22] 度稻导杜渡镀道盗

tʰ [45] 滔 [42] 图桃徒屠途涂逃陶萄 [25] 土讨 [13] 肚吐 [33] 兔套

n [42] 奴 [13] 恼脑努 [22] 怒

l [42] 炉劳卢芦鸬庐驴牢唠~嘈：唠叨□碰撞起的肿块螃蠊~：蜘蛛 [13] 卤鲁房 [22] 路赂露鹭

t [45] 租糟遭 [25] 组祖早 [33] 做

tʰ [45] 粗

ts [25] 枣 [22] 造皂

tsʰ [45] 操 [42] 曹槽嘈唠~ [13] 储积攒 [33] 臊措醋躁糙

s [45] 苏酥须骚臊□生孩子 [25] 数嫂娶 [33] 素诉数

k [25] 稿 [33] 告

ŋ [22] 傲

ʔ [33] 懊奥澳

h [25] 好

## om

p [45] 泵

k［45］甘柑［33］咁这么［25］□~样：这样

h［42］含［25］□石臼

## oŋ

pʰ［45］风蜂封［42］蓬篷船~［25］捧［22］凤

m［42］蒙［25］懵［22］梦

f［45］疯丰枫峰锋［42］冯逢缝［33］讽［22］奉俸

t［45］东冬［42］铜桐同峝~蒿筒电~［25］董懂捅［33］冻［22］栋动洞戙竖起

tʰ［45］通囱烟~［42］童瞳［25］桶捅统［33］痛

n［45］燶焦糊［42］农脓浓［22］弄

l̩［45］窿［42］笼聋隆龙咙［25］拢［13］垄栊木箱

t［45］踪综［25］总［33］粽□宠爱

ts［45］棕宗中忠终春鬃钟盅［42］虫［25］种肿［33］众纵种［22］重~要仲诵颂讼

tsʰ［45］聪充冲葱涌小河［42］丛从松重~复［25］宠［13］重~量

s［45］松嵩［42］崇［25］怂［33］送宋餸菜肴

j［45］雍翁［42］戎绒融茸容蓉榕镕庸鳙□茶浓［25］拥涌［13］勇［22］用

k［45］公蚣攻弓躬宫恭供功工［25］拱巩□~样：这样［33］贡［22］共

kʰ［42］穷

ʔ［45］壅掩埋［25］拥推［33］瓮蕹~菜

h［45］空胸凶［42］虹红洪鸿熊雄［25］孔恐［33］控哄汞□嗅

## op

k［3］蛤鸽合~本：凑本钱；~伙

附录4 沙头方言同音字汇 275

k<sup>h</sup>［5］□倒扣

h［2］合［-25］盒匣

## ok

p［5］卜占~［2］仆曝瀑伏

p<sup>h</sup>［5］福幅［2］服

m［3］抹［2］木目穆牧［-25］□毛虫

f［5］复反~蝠辐腹覆［2］伏袱复~员

t［5］笃督涿量词,用于排泄物□戳［2］独读毒

t<sup>h</sup>［5］秃

l［5］睩~大眼：瞪大眼睛辘车轮碌柚子碌打滚［2］六陆绿录熝开水烫㷛猪~：猪圈［-25］鹿

t［5］足［2］赎找钱

ts［5］竹筑祝粥烛嘱触捉［2］族续逐轴俗□呛

ts<sup>h</sup>［5］速畜蓄促束［2］浊熟

s［5］馊肃宿缩叔粟［2］淑蜀属

j［5］喐动沃［2］肉育辱玉狱欲浴［-25］褥

k［5］谷菊□憋气［3］谷割葛［2］局焗

k<sup>h</sup>［5］□~倒：摔倒曲

ʔ［3］屋

h［5］哭［3］渴喝□~扇：扇扇子［2］斛酷

## u

p<sup>h</sup>［42］芋

f［45］枯夫肤呼麸俘敷~衍魁恢灰奎［42］乎符芙胡湖壶瓠蝴糊扶［25］苦虎府腑俯甫斧傅抚釜［13］妇会［33］库裤咐赋富副悔晦［22］付傅赴讣父腐辅附负会~面户沪互护［-25］会开~

kʰ［25］贿溃刽桧绘

w［45］乌污煨［42］回茴［33］坞恶［22］汇

kw［45］姑孤窟［25］古估牯股鼓蛊［33］故固锢雇顾［22］瘤累

## un

f［45］宽欢［42］桓［25］款［22］换焕唤

k［45］官棺观冠衣~［25］管馆［33］贯灌冠~军罐

ʔ［25］豌碗腕

w［42］缓援

## ut

f［3］阔［2］活

kʰ［3］括豁

## m̩

m̩［42］唔

## ŋ̍

ŋ̍［42］吴蜈梧［13］五伍午仵［22］误悟

# 附录 5

# 大榄方言同音字汇

本字汇根据大榄粤语语音的韵母、声母、声调的次序排列。大榄阴平调有两个读音层次，22 调为老读音层（白读音），与阳去调混同，55 调为新读音层（文读音）。调值前加"-"表示变调，列于单字调后。写不出本字的音节用方框"□"来表示，后面用小字做注释或举例。举例中用"~"代替所释字。字下加"—"表示白读音，加"="表示文读音。

a

p［22］巴芭罢［24］把［33］霸坝［-55］爸<sub>阿~</sub>

pʰ［22］趴［21］巴<sub>下~</sub>爬琶杷耙扒<sub>~龙船：划龙舟</sub>［33］怕［-215］耙<sub>耙子</sub>

m［55］<u>孖</u>［21］麻嫲<sub>阿~：祖母</sub>［13］马码［22］骂［-55］妈［-215］痲<sub>做~：出麻疹</sub>

f［33］化［-55］花

t［24］打

tʰ［55］<u>他</u>

l［21］拿［24］乸［13］那［33］□<sub>缝隙</sub>

ts［22］揸<sub>抓住</sub>［33］炸诈榨［-215］渣

tsʰ［22］差叉［21］茶搽查槎

s［22］沙痧［24］洒［-215］沙<sub>沙子</sub>

j［13］也

k［55］嘉［22］家加［24］假贾［33］架假~期驾嫁稼价

ŋ［21］牙芽衙［24］瓦哑［13］雅［33］亚［22］枒霸占［-55］鸦［-215］芽

h［22］□欺负下厦夏［21］霞瑕暇［-55］虾

w［55］娃蛙［21］华［22］话［-215］画［名词］

kw［22］瓜西~［24］寡剐［33］挂卦［-55］瓜胜~：丝瓜［-215］瓜苦~

kwʰ［55］夸垮跨

ø［33］阿

## ai

p［24］摆［33］拜［22］败

pʰ［21］排牌［33］派

m［21］埋［13］买［22］卖迈

f［33］块快筷

t［33］带戴［22］大［-215］带孭~：背带

tʰ［22］梯［13］舵［33］态贷太泰［-55］呔轮~：轮胎；领~：领带

l［22］拉赖酹~尿：尿床［21］□软~~：疲惫无力［13］哪乃奶

ts［22］斋寨［33］债

tsʰ［22］猜钗差出~；擸~面：揉面［21］柴豺［24］踩

s［22］崽浪费［24］洗玺徙［33］晒

k［55］阶皆楷佳［22］街［24］解［33］介界芥尬疥届戒

ŋ［22］挨艾［21］涯崖捱［33］嗌骂

h［22］揩蹭械懈［13］蟹［21］鞋孩谐噽粗糙

w［55］歪［21］怀槐淮［22］坏

kw［55］乖［24］拐［33］怪

## au

p [22] 包~住暴 [24] 宝保堡 [33] 报 [-55] 包叉烧~

pʰ [24] 抱跑 [33] 炮豹

m [21] 毛茅 [13] 冇没有 [22] 帽斗笠冒貌 [-55] 殕发~:食物长毛变质 [-215] 帽草~

t [22] 刀 [24] 倒 [33] 到道知~

tʰ [21] 桃淘绹拴住 [33] 套

l [22] 闹□混合 [24] 老 [-55] □镬~:锅烟子 [-215] 佬蟧蠄~:蜘蛛

ts [22] 糟造 [24] 早枣找 [33] 灶罩

tsʰ [55] 操钞 [21] 吵曹巢 [24] 草

s [22] 臊 [24] 嫂稍 [33] 扫哨 [-215] 扫鸡毛~

k [22] 高 [24] 搞稿饺 [33] 告较 [-55] 糕膏 [-215] 篙竹~

kʰ [22] □掺杂 [33] 靠铐

ŋ [21] 熬肴 [22] 傲 [33] 澳奥

h [55] 烤哮 [21] 毫豪蚝 [24] 好考巧 [33] 孝 [22] 号效校

## am

t [22] 啖啗衔、叮担淡[动词] [24] 胆 [33] 担~竿[名词]

tʰ [22] 贪 [13] 淡 [21] 痰潭谭谈燂熏烤 [33] 探

l [21] 南男蓝 [24] 榄揽抱 [13] 览揽包~腩 [33] □一拃:跨过 [22] 滥缆舰 [-215] 篮篮子

ts [24] 斩眨 [22] 暂站

tsʰ [55] 参 [21] 蚕惭 [24] 惨篸筲箕 [33] 杉

s [22] 三 [-215] 衫

k [22] 监 [24] 敢减 [33] 鉴橄尴

ŋ［55］啱对［21］岩

h［21］咸函衔［24］□石白［33］喊［22］陷［-215］馅馅儿

## an

p［55］班斑［24］板扳版［22］扮办涊烂泥

pʰ［55］攀［33］盼

m［21］蛮［13］晚［22］慢万馒

f［55］番［22］翻饭犯范［21］凡烦帆繁［24］反［13］贩

t［55］丹［22］单但［33］旦诞［-215］蛋弹子~

tʰ［55］滩瘫［22］摊［21］檀坛弹~琴［24］坦毯［33］炭叹

l［22］躝在地上爬烂［21］难兰拦栏［13］懒［33］□蚊子叮咬起的肿块

ts［33］赞［22］赚［-215］栈客~

tsʰ［22］餐［21］残［24］产［33］灿

s［55］山珊删［24］散［形容词］［33］散［动词］

k［55］艰［22］奸［24］简碱枧肥皂［33］间~隔［-215］间中~

ŋ［21］颜［33］晏［22］雁

h［22］悭节省限

w［22］弯［动词］幻患宦［21］顽环［24］玩［-55］弯［名词］

kw［22］关［-55］冠鸡~

## aŋ

p［21］□［拟声词］

pʰ［55］烹［21］彭膨棚［13］棒

m［21］盲［13］猛［22］孟

l［13］冷［-55］冷毛线

ts［22］争踭脚跟

tsʰ［22］撑［21］振~眼:光线刺眼［-55］铛瓦~:沙锅［-215］橙

s [22] 生牲 [24] 省 [-55] 甥生后~仔

k [22] 耕更打~ [33] □涉水

ŋ [22] 硬 [-55] 罂罐子

h [21] 行走 [22] 坑

w [21] 横

kw [24] 梗菜~

kwʰ [-55] 框

## ap

t [3] 答搭 [2] 踏沓摞起；[量词]一~

tʰ [3] 塔塌鐋套上，锁上 [-215] 鐋[名词]锁；笔~：笔帽儿

l [2] 纳腊立蜡垃~圾衲棉~：棉袄

ts [2] 习闸

s [2] □在清水中煮

k [3] 鸽甲革夹蛤~拐：青蛙

ŋ [3] 鸭

h [2] 合

## at

m [3] 抹

f [3] 法发 [-215] 发头~

t [2] 达

tʰ [3] □唯~：浪费

l [3] 瘌□烫 [2] 辣捺 [-215] □虾~：一种小螃蟹

tsʰ [3] 察擦刷

s [3] 杀撒萨煞

ŋ [3] 压押

ak

p［5］北［3］百伯［2］白卜~萝［-215］柏柏树

pʰ［3］拍泊魄

m［3］擘张开［2］默陌脉［-215］墨黑痣

f［3］□甩打

l［5］□药苦［2］肋勒［-215］簕(植物上的)刺儿□脱白~：打赤膊

ts［3］窄责笮压［2］择摘泽宅

tsʰ［5］测［3］册拆策［2］贼

s［5］塞曾孙［3］□瓣：一~柚子□张开：~开手指

k［3］隔格［-215］隔箸~：箅子

ŋ［5］握呃骗［2］额逆［-215］轭牛~鈪镯子

h［5］克黑刻［3］客吓

w［3］□~脓：伤口化脓［2］或惑划画［动词］

kw［3］掴扇（耳光）

ɐi

p［22］跛币毙弊糟糕［33］蔽闭

m［21］迷谜［24］米［22］咪唔系

f［55］徽［33］肺费废沸

t［22］低弟第递隶［24］底抵［33］帝蒂

tʰ［21］题蹄堤提［24］体睇看［13］娣［33］替涕剃［-55］锑~煲：铝锅［-215］蹄马~：荸荠

l［21］泥犁黎［13］礼［24］戾睏~颈：落枕［22］例厉励丽荔

ts［55］挤剂［24］仔［33］祭制际济［22］滞

tsʰ［55］妻栖［21］齐［33］砌

s［22］西筛动词誓逝［24］驶使［33］世细势婿［-55］筶芫~筛筛子

j［21］呲质次

k［22］鸡［33］计继髻［-55］鸡哨子［-215］偈倾~：聊天

kʰ［55］溪稽［24］启［33］契

ŋ［21］危倪［24］矮［33］暳闷热［22］艺伪魏毅［-55］蚁

h［22］□女阴系係是［21］奚兮［24］喺在

w［55］威［21］维惟遗唯违围［24］委毁萎［13］伟讳苇纬［33］畏秽慰［22］胃位卫惠慧为谓［-215］位座位

kw［55］圭闺归［24］鬼诡轨［33］贵桂癸季［22］跪柜［-55］龟

kwʰ［55］盔规窥［21］葵携葵［13］愧

## ɐu

t［22］兜豆窦老~：老爸□发叶~：发呆［24］抖陡纠斗一~米［33］斗［-55］兜猪：猪食槽［-215］窦狗：狗窝豆黄~痘水~

tʰ［22］偷［21］头投［24］敨~气：呼吸［33］透

l［22］嬲恼火漏陋馏□肥腻［21］刘楼流留榴硫琉［24］扭朽［13］柳［33］留~口：结巴［-55］骝马~：猴子楼大衣纽纽扣［-215］楼起~：盖楼；头上因碰撞而起的肿块

ts［55］邹周舟州洲［24］走酒［33］奏昼皱咒［22］就袖宙纣

tsʰ［55］秋［22］抽［21］绸囚泅稠筹酬［24］丑［33］凑臭［-215］揫执~：抓揫

s［22］修收寿受授售［21］愁仇［24］搜手首守［33］秀瘦嗽绣锈兽

j［55］休丘忧优幽［21］油柔揉尤邮由游犹［13］有友酉诱［33］幼［22］右又佑［-215］柚釉油［名词］

k［24］狗九苟久韭［33］够救垢灸究枢□疲累［22］旧□团、块

kʰ［21］求球［13］舅［33］扣构购叩寇

ŋ［55］欧区瓯殴［22］钩［动词］　［21］牛［24］呕［13］藕［33］沤怄［-55］钩［名词］

h［21］喉侯猴［24］口［13］厚［22］后候

## ɐm

t［24］揿搥打［33］髧垂下［22］□踩（脚）

tʰ［33］□哄、逗骗［-55］氹水~：小水坑

l［21］林淋临腍软［24］恁想、思考［33］□倒塌［22］檁树~：树丛

ts［22］针斟砧［24］枕~头［名词］□趼子［33］枕［动］浸

tsʰ［22］侵［21］寻沉噆吟~唠叨［24］寝［33］□~草：锄草

s［55］森参人~［22］心深［21］岑［24］沈审婶糁撒（胡椒粉）［33］渗［22］甚

j［55］音［22］阴任赁壬［21］淫檐［24］饮［-215］阴刘海儿

k［55］甘［22］金今□按下［24］锦感［33］禁□~饭：喂饭［-55］柑金礼~

kʰ［22］禁耐用［21］琴禽擒螶~螃：蜘蛛蟾~蜍［24］拾盖［-55］襟老~：连襟

ŋ［21］□掏（口袋）吟~噆：唠叨［24］揞手覆［33］暗［22］□打呃~：打哈欠［-55］庵

h［55］堪［21］含［22］撼憾冚全，一总

## ɐŋ

p［55］宾彬槟滨奔［24］品禀［33］粪殡鬓挷~辫：编辫子［22］笨

pʰ［21］贫频［33］喷

m［22］焖问［21］民文纹闻［13］敏闽悯吻刎［-55］蚊文一~：一元

f [55] 芬纷勋熏荤 [22] 婚分吩份 [21] 坟焚 [24] 粉 [13] 愤 [33] 奋训睏~觉

t [33] 扽颠簸 [-215] 墩

tʰ [21] 忳发抖 [33] 褪~后：后退 [-55] 饨馄~

ts [55] 珍 [22] 阵真 [33] 镇振震

tsʰ [22] 亲 [21] 陈尘 [24] 诊疹 [33] 趁衬亲~家

s [22] 新身申伸辛肾慎 [21] 神晨娠辰臣 [24] 脤薯类硬化 [33] 擤呻怨叹

j [55] 恩因姻欣殷 [21] 人仁寅 [24] 忍隐 [13] 引瘾 [33] 印 [22] 韧纫刃蚓孕

k [22] 跟斤筋近 [24] 紧仅谨 [-55] 巾

kʰ [21] 勤芹 [13] 近

ŋ [22] 夭瘦小韧 [21] 银龈 [33] 扤抖动

h [21] 痕痒 [24] 恳垦很 [22] 恨欲渴望 [-215] 痕疤痕

w [55] 温瘟 [21] 云魂匀馄 [24] 稳揾寻找 [13] 允尹韵 [33] 榅关禁 [22] 运浑混

kw [55] 均军钧君 [22] 郡 [-215] 棍

kwʰ [55] 坤昆 [21] 裙群 [24] 滚菌 [33] 困

əŋ

p [22] 崩凭倚靠

pʰ [21] 朋凭

m [21] 萌盟 [24] 蜢蚂蚱擝拔

t [22] 灯登瞪邓 [24] 等 [-215] 凳

tʰ [21] 藤腾

l [21] 能

ts [55] 僧筝曾姓 [22] 增憎赠

tsʰ［21］层曾~经

k［55］更~换［24］耿梗一定［33］更~加［-55］羹汤匙

kʰ［24］骾嚱［33］劤酒或烟味道浓烈

ŋ［24］哽硌、梗塞［-55］莺

h［21］恒衡行~为［24］肯［22］幸杏行品~

w［21］弘宏

kw［55］揈

kwʰ［33］繥绊

## ɐp

t［5］耷垂低［2］□捶打□跌落

l［5］粒笠□凹［2］□潮湿、拖拉

ts［5］执汁□一~：一撮［2］杂集

tsʰ［5］缉辑

s［5］湿［2］十拾

j［5］泣揖□眼~毛：眼睫毛［2］入

k［5］急

kʰ［5］级吸给□倒扣

ŋ［5］噏说罨心~：郁闷；揞，敷（药）［2］岌摇晃

h［5］恰洽瞌打盹□欺负

## ɐt

p［5］笔不毕□昌［2］拔弼

pʰ［5］匹

m［2］袜密物蜜勿

f［5］忽窟屎~：屁股［2］罚佛乏伐筏

t［2］突凸

l [5] □脱，掉

ts [5] 质□塞、塞子 [3] 扎 [2] 疾 [-215] 侄~子 甴由~：蟑螂

tsʰ [5] 七漆 [2] □男阴

s [5] 膝虱失室 [2] 实

j [5] 一 [2] 日逸

k [5] 吉讫桔□刺扎 [3] □~舌：结舌 [2] 趌撅起、提起 甴~甴：蟑螂

kʰ [5] 咳

h [5] 乞□~嚏：喷嚏 [2] 辖核

w [5] 屈熏郁 [2] 核核儿

kw [5] 骨 [2] 掘□钝

ɐk

m [2] 麦墨

t [5] 得德 [2] 特

ts [5] 则鲫侧

s [5] 塞

ŋ [5] 握

ɛ

pʰ [-55] □扑克

m [22] 孭背 [24] 乜歪斜

t [55] 爹

ts [22] 谢遮[动] [24] 姐者 [33] 借 [-55] 遮伞 [-215] 蔗

tsʰ [55] 奓 [22] 车 [21] 斜邪 [24] 且扯

s [55] 些 [22] 赊射麝 [21] 蛇 [24] 写舍泻 [13] 社 [33] 卸赦舍宿~

j [21] 爷耶 [24] 惹 [13] 野嘢东西 [22] 夜

k［33］嘅的

kʰ［21］骑［-215］茄番~

w［24］搲抓

## εu

p［24］饱［33］爆

pʰ［22］漂［-215］刨刨子

t［33］吊［22］掉扔

tʰ［22］挑［21］条［33］跳窠［-55］挑担~:扁担

l［21］捞［24］撩［13］聊玩耍［22］尿［-55］鹩~哥寮茅~

ts［24］爪［33］笊~篱

tsʰ［22］抄［21］痄皱［24］炒［33］潲~水［-55］笛~箕

k［22］交胶［24］绞狡搅［33］铰教窖滘觉瞓~:睡觉臼［-215］交吵~:吵架

ŋ［55］吆叫［24］咬拗

h［22］敲［21］姣风骚

## εm

t［24］点［22］掂

tʰ［22］添［21］甜［13］□蘸

l［21］鲇~鱼［24］敛舔［13］□蟾蜍~:蝌蚪［22］念

k［22］监强迫

h［21］嫌

## εn

p［22］边［24］扁［-215］边灶~:厨房

m［21］眠躺着

t［22］癫

tʰ［22］天［21］田填

l［21］年［24］撚~碎：捻碎

ts［24］盏

tsʰ［24］铲

s［22］山拜~：扫墓闩~门

k［22］间房~［24］栋

ŋ［22］烟［21］研碾［24］眼

h［22］牵［21］闲

w［21］还［24］挽［13］鲩~鱼

kw［33］惯

### ɛŋ

p［24］饼［33］柄□藏［22］病

pʰ［21］平便宜［-215］□~骨：肋骨

m［22］命［-215］名名字

t［22］钉订碇~方：地方［24］顶山~［33］掟投掷［-55］钉钉子

tʰ［22］听厅［13］艇

l［21］灵灵验零十~个：十多个［13］岭领衫~［33］靓漂亮［22］□闪~：闪电

ts［22］精精明净干~郑［24］井［33］正

tsʰ［22］青~色［24］请

s［22］声腥［21］城［24］醒［-55］星星星

j［21］赢

k［22］惊害怕敬~惜：爱惜［24］颈［33］镜

h［22］轻

### ɛp

t［2］碟

tʰ［3］贴

l［3］□踮高脚［-215］□秕谷

tsʰ［3］插

j［2］□闪亮 □招（手）

k［5］笈皮~：皮箱［2］夹［动词］［3］挟~餸：夹菜［-215］甲手指~夹 夹子

## ɛ

p［3］八

m［2］篾

t［3］跌

tʰ［3］铁

ŋ［3］胺尿臊

w［3］挖［2］滑猾

kw［3］刮

## ɛk

pʰ［3］劈

t［2］笛籴

tʰ［3］踢

l［5］叻聪明能干［2］沥

ts［3］脊炙只两~［2］席草~

tsʰ［3］赤尺□冰冷

s［3］惜疼爱［2］石

kʰ［2］屐剧

## ei

p［55］蓖卑悲［22］碑鼻被~动避备［24］比畀给［33］臂秘泌庇

痹[-215] 稗稗草箆髀大腿

pʰ[55] 披丕[22] □削[13] 被被子婢[21] 皮疲脾琵枇[24] 彼鄙[33] 屁

m[22] 眯味寐未[13] 美尾□~水:潜水[21] 糜弥眉楣微媚[-55] 微雨~:小雨尾手指~:小指

f[55] 非妃[22] 飞[21] 肥[24] 匪翡[-215] 痱热~:痱子

t[22] 地

l[21] 离篱尼梨厘狸[13] 你理履鲤李姓里鲤[22] 腻利痢吏俐舌头[-55] □这璃玻~痢痢~[-215] 李李子里三元~

s[24] 死[33] 四

k[55] 羁饥肌几~平机讥[22] 基技妓忌[24] 几己纪杞[33] 记寄[-215] 箕簸~

kʰ[21] 奇岐祁其棋期旗祈[13] 企徛站立[33] 冀

h[55] 希牺欺嬉熙[22] 稀[24] 起喜岂[33] 戏气器弃饲喂食汽

eŋ

p[55] 兵[22] 冰并~且[24] 丙秉

pʰ[21] 平坪评瓶屏萍[33] 并合~聘拼

m[21] 鸣明名[13] 皿铭[22] 命~令

f[22] 拚甩、挥

t[55] 丁汀[24] 顶鼎[22] 定

tʰ[22] 听~日:明天[21] 停廷庭蜓亭~台[13] 挺[-215] 亭凉~

l[22] 拎[21] 灵陵凌菱宁铃伶翎[13] 岭领~导[22] 令另拧~转:扭转

ts[55] 精征贞侦晶睛[22] 蒸正~月静靖[24] 整[33] 证正~直

tsʰ[22] 称~呼清青~年[21] 晴澄惩情呈程成两~埕[24] 拯逞

[33] 称~心如意［-215］秤［名］

s［55］升星猩［22］声~音盛［21］城乘承丞成诚绳［24］省反~醒清~［33］胜姓性圣

j［55］英婴缨鹦［22］应~承认［21］迎形仍盈型刑营萤［24］影映［33］应答应［-55］蝇乌~：苍蝇［-215］鹰牙~：老鹰

k［55］京荆［22］经惊~蛰劲竞［24］景境警竟［33］敬径

kʰ［22］倾~偈：聊天［21］□澄清、沉淀、凝固擎鲸琼［24］顷

h［55］馨卿［22］兄兴［33］庆□热、烤

w［13］永［21］荣［22］泳咏颖

## ek

p［5］壁逼挤碧璧

pʰ［5］僻辟霹

m［2］觅

t［5］的嫡［2］滴敌狄

tʰ［5］剔

l［5］匿搦拎、提［2］力历

ts［5］织迹即职积绩［2］直蛰值殖植籍藉席夕寂

tsʰ［5］斥戚

s［5］息色识惜悉熄媳式饰昔适释析［2］食蚀

j［5］忆亿抑益□打~：打嗝儿［2］亦译液腋疫役翼易贸~

k［5］击激戟［2］极

w［2］域

## i

t［22］哋我~：我们

ts［55］支之肢［22］知枝脂芝稚治［24］纸止只姊旨指梓趾址

[33] 痣智致至置志

tsʰ [55] 雌疵差参~痴 [21] 池驰迟持 [24] 此齿侈矢耻始 [13] 恃 [33] 刺翅

s [55] 诗施 [22] 尸是氏豉示视士仕 [21] 时匙锁~ [24] 屎使史 [13] 市 [33] 肆试

j [55] 衣伊 [22] 医异义易容~二 [21] 儿仪姨宜谊移夷而疑 [24] 椅耳倚 [13] 尔拟已以 [33] 意议懿

k [24] 几

h [24] 起

## iu

p [55] 标膘彪飚 [24] 表 [-55] 表手~

pʰ [55] 飘漂 [21] 嫖 [33] 漂票

m [13] 秒杳藐渺 [21] 苗描 [22] 庙妙 [-55] 猫

t [55] 丢貂 [24] 屌交合 [33] 钓 [22] 调~查

tʰ [21] 调~整

l [21] 疗 [13] 鸟了 [-215] 料肥~

ts [22] 朝~早：早上招赵嘹 [24] 剿沼 [33] 照 [-55] 蕉椒焦饭~：锅巴

tsʰ [22] 超锹 [21] 朝~代樵潮 [33] 俏肖鞘

s [55] 消萧销 [22] 烧宵绍邵兆 [24] 小少 [33] 笑少

j [22] 腰邀耀 [21] 饶摇谣遥窑姚尧 [24] 妖绕扰 [33] 要 [-215] 鹞纸~：风筝

k [55] 娇骄 [24] 矫 [33] 叫 [22] 撬

kʰ [21] 桥乔侨荞 [13] 翘繑缠绕 [-215] 轿坐~

h [55] 嚣侥 [24] 晓

im

t［33］店

l［21］镰廉帘［13］敛殓脸

ts［55］沾［22］占~卦尖渐［33］占

tsʰ［22］签［21］潜

s［24］闪陕［21］禅

j［22］阉验艳焰［21］盐严炎阎芫~荽［24］掩□结~:结痂［13］染［33］厌

k［22］兼俭［33］剑

kʰ［21］钳［24］检

h［55］谦［24］险［33］欠

in

p［55］鞭［22］辨便辩汴［24］贬匾［33］变［-215］辫辫子

pʰ［55］编篇偏蝙［33］片骗遍

m［21］绵棉［13］免勉娩缅［22］面［-215］面面子

t［22］颠电殿［24］典［33］垫

l［21］连怜莲［22］练炼［-55］□乳房［-215］链

ts［22］煎贱［24］剪展碾［33］箭战溅颤荐［-55］毡毯子［-215］蝉

tsʰ［22］千迁［21］钱缠前［24］浅［13］践

s［22］先鲜善羡膳［24］癣［13］鳝［33］线扇骟~鸡:阉鸡□地滑［-55］仙

j［22］胭咽烟香烟现谚砚［21］然燃延言研贤［24］演［33］燕宴［-215］燕毽子

k［55］肩坚［33］建见［22］件键腱健

kʰ [21] 乾虔 [24] 搴掀起

h [24] 显遣蚬 [33] 献宪 [22] 苋

## ip

t [2] 牒谍 [-215] 蝶蝴~

l [2] 猎聂

ts [3] 接摺~衫：折衣服

tsʰ [3] 妾

s [3] 涉摄楔~入去：塞进去

j [3] 腌 [2] 叶业页孽

k [3] 劫涩

h [3] 协怯胁歉□闭（上眼）

## it

p [5] 必 [3] 鳖鳘 [2] 别

pʰ [3] 撇

m [5] 乜什么搣捏、掰 [2] 灭蔑

t [5] 哋一点儿 [2] 秩

l [2] 烈列裂

ts [5] □胳肢 [3] 折~断节哲浙 [2] 截捷

tsʰ [3] 撤设切彻辙

s [3] 薛泄涉屑 [2] 舌折~本

j [2] 热

k [3] 洁结 [2] 杰

kʰ [3] 揭

h [3] 歇

## œ

t [24] 朵 [-55] 多哋~：一点儿

l［24］□吐出

## œŋ

t［22］□啄

l［21］娘凉良量粮梁樑［24］两斤~两~个［22］量亮谅辆

ts［55］章将~军樟［22］浆张象丈匠像橡［24］奖长生~掌蒋桨［33］酱胀仗打~将~相涨帐账障瘴嶂［-215］杖拐~仗炮~：鞭炮

tsʰ［55］昌菖倡［21］墙详长~短祥肠场［24］抢［33］唱畅［-55］枪窗

s［55］双湘襄孀商［22］霜相镶伤上［方位］［21］常尝偿［24］想赏［13］上~山［动词］［33］相睇~：看相［-55］箱厢［-215］相相片尚和~

j［55］央殃［22］秧让样酿壤［21］羊洋杨阳扬疡［24］□抖动［13］养痒仰

k［55］疆僵缰［22］姜［-215］薑树~：树根

kʰ［21］强［13］强勉~

h［22］香乡［24］响饷享［33］向

## œk

t［3］剁琢啄

l［2］略掠

ts［3］着~衫（穿衣服）爵嚼酌鹊［2］着~火［-215］雀麻~

tsʰ［3］桌绰芍焯

s［3］削

j［3］约跃［2］弱药若虐疟

k［3］脚

kʰ［3］却

## øy

t［22］堆[动词]［-215］堆[量词]

l［21］雷［24］女［13］吕里旅屡垒［22］虑类泪滤

ts［22］追序聚罪缀赘坠叙［24］嘴［33］最醉

tsʰ［22］吹［21］厨橱徐除槌□气味［24］取娶［33］趣脆［-215］锤锤子

s［55］需虽［22］衰遂隧穗瑞睡［21］随谁垂［24］水［13］絮绪［33］碎税岁帅

j［22］锐［-55］锥锥子

k［22］居巨具惧［24］举矩［33］句据锯[动词]［-215］锯锯子

kʰ［55］区拘俱驱［21］渠蛄蟾~［13］渠（佢）第三人称拒距

h［55］虚嘘［22］墟［24］许［33］去

## øn

t［55］敦吨［22］顿沌钝遁

tʰ［22］吞［13］盾

l［22］□~骨头：啃骨头论［21］邻鳞轮磷仑伦沦［24］卵

ts［55］津臻遵［24］准［33］进俊晋［22］尽［-55］樽瓶子

tsʰ［55］敦［21］秦旬循巡［24］蠢

s［55］殉询［21］纯唇醇［24］笋榫卤脑~：卤门［33］信迅逊舜［22］顺

j［22］润闰［-215］润猪~：猪肝

## øt

l［2］栗律

ts［5］卒蟀榨木塞子，塞住□揉搓

tsʰ［5］出

s [5] 摔戌恤率~领 [2] 术述

## y

ts [55] <u>朱诸诛蛛株珠资姿咨滋</u> [22] 猪住箸自字寺伺嗣饲痔 [24] 煮主姊子紫 [33] 著驻注蛀铸

tsʰ [13] 柱似储苎署 [21] 词瓷糍慈磁辞脐肚~ [33] 处次赐厕 [-215] 柿

s [55] <u>枢师丝斯私司思</u> [22] 书舒输树竖事撕 [21] 薯殊祠 [24] 鼠暑 [33] 庶恕 [-55] 狮

j [55] <u>迂于淤</u> [21] 如鱼余渔豫儒愚虞娱愉 [24] 雨瘀 [13] 语与予乳宇羽 [22] 预遇御誉寓裕

## yn

t [55] 端 [24] 短 [22] 段锻缎断

tʰ [13] 断 [21] 团屯豚囤

l [55] □弯曲 [13] 暖 [21] 联鸾 [24] 恋 [22] 乱嫩

ts [55] 尊 [22] 专 [24] 转 [33] 钻纂转 [-215] 砖

tsʰ [55] 川 [22] 穿 [21] 全传~达存泉 [24] 喘 [33] 串寸 [-55] 村

s [55] <u>宣</u> [22] 酸孙 [21] 旋船 [24] 选损 [33] 算 [-215] 蒜

j [55] <u>渊</u> [22] 冤愿 [21] 圆原完员沿元源□爬行缘铅袁辕园玄悬眩 [24] 远皖阮 [13] 软 [33] 怨 [-215] 县丸院

k [55] <u>捐绢娟</u>□~窿:钻洞 [33] 眷 [22] 倦

kʰ [21] 拳权 [24] 卷

h [55] <u>圈喧</u> [24] 犬 [33] 劝 [-55] □容~:蚯蚓

## yt

t [2] 夺

tʰ [3] 脱

l [3] 捋劣

ts [3] 啜吮吸 [2] 绝拙

s [3] 雪说

j [3] 乙 [2] 阅粤穴

k [2] □稠橛一~：一段

kʰ [3] 决诀缺

h [3] 血

ɔ

p [22] 波 [33] 播 [-55] 坡玻

pʰ [22] 扁棵：一~树 [21] 婆 [33] 破簸~箕

m [52] 魔摩 [21] 磨 [24] 摸 [-215] 磨石~

f [55] 科 [24] 火伙 [33] 课货

t [22] 多惰 [24] 躲

tʰ [22] 拖 [21] 驼舵砣秤~：秤锤 [13] 妥椭

l [55] 啰□~柚：屁股 [21] 罗箩锣 [24] 裸攞拿 [22] 糯 [-215] 螺

ts [22] 座助 [24] 左阻

tsʰ [22] 初搓 [21] 锄昨~日：昨天 [24] 楚础 [13] 坐 [33] 锉错 [-215] 锄锄头

s [55] 唆蔬 [22] 疏梳[动] [21] 傻 [24] 锁琐所 [-215] 蓑~衣梳[名词]

k [24] 果裹 [33] 过 [-55] 哥歌

ŋ [21] 鹅蛾俄讹 [24] 屙排便 [22] 饿卧

h [21] 河荷何 [24] 可 [22] 贺

w [55] 窝蜗 [21] 禾和 [22] 祸和唱~

ɔi

t［33］对碓［22］代待队［-215］袋[名词][量词]

tʰ［22］推胎［21］台抬［13］怠殆［33］退［-215］柁[名词]

l［21］来［22］耐内奈

ts［55］灾栽［24］宰载~一年半~［33］再载~重［22］在

tsʰ［22］催［21］才裁材财［24］彩采睬［33］菜赛蔡

s［22］鳃

k［22］该［24］改［33］个盖［-215］盖[名词]

kʰ［33］概溉慨丐

ŋ［55］哀［21］呆［13］我［33］爱［22］碍外

h［22］开害亥［24］海凯

ɔn

k［22］干杆［24］赶秆［33］干~部［-55］竿干饼~

ŋ［22］安［33］案按

h［21］寒鼾韩［13］岸旱［33］看汉［22］汗焊翰

ɔŋ

p［22］帮谤磅磅秤［24］榜绑

pʰ［21］旁滂螃傍庞［13］蚌

m［21］忙亡芒茫［13］网莽蟒妄［22］望忘［-55］芒~果

f［55］荒方慌谎肪芳［21］房防妨［24］纺晃仿彷访［33］况［-215］房房间

t［22］当荡［24］挡挡党［33］当~铺

tʰ［22］劏宰杀［21］塘糖堂棠螳唐苘~蒿［24］倘躺［33］烫趟［-55］汤［-215］堂祠~

l［21］郎瓢囊廊狼螂［24］□荡、潄［13］朗塱［33］□架起［22］

浪裆踉［-55］□脚脾~:小腿肚

ts［55］庄赃［22］装妆桩状藏撞脏［33］葬壮

tsʰ［55］苍［22］仓［21］床藏收藏［24］厂闯［33］创［-215］疮

s［24］爽［33］丧［-55］桑

k［55］江刚纲［22］缸光岗［24］广讲港［33］钢降杠

kʰ［21］狂［33］抗扩矿旷

ŋ［21］昂［33］蕹~菜［22］戆傻憨

h［55］康腔［22］糠［21］航杭降投~行银~［33］炕烘干、晒干［22］项［-215］巷□鸡~:小母鸡

w［55］汪［21］黄王皇蝗凰惶［24］枉［13］往［22］旺［-215］黄蛋~簧弹~

ɔt

k［3］割葛

h［3］渴喝

ɔk

p［5］□水~:水疱□敲打［3］博驳搏膊［2］薄雹

pʰ［3］朴扑

m［5］剥［2］莫膜幕寞

f［3］霍藿

t［2］铎度量~

tʰ［3］托

l［3］诺［2］落烙骆洛络乐

ts［3］作［2］凿

s［3］索塑朔

k [3] 各郭角国阁搁觉

kʰ [3] 确廓

ŋ [3] 恶 [2] 乐鄂鳄岳□抬头

h [3] 壳鹤 [2] 学 [-215] 勺饭~

w [2] 镬获

ou

p [22] 煲部步捕埠暴孵 [24] 补 [33] 布浦怖 [-55] 煲瓦~：陶锅 [-215] 簿

pʰ [22] 铺~地 [21] 浮蒲菩脯 [24] 谱普 [13] 妇新~：新娘 [33] 铺店~

m [55] 跔蹲 [21] 模谋无摹巫诬 [13] 武舞亩母侮鹉拇 [22] 暮慕募雾墓务贸~易

f [21] 浮 [24] 否剖 [22] 阜

t [24] 赌岛堵肚 [22] 度稻导盗杜渡镀□（蚊虫）蛰、叮

tʰ [21] 图徒屠途涂 [24] 土讨 [13] 吐

l [21] 奴炉卢芦鸬庐劳 [13] 卤恼脑努鲁虏 [22] 路怒赂露鹭

ts [22] 租造 [24] 祖组 [33] 做

tsʰ [22] 粗 [13] 储积攒 [33] 醋措糙

s [55] 苏□生孩子 [22] 酥须 [24] 数[动词] [33] 素诉数[名词]

oŋ

p [24] 捧

pʰ [21] 篷蓬

m [21] 蒙 [24] 懵 [22] 梦 [-55] 蒙天~光：天蒙蒙亮

f [55] 枫峰锋 [22] 风疯丰封奉凤 [21] 冯逢缝 [33] 讽放 [-215] 蜂

t [22] 东冬冬至洞栋动戤竖起 [24] 董懂 [33] 冻

附录5　大榄方言同音字汇　303

tʰ [22] 通 [21] 同铜桐筒童瞳 [24] 桶捅统 [33] 痛 [-55] 囪_烟~_ [-215] 筒_电~_

l [22] 燶_焦糊_ 弄 [21] 聋农浓龙笼脓隆 [24] 拢 [13] 垄栊_木箱_ [-55] 窿

ts [55] 宗终踪棕忠综 [22] 中舂颂重_~要_ 仲诵讼 [24] 总种肿 [33] 众纵种_[动词]_ [-55] 盅钟 [-215] 粽_粽子_

tsʰ [55] 充 [22] 冲涌_小河_ 聪 [21] 虫从丛松_~树_ 重_~复_ [24] 宠 [13] 重_轻~_ [-55] 葱

s [22] 松 [21] 崇 [24] 怂 [33] 送宋餸_菜肴_

j [55] 雍翁 [21] 容榕戎绒融茸蓉镕庸 [24] 拥涌 [13] 勇 [22] 用

k [55] 弓蚣攻躬宫恭供功_成~_ [22] 公工共 [24] 巩拱 □_~样：这样_ [33] 贡 □_~多：这么多_

kʰ [21] 穷

ŋ [22] 壅_掩埋_ [24] 攮_推_ [33] 瓮_水~：水缸_

h [22] 空胸凶 [21] 红熊雄虹洪鸿 [24] 孔恐 [33] 控哄

ok

p [5] 卜_占~_ [2] 仆曝瀑

pʰ [5] 扑_~倒：摔倒_

m [2] 木目穆牧

f [5] 福复_反~_ 幅蝠辐腹覆 [2] 服伏袱复_~员_

t [5] 笃督涿_量词，用于排泄物_ □戳 [2] 独读毒

tʰ [5] 秃

l [5] 睩_大眼：瞪大眼睛_ 辘_车轮_ 碌_~仔：柚子_ 碌_打滚_ [2] 六绿陆录熝_开水烫_ 槛_猪~：猪圈_ [-215] 鹿

ts [5] 竹祝足触筑烛嘱捉 [2] 浊族轴俗续逐 □_唥赎找钱_ [-

215〕粥

 ts<sup>h</sup>〔5〕速蓄束畜促

 s〔5〕宿缩叔粟馊肃〔2〕熟属淑蜀

 j〔5〕哃动沃〔2〕肉育玉欲辱狱浴〔-215〕褥

 k〔5〕谷菊□鼓起、憋〔2〕局焗

 k<sup>h</sup>〔5〕曲

 ŋ〔5〕屋

 h〔5〕哭〔2〕斛酷

u

 f〔55〕<u>夫肤俘呼</u>〔21〕扶符芙〔24〕苦虎府斧腑俯甫傅抚釜〔13〕<u>妇</u>〔33〕富库咐赋副庠〔22〕付傅赴讣父腐辅附负〔-215〕裤<sub>裤子</sub>父<sub>舅~、外~</sub>

 t〔22〕都

 t<sup>h</sup>〔33〕兔

 k〔22〕姑孤〔24〕鼓古估牯股蛊〔33〕故固锢雇顾〔-55〕菇□<sub>那</sub>

 k<sup>h</sup>〔-55〕箍

 w〔55〕<u>乌污</u>〔21〕胡湖蝴壶糊芋狐瓠〔22〕户沪互护〔-215〕壶<sub>暖~：热水瓶</sub>胡<sub>二~</sub>

ui

 p〔22〕杯焙癗<sub>疲累</sub>背<sub>~书</sub>〔33〕贝辈背<sub>违~</sub>

 p<sup>h</sup>〔55〕<u>坯胚</u>〔21〕赔培陪菩<sub>~萨</sub>〔13〕倍〔33〕配佩沛

 m〔21〕梅媒煤枚玫霉脢〔13〕每〔22〕妹〔-215〕妹<sub>妹妹</sub>

 f〔22〕灰魁恢〔33〕悔晦

 k〔24〕□<sub>~头：家</sub>

kʰ [24] 贿溃刽桧绘

w [22] 煨 [21] 回 [24] 会~来 [-215] 会<sub>会议</sub>

## un

p [22] 搬般叛绊拌胖 [24] 本 [33] 半

pʰ [55] 潘 [21] 盘盆 [33] 判 [-215] 伴<sub>伴儿</sub>

m [21] 门瞒 [13] 满

f [22] 宽欢 [24] 款

k [22] 官棺观冠<sub>衣~</sub> [24] 管馆 [33] 灌贯罐冠<sub>~军</sub>

w [21] 缓援 [24] 碗豌腕 [22] 换唤焕

## ut

p [2] 勃 [-215] 钵

pʰ [3] 泼□<sub>扇（扇子）</sub>

m [2] 末沫没

f [3] 阔

kʰ [3] 括

w [2] 活

## m̩

m̩ [21] 唔

## ŋ̍

ŋ̍ [21] 吴 [24] 五 [13] 午 [22] 误悟

## 附录6

## 大沥方言同音字汇

本字汇根据大沥粤语语音的韵母、声母、声调的次序排列。调值前加"-"表示变调，列于单字调后。写不出本字的音节用方框"□"来表示，后面用小字做注释或举例。举例中用"~"代替所释字。字下加"—"表示白读音，加"="表示文读音。

a

p［52］巴芭［25］把［33］霸坝［22］罢

pʰ［52］趴［21］巴下~爬琶杷耙扒~龙船：划龙舟［33］怕

m［21］麻嬷阿~：祖母［13］马码［22］骂［-25］嬷阿~：祖母痳出~：出麻疹［-55］孖妈

f［33］化［-55］花

t［25］打

tʰ［52］他

l［21］拿［25］乸［13］那［33］罅缝隙［-55］□疤痕

ts［52］揸抓住渣［33］炸诈榨

tsʰ［52］差叉［21］茶搽查槎

s［52］沙痧［25］洒［33］□张开：~开手指

j［13］也

k［52］嘉家加［25］假贾［33］架假~期驾嫁稼价

ŋ［52］鸦［21］牙芽衙［25］瓦哑［13］雅［33］亚□叉开

[22] 枒霸占

h [52] □欺负 [21] 霞瑕暇 [22] 下厦夏 [-55] 虾

w [52] 娃蛙 [21] 华 [22] 话 [-25] 画[名词]

kw [52] 瓜西~ [25] 寡剐 [33] 挂卦 [-55] 瓜胜~:丝瓜

kwʰ [52] 夸垮跨

ø [33] 阿

### ai

p [25] 摆 [33] 拜 [22] 败

pʰ [21] 排牌 [33] 派

m [21] 埋 [13] 买 [22] 卖迈

f [33] 块快筷

t [33] 带戴 [22] 大 [-25] 带孭~:背带

tʰ [52] 梯 [13] 舵 [33] 态贷太泰 [-55] 呔轮~:轮胎；领~:领带

l [52] 拉 [21] □软~~:疲倦无力 [25] □舔舐 [13] 乃奶 [22] 赖酹~尿:尿床

ts [52] 斋 [33] 债 [22] 寨

tsʰ [52] 猜钗差出~搋面:揉面 [21] 柴豺 [25] 踩

s [52] 毢浪费 [25] 玺徙 [33] 晒

k [52] 阶皆楷佳街 [25] 解 [33] 介界芥尬疥届戒

ŋ [52] 挨 [21] 涯崖捱 [33] 嗌叫 [22] 艾

h [52] 揩蹭 [13] 蟹 [21] 鞋孩谐噻粗糙 [22] 械懈

w [52] 歪 [21] 怀槐淮 [22] 坏

kw [52] 乖 [25] 拐 [33] 怪

### au

p [52] 包~住 [33] 爆 [-55] 包叉烧~

pʰ [25] 跑 [33] 炮豹 [-25] 刨刨子

m [21] 茅 [13] 亩 [22] 貌 [-55] 猫

l [22] 闹

ts [25] 找爪 [33] 罩笊~篱

tsʰ [52] 钞抄 [21] 巢 [25] 炒

s [25] 稍 [33] 哨潲~水 [-55] 筲~箕

k [52] 交胶 [25] 搞饺绞狡搅 [33] 较铰教窖滘臼 [-55] 交吵~；吵架

kʰ [33] 靠銬

ŋ [21] 熬肴 [25] 拗 [13] 咬

h [52] 烤哮敲 [25] 考巧 [33] 孝 [22] 效校

## am

t [52] 咁衔、叼担[动词] [25] 胆 [33] 担~竿[名词] [22] 啖淡

tʰ [52] 贪 [13] 淡 [21] 痰潭谭谈燂熏烤 [33] 探

l [21] 南男蓝 [25] 榄揽抱 [13] 览揽包~腩 [33] □一拃；跨过 [22] 滥缆舰 [-25] 篮篮子

ts [25] 斩眨 [22] 暂站

tsʰ [52] 参 [21] 蚕惭 [25] 惨篸筲箕 [33] 杉

s [52] 三 [-55] 衫

k [52] 监 [25] 减 [33] 鉴橄尴

ŋ [55] 啱对 [21] 岩

h [21] 咸函衔 [33] 喊 [22] 陷 [-25] 馅馅儿

## an

p [25] 板扳版 [22] 扮办滒烂泥 [-55] 班斑

pʰ [52] 攀 [33] 盼

m [21] 蛮 [13] 晚 [22] 慢万馒

f [52] 番翻 [21] 凡烦帆繁 [25] 反 [13] 贩 [22] 饭犯范

t [52] 丹单 [33] 旦诞 [22] 但 [-25] 蛋弹子~

tʰ [52] 滩瘫摊 [21] 檀坛弹~琴 [25] 坦毯 [33] 炭叹

l [52] 蹣在地上爬 [21] 难兰拦栏 [13] 懒 [33] □蚊子叮咬起的肿块 [22] 烂

ts [25] 盏 [33] 赞 [22] 赚 [-25] 栈客~

tsʰ [52] 餐 [21] 残 [25] 产铲 [33] 灿

s [52] 山珊删闩~门 [25] 散[形容词] [33] 散[动词]

k [52] 艰奸 [25] 简拣碱枧肥皂 [33] 间~隔 [-55] 间中~

ŋ [21] 颜研碾 [13] 眼 [33] 晏 [22] 雁

h [52] 悭节省 [21] 闲 [22] 限

w [52] 弯[动词] [21] 顽环还 [25] 玩 [13] 挽鲩~鱼 [22] 幻患宦 [-55] 弯[名词]

kw [52] 关冠鸡~ [33] 惯

## aŋ

p [21] □[拟声词]

pʰ [52] 烹 [21] 彭膨棚蟛~蜞：一种小螃蟹 [13] 棒

m [21] 盲 [25] 蜢蚂蚱 [13] 猛 [22] 孟

l [13] 冷 [-55] 冷毛线

ts [52] 争踭脚跟

tsʰ [52] 撑 [21] 振~眼：光线刺眼 [-55] 铛瓦~：沙锅 [-25] 橙

s [52] 生牲 [25] 省 [-55] 甥生后~仔

k [52] 耕更打~ [33] □涉水

ŋ [22] 硬 [-55] 罃罐子

h [21] 行走 [-55] 坑

w [21] 横

kw〔22〕逛

kwʰ〔25〕梗菜~〔-55〕框

## ap

t〔3〕答搭〔2〕踏沓㩒起；[量词] 一~

tʰ〔3〕塔塌鎝套上，锁上 鎝[名词] 笔~：笔帽儿

l〔2〕纳腊蜡垃~圾 衲棉~：棉袄

ts〔2〕习闸杂集

tsʰ〔3〕插

s〔2〕□在清水中煮

k〔3〕甲革挟~饳：夹菜

ŋ〔3〕鸭

## at

p〔3〕八

m〔3〕抹

f〔3〕法发

t〔2〕达

l〔3〕瘌□灼、烫〔2〕辣捋〔-25〕□虾~：一种小螃蟹

ts〔3〕扎〔-25〕曱甴~：蟑螂

tsʰ〔3〕察擦刷

s〔3〕杀撒萨煞

k〔2〕甴~曱：蟑螂

ŋ〔3〕压押

w〔3〕挖〔2〕滑猾

kw〔3〕刮

## ak

p〔3〕百伯〔2〕白卜萝~

p$^h$ [3] 拍泊魄 [-25] 柏柏树

m [3] 擘张开

f [3] □甩打

l [3] □除赤~：打赤膊 [2] 勒簕（植物上的）刺儿

ts [3] 窄责笮压 [2] 择摘泽宅

ts$^h$ [5] 测 [3] 册拆策□瓣：一~柚子 [2] 贼

k [3] 隔格

ŋ [5] 握呃骗 [2] 额逆 [-25] 轭牛~鈪镯子

h [5] 刻 [3] 客吓

w [2] 或惑划画[动词]

ɐi

p [52] 跛 [33] 蔽闭 [22] 币毙弊糟糕 [-25] 稗稗草痱热~：痱子

p$^h$ [52] □削

m [21] 迷谜 [13] 米 [22] 咪唔系

f [52] 徽 [33] 肺费废沸

t [52] 低 [25] 底抵 [33] 帝蒂 [22] 弟第递隶

t$^h$ [21] 题蹄堤提 [25] 体睇看 [13] 娣 [33] 替涕剃 [-55] 锑~煲：铝锅 [-25] 蹄马~：荸荠

l [21] 泥犁黎 [13] 礼 [25] 戾睏~颈：落枕 [22] 例厉励丽荔

ts [52] 挤剂 [25] 仔 [33] 祭制际济 [22] 滞

ts$^h$ [52] 妻栖 [21] 齐 [33] 砌

s [52] 西筛[动词] [25] 驶使洗 [33] 世细势婿 [22] 誓逝 [-55] 荽芫~筛筛子

j [21] 吔质次

k [33] 计继髻 [-55] 鸡哨子 [-25] 偈倾~：聊天 [-55] 鸡

k$^h$ [52] 稽 [25] 启 [33] 契 [-55] 溪

ŋ［21］危倪［25］矮［13］蚁［33］噎闷热［22］艺伪魏毅

h［21］奚兮［25］喺在［22］系係是［-55］□女阴

w［52］威［21］维惟遗唯违围［25］委毁萎［13］伟讳苇纬［33］秽［22］胃位卫惠慧为谓［-25］位座位

kw［52］圭闺归［25］鬼诡轨［33］贵桂癸季［22］跪柜［-55］龟

kwʰ［52］盔规窥［21］葵携葵［13］愧［-55］盔

ɐu

m［52］踎蹲［21］谋［22］贸茂

f［21］浮［25］否剖［22］阜

t［52］兜［25］抖陡纠斗一～米［33］斗［22］豆窦老～：老爸□发吽～：发呆［-25］豆黄～痘水～

tʰ［52］偷［21］头投［25］敨～气：呼吸［33］透

l［52］嬲恼火［21］刘楼流留榴硫琉［25］扭朽纽纽扣［13］柳［33］留～口：结巴［22］漏陋馏□：肥腻［-55］骝马～：猴子楼大衣［-25］楼起～：盖楼；头上因碰撞而起的肿块

ts［52］邹周舟州洲［25］走酒［33］奏昼皱咒［22］就袖宙纣

tsʰ［52］秋抽［21］绸囚泅稠筹酬［25］丑［33］凑臭［-25］阄执～：抓阄

s［52］修收［21］愁仇［25］搜手首守［33］秀瘦嗽绣锈兽［22］寿受授售

j［52］休丘忧优幽［21］油柔揉尤邮由游犹［13］有友酉诱［33］幼［22］右又佑［-25］柚釉油［名词］

k［25］狗九苟久韭［33］够救垢灸究枢□疲累［22］旧噱团、块

kʰ［52］□掺杂［21］求球［13］舅［33］扣构购叩寇

ŋ［52］欧区瓯殴钩［动词］［21］牛［25］呕［13］藕［33］沤怄

［-55］钩[名词]

h［21］喉侯猴［25］口［13］厚［22］后候

## ɐm

t［25］扰捶打［33］髧垂下［22］□跺（脚）

tʰ［13］氹水~：小水坑［33］□哄、逗骗

l［21］林淋临脸软［25］恁想、思考［33］□倒塌［22］罧树~：树丛

ts［52］针斟砧［25］枕~头［名］□跈子［33］枕[动]浸

tsʰ［52］侵［21］寻沉噆吟~：唠叨［25］寝

s［52］森参人~心深［21］岑［25］沈审婶糁撒（胡椒粉）［33］渗［22］甚

j［52］音阴［21］淫檐［25］饮［22］任赁壬［-55］阴刘海儿

k［52］金今甘［25］锦感敢［33］禁咁这么［22］□按下［-55］柑金礼~

kʰ［52］禁耐用［21］琴禽擒螡~螃：蜘蛛蟾~蜍□~日：昨天［25］揿盖□扇（耳光）［-55］襟老~：连襟

ŋ［21］□掏（口袋）吟~噆：唠叨［25］揞手覆［33］暗［-55］庵

h［52］堪［21］含［25］□石臼［22］撼憾冚全，一总

## ɐn

p［52］宾彬槟滨奔［25］品禀［33］殡鬓捹~辫：编辫子［22］笨

pʰ［21］贫频［33］喷

m［52］焖［21］民文纹闻［13］敏闽悯吻刎［22］问［-55］蚊文一~：一元

f［52］芬纷勋熏荤婚分昐［21］坟焚［25］粉［13］愤［33］粪奋训睏~觉［22］份

t［33］扽颠簸［-25］墩

tʰ [52] 吞 [21] 忳发抖 [33] 褪~后：后退 [-55] 饨馄~

ts [52] 真 [33] 镇振震 [22] 阵 [-55] 珍

tsʰ [52] 亲 [21] 陈尘 [25] 诊疹 [33] 趁衬亲~家

s [22] 新身申伸辛 [21] 神晨娠辰臣 [25] 脈薯类硬化 [33] 呻怨叹 [22] 肾慎

j [52] 因姻欣殷 [21] 人仁寅 [25] 忍隐 [13] 引瘾 [33] 印 [22] 韧纴刃衅孕

k [52] 跟斤筋 [25] 紧仅谨 [22] 近 [-55] 巾

kʰ [21] 勤芹 [13] 近

ŋ [52] 乑瘦小 韧 [21] 银龈 [33] 扤抖动

h [21] 痕痒 [25] 恳垦很 [22] 恨欣渴望

w [52] 温瘟 [21] 云魂匀馄 [25] 稳搵寻找 [13] 允尹韵 [33] 榅关禁 [22] 运浑混

kw [52] 均军钧君 [25] 滚 [33] 棍 [22] 郡

kwʰ [52] 坤昆 [21] 裙群 [25] 菌 [33] 困

ø [52] 恩

ɐŋ

p [52] 崩 [22] 凭倚靠

pʰ [21] 朋凭

m [21] 萌盟 [33] 搲拔

f [22] 捛甩、挥

t [52] 登瞪 [25] 等 [33] 凳 [22] 邓 [-55] 灯

tʰ [21] 藤腾

l [21] 能

ts [52] 争曾姓增憎 [22] 赠 [-55] 僧等

tsʰ [21] 层曾~经

s [33] 擤~鼻涕

k [52] 更~换 [25] 耿梗一定 [33] 更~加 [-55] 羹汤匙

kʰ [25] 骱噔 [33] 劤酒或烟味道浓烈

ŋ [25] 哽硌、梗塞 [-55] 莺

h [21] 恒衡行~为 [25] 肯 [22] 幸杏行品~

w [21] 弘宏

kw [52] 轰

kwʰ [33] 繽绊

## ɐp

t [5] 耷垂低 [2] □捶打□跌落

l [5] 粒笠□凹 [2] 立□潮湿、拖拉

ts [5] 执汁□一~：一撮

tsʰ [5] 缉辑

s [5] 湿 [2] 十拾

j [5] 泣揖□眼~毛：眼睫毛 [2] 入

k [5] 急 [3] 蛤~蟆：青蛙 [-25] 鸽

kʰ [5] 级吸给□倒扣

ŋ [5] 噏说罨心~：郁闷；捂，敷（药）[2] 岌摇晃

h [5] 恰洽瞌打盹□欺负 [2] 合

## ɐt

p [5] 笔不毕□骨 [2] 拔跋

pʰ [5] 匹

m [5] 乜什么 [2] 袜密物蜜勿

f [5] 忽窟屎~：屁股 [2] 罚佛乏伐筏

t [2] 突凸

l [5] □脱,掉

ts [5] 质□塞 [2] 疾 [-25] 侄:~子

tsʰ [5] 七漆膝 [2] □男阴

s [5] 虱失室 [2] 实

j [5] 一 [2] 日逸

k [5] 吉讫桔□刺扎 [2] 趌撅起、提起

kʰ [5] 咳

h [5] 乞□~嚏:喷嚏 [2] 辖核

w [5] 屈熏郁屈 [2] 核核儿

kw [5] 骨 [2] 掘□钝

## ɐk

p [5] 北

m [2] 麦墨默陌脉 [-25] 墨黑痣

t [5] 得德 [2] 特

l [2] 肋

ts [5] 则鲫侧

s [5] 塞塞曾孙

h [5] 克黑

## ɛ

pʰ [-55] □扑克

m [52] 孭背 [25] 乜歪斜

t [-55] 爹

ts [52] 遮[动] [25] 姐者 [33] 借蔗 [22] 谢 [-55] 遮伞

tsʰ [52] 奢车 [21] 斜邪 [25] 且扯

s [52] 些赊 [21] 蛇 [25] 写舍泻 [13] 社 [33] 卸赦舍宿~

[22] 射麝

　　j [21] 爷耶 [25] 惹 [13] 野嘢<sub>东西</sub> [22] 夜

　　k [33] 嘅<sub>的</sub>

　　kʰ [21] 骑 [-25] 茄<sub>番~</sub>

$$εu$$

　　p [25] 饱

　　l [21] 捞 [13] 聊<sub>玩耍</sub>

　　ts [22] 噍

　　tsʰ [21] 皱<sub>皱</sub>

　　j [-55] □<sub>结~：结痂</sub>

　　k [33] 觉<sub>瞓~：睡觉</sub>

　　ŋ [-55] □<sub>耙子</sub>

　　h [21] 姣<sub>风骚</sub>

$$εn$$

　　p [25] 扁

　　k [33] 见

　　ŋ [13] 眼

　　kw [52] 冠<sub>鸡~</sub>

　　w [13] 挽

$$εm$$

　　l [33] □<sub>秕谷</sub>

$$εŋ$$

　　p [25] 饼 [33] 柄 [22] 病

　　pʰ [21] 平<sub>便宜</sub>

　　m [22] 命 [-25] 名<sub>名字</sub>

t［52］钉[动词]［25］顶山~［33］掟投掷［22］订碇~方：地方［-55］钉钉子

tʰ［52］听［13］艇［-55］厅

l［21］灵灵验零十~个：十多个［13］岭领衫~［33］靓漂亮□摄~：闪电

ts［52］精精明［25］井［33］正［22］净干~郑

tsʰ［52］青~色［25］请

s［52］声腥［21］城成［25］醒［33］□铁锈［-55］星星星

j［21］赢

k［52］惊害怕［25］颈［33］镜

h［52］轻

## εp

j［2］□招（手）

k［2］夹[动词]

## εt

ŋ［3］胺尿臊

ø［5］□打~：打嗝儿

## εk

pʰ［3］劈

t［2］籴［-25］笛

tʰ［3］踢

l［5］叻聪明能干［2］沥

ts［3］脊炙只两~［2］席草~

tsʰ［3］赤尺□冰冷

s［3］惜疼爱［2］石

kʰ［2］屐剧

## ei

p［52］菎卑悲碑滗滤［25］比畀给［33］臂秘泌庇痹［22］鼻被~动避备［-25］箄箄大腿

pʰ［52］披丕［13］被被子婢［21］皮疲脾琵枇［25］彼鄙［33］屁

m［52］眯［21］糜弥眉楣微媚［13］美尾［22］味寐未□~水:潜水［-55］尾手指~:小指

f［52］非妃飞［21］肥［25］匪翡

t［22］地

l［21］离篱尼梨厘狸［13］你理履鲤李姓里鲤［22］腻利痢吏脷舌头［-55］璃玻~痢痢~［-25］李李子里三元~

s［25］死［33］四

k［52］基羁饥肌几~乎机叽［25］几己纪杞［33］记寄［22］技妓忌［-55］箕筲~

kʰ［21］奇岐祁其棋期旗祈［25］□屋~:家［13］企徛站立［33］冀

h［52］希牺欺嬉熙稀［25］起喜岂［33］戏气汽器弃饲喂食

## en

p［52］兵冰［25］丙秉［22］并~日

pʰ［21］平坪评瓶屏萍［33］并合~聘拼

m［21］鸣明名［13］皿铭［22］命~令

t［52］丁汀［25］顶鼎［22］定

tʰ［52］听~日:明天［21］停廷庭蜓亭~台［13］挺［-25］亭凉~

l［52］拎［21］灵陵凌菱宁铃伶翎［13］岭领~导［22］令另拧~转:扭转

ts［52］精征贞侦晶睛蒸正~月［25］整［33］证正~直［22］静靖

tsʰ［52］称~呼清青~年［21］晴澄惩情呈程成两~埕［25］拯逞［33］称~心如意秤［名］

s［52］升星猩声~音［21］城乘承丞成诚绳［25］省反~醒清~［33］胜姓性圣［22］盛

j［52］英婴缨鹦应~承［21］迎形仍盈型刑营萤［25］影映［33］应答应［22］认［-55］蝇鸟~：苍蝇鹰牙~：老鹰

k［52］京荆经惊~蛰［25］景境警竟［33］敬径［22］劲竞

kʰ［52］倾~偈、聊天［21］□澄清、沉淀、凝固擎鲸琼［25］顷

h［52］馨卿兄兴［33］庆□热、烤

w［13］永［21］荣［22］泳咏颖

### et

p［5］壁逼挤碧璧

pʰ［5］僻辟霹

m［2］觅

t［5］的嫡［2］滴敌狄

tʰ［5］剔

l［5］匿搦拎、提［2］力历

ts［5］织迹即职积绩［2］直蛰值殖植籍蓆座夕寂

tsʰ［5］斥戚

s［5］息色识惜悉熄媳式饰昔适释析［2］食蚀

j［5］忆亿抑益［2］亦译液腋疫役翼易贸~

k［5］击激戟［2］极

w［2］域

### i

t［22］哋我~：我们［-55］啲一点儿

ts [52] 支之肢知枝脂芝 [25] 纸止只姊旨指梓趾址 [33] 痣智致至置志 [22] 稚治寺伺嗣饲痔

tsʰ [52] 雌疵差参~痴 [21] 词池驰迟持辞 [25] 此齿侈矢耻始 [13] 恃似 [33] 刺翅次赐厕

s [52] 施尸斯撕私司思 [21] 时匙锁~ [25] 屎使史 [13] 市 [33] 肆试 [22] 是氏豉示视士仕 [-55] 诗

j [52] 衣伊医 [21] 儿仪姨宜谊移夷而疑 [25] 椅倚 [13] 尔耳拟已以 [33] 意议懿 [22] 异义易容~二

## iu

p [52] 标膘彪飚 [25] 表 [-55] 表手~

pʰ [52] 飘漂 [21] 嫖 [33] 漂票

m [21] 苗描 [13] 秒杳藐渺 [22] 庙妙 [-55] 猫

t [52] 丢貂 [25] 屌交合 [33] 钓吊 [22] 掉调~查

tʰ [52] 挑 [21] 调~整条 [33] 跳粜 [-55] 挑担~：扁担

l [21] 疗寮茅~聊 [25] 撩 [13] 鸟了 [22] 尿 [-55] 鹩~哥 [-25] 料肥~

ts [52] 朝~早：早上椒招 [25] 剿沼 [33] 照 [22] 赵噍 [-55] 蕉焦饭~：锅巴

tsʰ [52] 超锹 [21] 朝~代樵潮 [33] 俏肖鞘

s [52] 消萧销烧宵 [25] 小少 [33] 笑少 [22] 绍邵兆

j [52] 腰邀 [21] 饶摇谣遥窑姚尧 [25] 妖绕扰 [33] 要 [22] 耀 [-25] 鹞风~：风筝

k [52] 娇骄 [25] 矫 [33] 叫 [22] 撬

kʰ [21] 桥乔侨荞 [13] 翘繑缠绕 [-25] 轿坐~

h [52] 嚣侥 [25] 晓

## im

t［25］点［33］店［22］掂

tʰ［52］添［21］甜［13］□藨

l［21］镰廉帘鲇~鱼［13］敛殓脸［33］□踮高脚［22］念

ts［52］沾占~卦尖［33］占［22］渐

tsʰ［52］签［21］潜

s［25］闪陕［21］禅

j［52］阉［21］盐严炎阎嫌芫~荽［25］掩［13］染［33］厌［22］验艳焰

k［52］兼［33］剑［22］俭

kʰ［21］钳［25］检

h［52］谦［25］险［33］欠

## in

p［52］鞭边［25］贬匾［33］变［22］辨便辩汴［-55］辫辫子

pʰ［52］编篇偏蝙［33］片骗遍

m［21］绵棉眠躺着［13］免勉娩缅［22］面［-25］面面子

t［52］颠癫［25］典［33］垫［22］电殿

tʰ［52］天［21］田填

l［21］连怜莲年［25］撚~碎：捻碎［22］练炼［-55］□乳房［-25］链

ts［52］煎［25］剪展碾［33］箭战溅颤荐垫［22］贱［-55］毡毯子

tsʰ［52］千迁［21］钱缠前［25］浅［13］践

s［52］先鲜［25］癣［13］鳝［33］线扇骟~鸡：阉鸡□地滑［22］善羡膳［-55］仙

j [52] 胭咽 [21] 然燃延言研贤 [25] 演 [33] 燕宴 [22] 现谚砚苋 [-55] 烟香烟 □吖~:蝉 [-25] 燕毽子

k [52] 肩坚 [33] 建见 [22] 件键腱健

kʰ [21] 乾虔 [25] 搴掀起

h [52] 牵 [25] 显遣蚬 [33] 献宪

### ip

t [2] 牒谍碟 [-25] 蝶蝴~

tʰ [3] 贴帖

l [2] 猎聂

ts [3] 接摺~衫:折衣服

tsʰ [3] 妾

s [3] 涉摄楔~入去:塞进去

j [3] 腌 [2] 叶业页孽

k [5] 笈皮~:皮箱 [3] 劫涩

h [3] 协怯胁歉

### it

p [5] 必 [3] 鳖鼈 [2] 别

pʰ [3] 撇

m [5] 搣捏、掰 [2] 灭蔑篾

t [3] 跌 [2] 秩

tʰ [3] 铁

l [2] 烈列裂

ts [5] □胳肢 [3] 折~断节哲浙 [2] 截捷

tsʰ [3] 撤设切彻辙

s [3] 薛泄涉屑 [2] 舌折~本

j [2] 热

k [3] 洁结 [2] 杰

kʰ [3] 揭

h [3] 歇

## œ

tʰ [52] □吐出

l [52] □(嚼后)吐出 [22] 糯

k [33] 锯锯子

## œŋ

l [21] 娘凉良量粮梁樑 [25] 两斤~ [13] 两~个 [22] 量亮谅辆

ts [52] 章将~军樟浆张 [25] 奖长~生~掌蒋桨 [33] 酱胀仗打~将~相涨帐账障瘴嶂 [22] 象丈匠像橡 [-25] 杖拐~仗炮~:鞭炮

tsʰ [52] 昌菖倡 [21] 墙详长~短祥肠场 [25] 抢 [33] 唱畅 [-55] 枪窗

s [52] 双湘襄孀商霜相镶伤 [21] 常尝偿 [25] 想赏 [13] 上~山[动] [33] 相睇~:看相 [22] 上[方位] [-55] 箱厢 [-25] 相相片尚和~

j [52] 央殃秧 [21] 羊洋杨阳扬疡 [25] □抖动 [13] 养痒仰 [22] 让样酿壤

k [52] 疆僵缰姜 [-55] 姜老~

kʰ [21] 强 [13] 强勉~ [-25] 薑树~:树根

h [52] 香乡 [25] 响饷享 [33] 向 [-55] 香(敬神的)线香

## œk

t [3] 剁琢啄

l [2] 略掠

ts [3] 着~衫(穿衣服) 爵嚼酌鹊 [2] 着~火 [-25] 雀麻~

tsʰ［3］桌绰芍焯

s［3］削

j［3］约跃［2］弱药若虐疟

k［3］脚

kʰ［3］却

## øy

t［52］堆［33］对碓［22］队

tʰ［52］推［33］退

l［21］雷［13］女吕里旅屡垒［22］虑类泪滤

ts［52］追［25］嘴［33］最醉［22］序聚罪缀赘坠叙

tsʰ［52］吹崔催［21］随厨橱徐除槌□气味［25］取娶［33］趣脆［-25］锤锤子

s［52］需虽衰［21］谁垂［25］水［13］絮绪［33］碎税岁帅［22］遂隧穗瑞睡

j［22］锐［-55］锥锥子

k［52］居［25］举矩［33］句据锯［动词］［22］巨具惧

kʰ［52］区拘俱驱［21］渠［13］渠（佢）第三人称拒距［-25］蜍蟾~

h［52］虚嘘墟［25］许［33］去

## øn

t［52］敦吨［22］顿沌钝遁

tʰ［52］吞［13］盾

l［52］□~骨头：啃骨头［21］邻鳞轮磷仑伦沦［25］卵［22］论

ts［52］津臻遵［25］准［33］进俊晋［22］尽［-55］樽瓶子

tsʰ［52］春［21］秦旬循巡［25］蠢

s［52］殉询［21］纯唇醇［25］笋榫卤脑~:卤门［33］信迅逊舜［22］顺

j［22］润闰［-25］润猪~:猪肝

## øt

l［2］栗律

ts［5］卒蟀

tsʰ［5］出

s［5］摔戌恤率~领［2］术述

## y

ts［52］朱猪诸诛蛛株珠资姿咨滋［22］住箸自字［25］煮主姊子紫［33］著驻注蛀铸

tsʰ［21］瓷糍慈磁脐肚~祠［25］此［13］柱储苎署［33］处次

s［52］枢书舒输师丝［21］薯殊［25］鼠暑［33］庶恕［22］树戍竖事［-55］狮［-25］柿

j［52］迂于淤［21］如鱼余渔豫儒愚虞娱愉［25］瘀［13］雨语与予乳宇羽［22］预遇御誉寓裕

## yn

t［52］端［25］短［22］段锻缎断

tʰ［13］断［21］团屯豚囤

l［52］□弯曲［13］暖［21］联鸾［25］恋［22］乱嫩

ts［52］尊专砖［25］转［33］钻纂转

tsʰ［52］川穿［21］全传~达存泉［25］喘［33］串寸［-55］村

s［52］宣酸［21］旋船［25］选损［33］算［-25］蒜［-55］孙孙子

j［52］渊冤［21］圆原完员元源缘铅袁辕园玄悬眩［25］皖阮

[13] 软远 [33] 怨 [22] 愿 [-25] 县丸院

k [52] 捐绢娟□~窿:钻洞 [33] 眷 [22] 倦

kʰ [21] 拳权 [25] 卷

h [52] 圈喧 [25] 犬□黄~:蚯蚓 [33] 劝

yt

t [2] 夺

tʰ [3] 脱

l [3] 劣 [2] 捋

ts [3] 啜吮吸 [2] 绝拙

s [3] 雪说

j [3] 乙 [2] 阅粤穴

k [2] □稠槮一~:一段

kʰ [3] 决诀缺

h [3] 血

ɔ

p [52] 波 [33] 播 [-55] 坡玻

pʰ [52] 扁棵:一~树 [21] 婆 [33] 破簸~箕

m [52] 魔摩 [21] 磨 [25] 摸 [-25] 磨石~

f [25] 火伙 [33] 课货 [-55] 科

t [52] 多 [25] 躲朵 [22] 惰

tʰ [52] 拖 [21] 驼舵砣秤~:秤锤 [13] 妥椭

l [52] 啰□~柚:屁股 [21] 罗箩锣 [25] 裸攞拿 [22] 糯 [-25] 螺

ts [25] 左阻 [22] 座助

tsʰ [52] 初搓 [21] 锄 [25] 楚础 [13] 坐 [33] 锉错

s［52］唆蔬疏梳［动词］［21］傻［25］锁琐所［-55］蓑~衣梳［名词］

k［33］个［-55］哥歌［-25］嗰那

kw［25］果裹［33］过

ŋ［52］屙排便［21］鹅蛾俄讹［13］我［22］饿卧

h［21］河荷何［25］可［22］贺

w［52］窝蜗［21］禾和［22］祸和唱~

ɔi

t［22］代待［-25］袋［名词］［量词］

tʰ［52］胎［21］台抬［13］怠殆［33］［-25］柁［名词］

l［21］来［22］耐内奈

ts［52］灾栽［25］宰载一年半~［33］再载~重［22］在

tsʰ［21］才裁材财［25］彩采睬［33］菜赛蔡

s［52］鳃

k［52］该［25］改［33］盖

kʰ［33］概溉慨丐

ŋ［52］哀［21］呆［33］爱［22］碍外

h［52］开［25］海凯［22］害亥

ɔn

k［52］干［25］赶秆［33］干~部［-55］杆竿干饼~

ŋ［52］安［33］案按［22］岸

h［21］寒鼾韩［13］旱［33］看汉［22］汗焊翰

ɔŋ

p［52］帮［25］榜绑［22］谤磅磅秤

pʰ［21］旁滂螃傍庞［13］蚌

m [21] 忙亡芒茫 [13] 网莽蟒妄 [22] 望忘 [-55] 芒~果

f [52] 荒方慌谎肪芳 [21] 房防妨 [25] 纺晃仿彷访 [33] 放况 [-25] 房房间

t [52] 当 [25] 挡裆党 [33] 当~铺 [22] 荡

tʰ [52] 劏宰杀 [21] 塘糖堂棠螳唐茼~蒿 [25] 倘躺 [33] 烫趟 [-55] 汤 [-25] 堂祠~

l [21] 郎瓤囊廊狼螂 [25] □荡、漱 [13] 朗望 [33] □架起 [22] 浪裆晾 [-55] □脚瓜~：小腿肚

ts [52] 庄赃装妆桩脏 [33] 葬壮 [22] 状藏撞

tsʰ [52] 苍仓 [21] 床藏收藏 [25] 厂闯 [33] 创 [-55] 疮

s [25] 爽 [33] 丧 [-55] 桑

k [52] 江刚纲缸岗 [25] 讲港 [33] 钢降杠

kʰ [33] 抗

ŋ [21] 昂 [22] 戆傻憨

h [52] 康腔糠 [21] 航杭降投~行银~ [33] 炕烘干、晒干 [22] 项 [-25] 巷□鸡~：小母鸡

w [52] 汪 [21] 黄王皇蝗凰惶 [25] 枉 [13] 往 [22] 旺 [-25] 黄蛋~簧弹~

kw [52] 光 [25] 广

kwʰ [21] 狂 [33] 扩矿旷

ɔt

k [3] 割葛

h [3] 渴喝

ɔk

p [5] □敲打 [3] 博驳搏膊 [2] 薄雹

pʰ［5］□水~：水疱［3］朴扑

m［5］剥［2］莫膜幕寞

f［3］霍藿

t［2］铎度量~

tʰ［3］托

l［3］诺［2］落烙骆洛络乐

ts［3］作［2］凿

s［3］索塑朔

k［3］各角阁搁觉

kʰ［3］确

ŋ［3］恶［2］乐鄂鳄岳□抬头

h［3］壳鹤［2］学［-25］勺饭~

w［2］镬获

kw［3］国郭

kwʰ［3］廓

ou

p［52］煲［25］补宝保堡［33］布浦怖报［22］部步捕埠暴孵暴［-55］煲沙~：陶锅［-25］簿

pʰ［52］铺~地［21］浮蒲菩脯［25］谱普［13］抱妇新~：新娘［33］铺店~

m［21］模谋无摹巫诬毛［13］武舞亩母侮鹉拇冇没有［22］暮慕募雾墓务帽斗笠冒［-55］殕发~：食物长毛变质［-25］帽草~

t［52］刀［25］赌岛堵倒［33］□盎到道知~［22］度稻导盗杜渡镀［-55］都

tʰ［21］图徒屠途涂桃淘绹拴住［25］土讨［13］吐肚［33］套兔

l［52］□混合□镀~：锅烟子［21］奴炉卢芦鸬庐劳［13］卤恼脑努鲁

虏老［22］路怒赂露鹭［-25］佬螃蟧~：蜘蛛

ts［52］租糟［25］祖组早枣［33］灶［22］做造

tsʰ［52］粗操［21］吵曹［25］草［13］储积攒［33］醋措糙

s［52］苏酥须臊［25］数［动词］嫂［33］素诉数［名词］扫［-25］扫鸡毛~

k［52］高篙竹~［25］稿［33］告［-55］糕膏

ŋ［33］澳奥［22］傲

h［21］毫豪蚝［25］好［22］号

## om

k［52］甘［25］敢□~样：这样

## oŋ

p［25］捧

pʰ［21］篷蓬

m［21］蒙［25］懵［22］梦［-55］蒙~~光：蒙蒙亮

f［52］枫峰锋风疯丰封［21］冯逢缝［33］讽［22］奉凤［-55］蜂

t［52］东冬冬至［25］董懂［33］冻［22］洞栋动戙竖起

tʰ［52］通［21］同铜桐筒童瞳［25］桶捅统［33］痛［-55］囱烟~［-25］筒电~

l［52］燶焦糊［21］聋农浓龙笼脓隆［25］拢［13］垄栊木箱［22］弄［-55］窿

ts［52］宗终踪棕忠综中春［25］总种肿［33］众纵种［动词］［22］颂重~要仲诵讼［-55］盅钟［-25］粽粽子

tsʰ［52］充冲涌小河聪［21］虫从丛松~树重~复［25］宠［13］重轻~［-55］葱

s［52］松［21］崇［25］怂［33］送宋餸菜肴

j［52］雍翁［21］容榕戎绒融茸蓉镕庸［25］拥涌［13］勇［22］用

k［52］弓蚣攻躬宫恭供功成~公工［25］巩拱［33］贡［22］共

kʰ［21］穷

ŋ［52］壅掩埋［25］攮推［33］蕹~菜

h［52］空胸凶［21］红熊雄虹洪鸿［25］孔恐［33］控哄

## ok

p［5］卜占~［2］仆曝瀑

pʰ［5］扑~倒：摔倒

m［2］木目穆牧

f［5］福复反~幅蝠辐腹覆［2］服伏袱复~员

t［5］笃督□戳［2］独读毒涿量词，用于排泄物

tʰ［5］秃

l［5］睩~大眼：瞪大眼睛辘车轮碌~柚：柚子碌打滚［2］六绿陆录𤆵开水烫樾猪~：猪圈［-25］鹿

ts［5］竹祝足触筑烛嘱捉粥［2］浊族轴俗续逐□呛赎找钱

tsʰ［5］速蓄束畜促

s［5］宿缩叔粟馊肃［2］熟属淑蜀

j［5］嘟动沃［2］肉育玉欲辱狱浴［-25］褥

k［5］谷菊□鼓起、憋［2］局焗

kʰ［5］曲

ŋ［5］屋

h［5］哭［2］斛酷

## u

f［52］夫肤俘呼［21］扶符芙［25］苦虎府斧腑俯甫傅抚釜

[13] 妇 [33] 富库咐赋副庎裤 [22] 付傅赴讣父腐辅附负 [-25] 父舅~、外~

w [52] 乌污 [21] 胡湖蝴壶糊芋狐瓠 [22] 户沪互护 [-25] 壶暖~:热水瓶 胡二~

kw [52] 姑孤 [25] 鼓古估牯股蛊 [33] 故固锢雇顾 [-55] 菇

kwʰ [-55] 箍

## ui

p [33] 贝辈背违~ [22] 焙背~书 [-55] 杯

pʰ [21] 赔培陪菩~萨 [13] 倍 [33] 配佩沛 [-55] 坯胚

m [21] 梅媒煤枚玫霉痗 [13] 每 [22] 妹 [-25] 妹妹妹

f [52] 灰魁恢 [33] 悔晦

w [52] 煨 [21] 回 [13] 会~来 [-25] 会会议

kw [22] 癐疲累

kwʰ [25] 贿溃刽桧绘

## un

p [52] 搬般 [25] 本 [33] 半 [22] 叛绊拌胖

pʰ [52] 潘 [21] 盘盆 [33] 判 [-25] 伴伴儿

m [21] 门瞒 [13] 满

f [52] 宽欢 [25] 款

w [21] 缓援 [25] 碗䏝腕 [22] 换唤焕

kw [52] 官棺观冠衣~ [25] 管馆 [33] 灌贯罐冠~军

## ut

p [3] 钵 [2] 勃

pʰ [3] 波□搧（扇子）

m [2] 末沫没
f [3] 阔
w [2] 活
kwʰ [3] 括

m̩ [21] 唔

ŋ̍ [21] 吴 [25] 五 [13] 午 [22] 误悟

# 后　　记

　　自从 2008 年博士毕业到华南师范大学南海校区工作并定居在南海，经常耳闻南海各处乡音，职业习惯使然，便会留心留意这儿的粤语，尤其是听到老人家用韵味浓郁的土语说话的时候，就会凑过去细听，听到一些有特色的说法，就记录下来，这些点点滴滴的语料让我对南海方言有了初步印象。2014 年我跟随甘于恩老师团队调查了佛山顺德陈村、大良的方言，开始比较系统地了解佛山地区的方言情况。后来在参考了彭小川老师《粤语论稿》中有关南海方言的材料后，我选定了南海西樵作为调查点作深入细致的调查记录，撰写了两篇论文并有幸得到《方言》期刊录用发表，这大大增强了我深耕南海方言的信心，希望能进一步全面调查南海的方言。

　　2021 年始在南海区地方志办、南海区档案馆高欣妍科长的协调联系下，我陆陆续续进行了多个镇街方言点的调查。由于受平时繁重的教学工作和其他事务的羁绊，要抽出时间全面调查记录南海 7 个镇街的方言并不容易，调查通常利用寒暑假的大块时间进行，平时再抽空利用零碎时间进行补充调查，即使这样，完成整个调查计划也前前后后花了 6 年时间。近几十年来社会现代化进程加快，人口流动频繁，方言所依赖的静止的农业社会形态逐步瓦解，各地土语正在萎缩甚至消失。我在调查中直接地感受到这种变化：五六十岁以上的老年人还能说地道的粤语土话，四十以下年轻人的口音已经改变，而小朋友更兼说普通话了！社会变化大势无法扭转，语言演变也难以人为干预，我们可以做的就是抓紧记录方言。调查录音工作刻不容缓，多年以后乡音已改，这些录音将成为宝贵的历史音档资料。

彭小川老师在上世纪90年代曾对南海方言作过调查，记录了很多极具参考价值的方言材料，由于受当时设备条件所限，只有音标转写，并没有进行录音。这次调查我使用潘悟云教授团队开发的"斐风"语言调查软件，对方言发音人作了即时录音。非常凑巧的是，在沙头南金村调查的时候，我有幸找到了当年彭小川老师的调查联络人，30年时间稍纵即逝，那时干劲十足的中年村干部如今已成耄耋老人。他说起当年彭小川老师从广州舟车劳顿辗转来到沙头，到镇上还要徒步走路进村，食宿在村里，调查多日，听完不禁感慨万千。方言调查工作很辛苦，到乡镇去做田野调查无不经过"顶烈日、冒风雨、战寒暑、踏泥泞"的历练，如今国家经济发展了，农村面貌已经发生翻天覆地的变化，道路四通八达，交通便捷，田野调查虽然再也无需"踏泥泞"了，但其他三条还是仍旧要克服的。

方言研究得用事实说话，正如毛主席所说"没有调查就没有发言权"。方言工作者时常要到广大农村去，联系地方，寻找合适发音人。方言调查非常耗体力耗精神，从早到晚工作，白天录音，晚上复检。录音时紧盯电脑，侧耳凝神静听，耐心引导询问，快速纸笔记录，整个过程精神高度集中，几天几周调查下来那感觉真是酸爽，没有好的身体难以承受。方言材料整理也很费神，一个个音标输入、核对、归类。还有方言论文写作难，成果发表更难，就不一一而足了。在当今高校科研量化考核的指挥棒下，方言研究可谓是"吃力不讨好"的工作，能坚守方言阵地的研究者绝对是对方言有着"真爱"的人。

记得当年跟邵慧君老师读研究生的时候，在邵老师家中偶遇高然老师，他貌甚严肃地问我：你为什么选择读方言学呢？我当时有点懵，含糊其辞地回答：我对方言感兴趣。说真的，那时也只是有点兴趣而已。后来投入伍巍老师门下读完博士，其后工作十多年间，我都没有停下方言调查研究的脚步。多个暑假，我随潘悟云老师团队赴海南岛调查黎语，赴广东连南调查瑶语；同甘于恩老师团队一起调查开平话、恩平话、顺德话；与邵慧君老师团队一道调查增城话、顺德话、电白客家话。2018年至2019年，我申请到国家留学基金前往荷兰莱顿大学访学，跟随陈轶亚等老师学习，并利用课余时间调查记录了旅居英国、荷兰两地七十年的老华侨黄音先生的深圳大鹏方言。这么多年没想到我竟然坚持了下来，现在我可以说，我对方言不仅仅是有兴趣，更重要的是有感情。如果没有一众大咖恩师们的引领，没有对方言那一份难以割舍之情，我想早就已经放弃了。

历经多年，这本书稿终于完成了！方言著作不像其他社科类书稿那样洋洋洒洒激扬文字轻松写就几十万言，方言写作每一个音要反复辨听，每一个音系都要仔细归纳，每条方言特征都要认真细察，可谓每一个字每一个音标都饱含着心血。从调查录音到输入整理到写成书稿，不敢假借旁人之手，一字一音都是本人独力完成。本书音标繁多，校对不易，非常感谢中山大学出版社裴大泉先生和其他编校人员的辛勤付出。由于本人学养有限，语料琐碎繁复，书中难免有不少纰漏，惟愿其中的材料能为同行提供佐证之用，为方言研究略尽一点绵力。

2022年10月30日于顺德陈村登洲